JN270922

◉妖怪文化叢書◉

妖怪文化研究の最前線

小松和彦 編
KOMATSU Kazuhiko

The Library of
YOKAI-Culture Studies

せりか書房

妖怪文化研究の最前線　目次

Ⅲ

Ⅳ

序

小松和彦

文化人類学や民俗学の立場から日本文化を研究し始めたころ、柳田國男によって先鞭をつけられていながらも、ほとんど放置されていた領域があることに気づいた。神ではない「神」、祀られていない「神」、神仏から否定され退治される「神」、神というにはあまりにも愚鈍でみすぼらしい「神々」をめぐる領域であった。

柳田らの先学たちにしたがって暫定的に「妖怪」という用語でそれらを括りだし、その用語のなかに括り込んだ「神」たちをじっくり研究することで、日本文化の未知の領域に踏み込めるのではないか。そう思った私は、神仏信仰史研究の一環として、少しその研究に取り組んでみた。すると、しだいに、想像をはるかに超える豊かな文化が、そこに花開いていることがわかってきたのだ。そこで、その成果をふまえた『妖怪学新考』と題した本を出した。一九九四年のことである。柳田國男の『妖怪談義』や井上円了の「妖怪学」を意識しての書名であった。「妖怪学」といった言い方も、江戸文化を議論の対象にしているから「江戸学」、環境を対象にしているから「環境学」といったように、その学問の固有の理論や方法などなくとも、気軽に、研究対象に「学」をつける風潮に便乗して、「妖怪」を研究対象にしているといった程度の意味で「妖怪学」としたのである。

正直を言うと、この一冊で妖怪研究を一段落させるつもりであった。むしろその当時の私は、「異界」とか「異類・異形」のほうに関心が向かっていた。『憑霊信仰論』『異人論』『悪霊論』といったふうに、「〇〇論」という書名で論集を出してきたので、次は『異界論』とか『福神論』といった論集をぼんやりと構想していたのであった。

しかし、その後十年の間に、事態は思わぬ方向に転回していった。「妖怪」に興味を抱く読者がたくさん現れたのである。そして、これに着目した出版社が「妖怪」についての紹介書や研究書を少しずつ刊行することになった。しかも、これにつられるかのように、民俗学以外の学問分野でも、「妖怪」に関する研究に光が当てられるようになったのである。

もっとも、国文学や美術史あるいは歴史学などでは、「怪異・妖怪」という概念を押し立てての研究はほとんどなかった。むしろその多くは資料や作品にそくしての個別研究であった。それらをまとめて括り出す用語も存在していなかった。しかも、鬼や化物、幽霊といったものたちが登場する資料・作品の研究は、それぞれの研究分野では周辺的な扱いしか受けていなかったので、研究者は専門分野内では孤立無援の状態で研究していたのである。

ところで、上述の『妖怪学新考』で、私は、「妖怪」という概念を用いてそれらの研究を括り、学際的に研究することの必要性を説いた。もっとも、本音をいえば、そうしたことがそう簡単に可能となるとは思っていなかった。ひたすら努力すればそのうちに、と思っていたのである。ところが、それに目を止めた「妖怪」研究者たちが、その呼びかけに共感し、自分自身の研究に自信を得るとともに、「妖怪学」の旗の下に結集し始めたのであった。たしかに、「怪異・妖怪」は一つの学問分野のなかに収まるような対象ではない。日本文化のさまざまな領域に登場する存在である。文学にも、美術にも、芸能にも、アニメやコミックにも、さらには日常の生活道具にさえも登場する。すなわち、怪異・妖怪文化は日本の文化のなかで大きな比重を占めているのである。そのことが次第に明らかになって、それを学際的に研究することの意義・重要性が急速に高まってきたわけである。

こうした状況を受け、私は、もはや一人でこつこつと研究する段階ではなく、同じような関心を抱く研究者たちを専門分野を横断して糾合する必要を感じ、私が勤務する研究所の共同研究や、あるいは科学研究費による共同研究を幾度か組織して、「怪異・妖怪」研究の促進を図ってきた。その成果の一部を小松和彦編『日本妖怪学大全』（二〇〇三年）として刊行するとともに、データベースも作製してきた。また、この間、研究促進の一助とするため、『怪異の民俗学』と銘打って、怪異・妖怪研究の先駆的研究のアンソロジーも編集・刊行した。最近では、各地で開催される「妖怪展」にもさまざまなかたちで協力してきた。共同研究に参加してくれた研究者も、自身の斬新な研究成果を著作として刊行し始めた。まさに、ここ十年間は、怪異・妖怪関係の研究が新しい段階に入った時代であったといっていいのではなかろうか。

さらにうれしいことに、こうした新しい研究の影響を受け、若い世代からも、怪異・妖怪を研究する者たちが次々に現れてきた。怪異・妖怪を研究することの意義、魅力が若い人にも理解され、その研究の継承・発展がなされつつあるわけである。

しかしながら、そうした若い世代の研究者の研究成果は、まだ発表しにくい状況にあり、また発表できたとしても、一般の読者には目に入りにくいマイナーな研究誌上であることが多い。

そこで、『怪異の民俗学』の後続版といったニュアンスも込めて、不定期ながらも年に一冊程度の予定で「妖怪文化研究叢書」と銘打った論集を編集し、最新の研究成果を世に問い直す機会を設けることを考えた。本書はその第一冊目にあたるものである。

本書の基礎になった論文の多くは、私が研究代表をつとめた科学研究費補助金による共同研究成果報告書「怪異・妖怪文化資料を素材とした計量民俗学の構築と分析手法の開発に関する研究」(二〇〇七年)に寄せられたものである。この共同研究では、すでに公開している「怪異・妖怪伝承データベース」の収載情報を補強し、怪異・妖怪民俗の分布やその地域的濃淡を数量的に把握することの可能性を探るとともに、怪異・妖怪文化の研究を深化させることが課題とされた。上記の報告書は、報告書の性格上、印刷部数も少なく、配布先もきわめて限られていたが、寄稿された論文には力作が多く、一般読者の目にも触れるかたちでの刊行の可能性を探っていたところ、せりか書房の船橋純一郎氏の目に止まり、報告書に収められた論文を中心に、さらに三点の論文を補充して、こうして一冊の本に仕立て直すことができたのであった。

本書収録論文に関して、以下で、若干の感想・コメントを述べることにしたい。

横山泰子「狸は戦い、舞い踊る」は、日本の「動物怪」(妖怪動物)でもとくに狐と並んで有名な狸を取り上げ、近世から近代におけるそのイメージの変遷を探っている。狸は江戸時代に、狐が女性として描かれるのに対して、男性として描かれるようになり、明治時代には、その延長上に、日清・日露の戦争に狸も参加したという伝承が生まれ、講談でも取り上げられた。ところが、大正から昭和になると、腹鼓を打つ狸といったイメージをふまえてであろう、映画の素材になったときには、歌い踊る狸へと変貌していた。「狸合戦」と「狸御殿」——この延長上に、スタジオジブリの『平成狸合戦ぽんぽこ』や、幼い頃に見た記憶がある美空ひばりが出演していた『大当たり狸御殿』もあったのである。

佐々木高広「異界のイメージと廃墟」では、映画やアニメが描き出す異界表現が、廃墟や廃屋を多用していることに注目した論文である。佐々木によれば、西欧では、一八世紀後半から一九世紀前半にかけて、廃墟を描くことが好まれたという。そこにある種の「美」を見出したのである。それは「自然の力による人工物の変容と建物の荒廃の結果生じた無秩序」を表しているのであるが、日本でも同様なことが言え、しかも日本では妖怪や幽霊の出没する場所にふさわしい場所としても好まれたのであった。建物は人間の生活領域である。その建物に人がいなくなる。そしてそこに自然が押し寄せてくる。その光景は人間の後退、敗北を意味する。人間が後退した建物が妖怪＝自然の領域に変貌するのである。しかも、その廃墟には、人間社会や家族の「内面」までも写されているらしい。魅力的なテーマである。

鈴木貞美「怪奇の文化交流史の方へ」は、今日では知る人も少なくなった田中貢太郎の『怪奇物語』などを手がかりにしながら、大陸との怪奇譚の文化交流を想像した論文である。鈴木は、日本の「ろくろ首」が中国の「飛頭蛮」に類似し、この中国の「飛頭蛮」はベトナム起源かもしれないということを示唆しているが、このあたりのことは横山泰子の「近世文化における轆轤首の形状について」(『日本妖怪学大全』)と合わせて読むと面白いだろう。鈴木が「文化交流史」という論題で問題にしているのは、収録作品は翻案かどうか、つまり中国や朝鮮などに原話を求めることができるかどうか、ということである。たとえば、講談で知られる岩見重太郎の話は、民間説話の「しっぺい太郎」に属するが、その民間説話もまたひょっとしたら中国の「白猿伝」の影響を受けているかもしれないという。作者が出典を明記していない以上、その答えは推測の域を出ない。だが、明確な答えは出せないにせよ、そしてその作業が厖大な知識を要求される作業であるにせよ、ここには「怪異・妖怪譚」に限らず文化交流史的視座からのアプローチが重要であることが示唆されている。

アダム・カバットは黄表紙のなかの化物に焦点を合わせることで、江戸時代の化物の研究を大幅に更新させたことで知られている。「化物尽くしの黄表紙と合成本をめぐって」でも、黄表紙の化物尽くしものを素材に、「合成本」を議論している。独立した一つの作品として書かれた化物尽くしの黄表紙を組み合わせ、さらには改題までして刊行されることがあった。これが「合成本」で、商売上の理由から生じたことであるが、そのために作品にもさまざまな手が加えられることになった。たとえば、合成本『見越入道一代記』は、『今昔化物親玉』と『化物世櫃鉢木』を合わせたものである。この場合は、作者が前者の作品を書くときにすでに続編を想定して書いており、後者は前者をふまえて書いているので、特別な工夫もなく、二つの作品を合成することができた。ところが、『信有奇怪会』と『化物見越松』との合成本『怪談深山桜』の場合は、合成本としての一貫性をもたせるために、手の込んだ工夫・改変がなされている。作品の刊行順を変え、作品間を繋ぐために、巻末の文章を削除したり書き足したり、さらには単独刊行時にはなかった新しい巻をプラスするなどの工夫がなされているのである。

「わざわい」（禍、災い）は人々にとって好ましくない現象である。ところが、まさに人間の想像力は途方もないもので、この「わざわい」という「現象」を、「存在化」したのだ。徳田和夫の論文「わざはひ（禍、災い）の襲来」は、この存在化された「わざわい」、つまり妖怪存在としての「わざはひ」が登場する物語を扱ったものである。妖怪存在化された「わざはひ」は、中国で発生した。それが日本にも輸入され、それは「猪のようなもの」「獅子のようなもの」と形容されて『宝物集』や『延慶本平家物語』で言及され、室町時代のお伽草子の「鶴の草子」を経て、滝沢馬琴『椿説弓張月』にまで登場するのである。しかも、この「わざはひ」が絵画化されていたのである。いったいどんな姿をしていたのか。その絵がいくつか紹介されているわけであるが、妖怪研究者にとっては、それだけでも興味深い論文である。

堤邦彦「親鸞と蛇体の女」は、親鸞伝説のなかの浮かばれぬ女の霊（大蛇）を済度する話が議論されている。高僧の霊験譚と民間説話の関係については、布教のために寺院側で用意した説話が民間のなかに浸透する過程と、その逆に民間説話を取り込んで霊験譚を作り上げていく過程の、二つの側面に着目することができる。この論文では、寺院側の親鸞伝（宗教説話）が民談へと変容していく過程を丹念に資料を用いて明らかにしている。本願寺は、宗祖一代の偉業を絵巻にまとめた「御絵伝」を制作し、これを親鸞伝記の決定版として有力寺院に下付し、異説の入り込まないように統一をはかった。ところが関東系の寺院では、それとは異なる、「幽霊済度」「産女の経塚」「大蛇済度」などの怪異譚を含んだ親鸞伝が布教のために利用され続けていた。堤は、主に「花見岡の大蛇済度」の話を追うことで、それが本来の真宗高僧伝の枠組みを離れて、民衆の共感を呼び寄せる民談・文芸へと変貌するさまを明らかにする。私たちは、ここから「怪異・妖怪」が果たしていた役割さえも考えることができるだろう。

常光徹の「絶縁の呪術」は、東京都板橋区本町にある、種々の縁切りに効果があるとされてきた「縁切榎」の起こりを探ったものである。ここには、もとは榎と槻の二本の木が生えていたという。ところが、榎のほうは枯れてしまって、残った槻の木がなぜか「縁切榎」として知られるようになっていた。常光は、この二本の木に着目する。「現在の民俗事例に照らし合わせると、二本の木が根元で合着したのち二股に分かれたり、あるいは、寄り添うように成長したものとか、絡み合うような姿で立つ二本の木を男女に見立てて『相生の松』とか『夫婦杉』などと読んでいる例がいくつもある」。つまり、夫婦円満のシンボルとなっていた二本の木のうちの一本が枯れたことで、不縁・悪縁のシンボルに変わってしまったのではないかと推測するわけである。怪異や妖怪そのものを扱った論文ではないが、俗信研究の面白さを伝える一例である。

安井眞奈美「妖怪・怪異に狙われやすい日本人の身体部位」は、日文研の「怪異・妖怪伝承データベース」を利用して、日本人の身体のどの部位が妖怪のたぐいの侵入口になっているのかを、統計処理を行ないながら探ったものである。その結果明らかになったのは、身体の「穴」であった。たとえば、鼻の穴や口。そこは自分の魂が抜け出る場所であると同時に、悪霊等が侵入してくる場所でもあったという。安井はそれを次のように述べている。「悪霊に狙われやすい『身体の穴』は、どうやら呼吸という生命の維持に関わる鼻孔であったようだ」。さらに女性器や背中なども狙われやすい部位であった。安井はこうした身体観から西洋の身体観との違いを探ることができるということも示唆している。

山田奨治「怪異・妖怪呼称の名彙分解とその計量」は、日文研の「怪異・妖怪伝承データベース」に使用したデータをもとに、呼称のバリエーションを整理し、さらに名彙要素に分解した上で、そのインデックス化を試みるとともに、それに基づいて、怪異・妖怪伝承の特徴を掴みだそうとしたものである。上述の科研プロジェクトでの課題の一つに、伝承事例を数量化したときに、なにが見えてくるか、ということがあった。山田論文は、情報学の立場からこの課題に真正面から迫ったものであるといえる。ここでは数量化の活用の一例として、たとえば「石」という伝承はどのような名彙と共起するかを分析し、カミ、テング、墓、祟りなどの語を引き出している。その共起関係は石をめぐる怪異の傾向を物語っているのである。

上述の堤の論文も安井の論文も、このデータベースから考察の手がかりを得ている。情報学だけでなく、民俗学等の立場からの活用がもっと検討されてもいいのではなかろうか。

以上の論文は、報告書に寄稿された論文から選び出したものである。これに対して、以下の三本の論文は、大学の研究紀要や地元の郷土研究誌等に発表されたものである。

長野栄俊には、湯本豪一の「予言する幻獣」(『日本妖怪学大全』)などに刺激を受けて書いた「予言獣アマビコ」(『若越郷土研究』通巻二七九号、二〇〇五年)と題する論文がある。その論文は、アマビコ関係の資料を渉猟し、比較することを通じて、アマビコの盛衰を考察したものであった。当初、本書には、この論文を収録する予定であったが、論者の希望もあり「予言獣アマビコ・再考」というかたちで書き直していただいた。さまざまな観点からアマビコの登場を議論しているが、一言でいえば、一九世紀という時代状況つまり「社会不安」とその時代のメディア(一枚摺りのニュース媒体)がこの怪獣の流行に大きな役割を果たしたようである。

今井秀和「お菊虫伝承の成立と伝播」も、大東文化大学院生研究誌『日本文学論集』(三一号、二〇〇七年)に発表された論文を改稿したものである。「お菊虫」とは、芝居『番町皿屋敷』などで有名な、主君に折檻されて殺された下女の菊の怨念が変じたという虫である。姫路はお菊伝承の本拠地として有名であるが、その背景にはこの地で流布したお菊虫の伝承があった。このお菊虫はアゲハチョウの蛹《さなぎ》のことであるとされてきた。その姿が縛られた人間を思わせるからであった。今井は、怨霊としてのお菊の伝承の発祥の地ともいうべき群馬県の小幡氏に代々伝わる怨霊伝承を吟味し、さらにやはりアゲハの蛹であるジョウゲンムシの伝承を介在させることで、姫路のお菊虫伝承に至る過程を推測している。

最後に、拙稿「琵琶をめぐる怪異の物語」についても、一言述べておこう。上記の科研のプロジェクトでは、私は主に柳田國男の『妖怪談義』の巻末に付された妖怪辞典ともいうべき「妖怪名彙」の情報ソースを解明する作業に従事した。たとえば、栃木県のシズカモチという妖怪名彙の説明のために柳田が用いた原拠資料はなんだったのか、といったことを、収録語彙のすべてにわたって検討したわけである。しかし、報告書には、紙面の都合で、数例しかその検証結果を挙げておらず、また別途単行本として刊行する予定もあるので、ここでは、別の論文を載せることにした。この論文は、作家の夢枕獏が編集した『琵琶綺談』(二〇〇五年)に寄稿したものである。この本は琵琶をめぐる短編小説集で、私の論文以外は既発表の作品の再録である。依頼の内容は、琵琶をめぐる怪異譚を紹介することであったが、私は琵琶をめぐる神秘譚を通じて、古道具の妖怪つまり「つくも神」の観念が生成してくる背景を探ろうとした。

以上の一二本が本書の収録論文である。いずれも研究者各自が取り組んでいる最新の研究成果である。私は、妖怪文化研究の最前線はこのあたりにあるのではないかと思い、この論集の題名をいささか挑発的な『妖怪文化研究の最前線』と題することにした。もちろん、この他にも若い研究者を中心に妖怪文化研究が次々に発表されている。その多くはまだ一般読者には手の届きにくい研究発表媒体に収められている。私の知見が及ばない論文も多いことだろう。したがって、それらを発掘し、あるいは新たに書き下ろした論文などをまとめて、本叢書の続巻としていく計画をもっている。

I

狸は戦い、舞い踊る
近代芸能における狸のイメージ

横山泰子

計量妖怪学的まえがき

現代において幽霊の存在を信じる日本人は多いが、動物怪は忘れられた存在になっているという。小松和彦氏によると、合理的に説明できないような現象が起こった時、現代人はその原因を幽霊に求めることはあっても、特定の動物と関係づけることはないそうだ。[1]しかし、前近代においては、動物に霊力を認める考え方が根強く、狸や狐が動物怪の筆頭に挙げられた。

山田奨治氏も、日本の重要な動物怪として狐と狸を挙げ、それらに関する計量妖怪学的考察を行っている。[2]国際日本文化研究センターが公開する「怪異・妖怪伝承データベース」[3]のシステム開発担当者である氏によれば、二万七一九件の事例のうち、狐に関する事例は一七八八件、狸は五七九件で、前者が東日本、後者が四国と近畿地方に多いことが計量的に明らかにされ、狸が音の怪異と結びついているという結論が出されている。

筆者も江戸文芸に興味を持つ者として、狐や狸が当時の作品にどれほど登場するか、計量妖怪学的なデータをあげてみたい。まず、先行研究として、星野五彦氏の『狐の文学史』所収データを紹介する。[4]氏は、草双紙の題名に「狐」と「狸」の文字が含まれているか、題名から狐狸をテーマにしていると推定できるものの数をかぞえ、狐＝六八作品、狸＝一三作品としている。このことをふまえ、筆者は以前猫が登場する作品数を調べたことがある。[5]国文学研究資料館が提供する「国書基本データベース」[6]を活用しながら、星野氏の選択基準にあうよう、題名に猫が含まれるものを数えたところ、三二作品となった。同一人物による同一基準での調査ではないので、厳密なことはいえないが、江戸文学における動物怪の傾向として、やはり狐が数量的に多く、猫や狸もそれに続くことがわかる。

　また、江戸期の芸能である歌舞伎や浄瑠璃の動物怪の数量はどうであろうか。土田衛氏の作成による「歌舞伎・浄瑠璃役名索引」を活用してみよう。[7]立命館大学アートリサーチセンターがデータの寄託を受け、WEB公開を行っているので、大変便利である。まず、演劇作品の役名の中に、狐、狸、猫を含むものを検索したうえで、明治期のデータを各々の総数から除外してみたところ、狐一四件、狸六件、猫七件であった。ただし、この役名の中には、狐が人間に化ける正真の動物怪から、『けいせい浜真砂』の「猫舌の次郎」のように、人間の名前に猫が含まれるものまであるため、ここから全体の傾向を読み取ることは困難であった。

　そこで、数量的な資料ではないが、江戸期の絵入り歌舞伎図鑑『戯場訓蒙図彙』で、歌舞伎舞台の動物に関する箇所を見ると、狐については図入りで説明がある。『戯場訓蒙図彙』は、歌舞伎を一つの国にたとえておもしろおかしく解説する書なので、「野干　当国の狐は化けやう至って上手にて、そのままの人に化けるなり。もっとも、一日、二日は続くこともあるべきが、人の妻に化しては二、三年も連れ添ひて、子を設くることあり」[8]と書かれている。これは、『蘆屋道満大内鑑』の葛の葉の説明であろうが、歌舞伎や人形浄瑠璃では、この他にも『義経千本桜』の源九郎狐のように、狐が作中で重要なはたらきをする。それに対して、狸や猫は項目自体が立てられていない。このことから、歌舞伎に限っても、動物怪としての狐の存在感が群を抜いていたといえるだろう。

一　狸の戦闘的イメージと講談

前置きが大変長くなったが、江戸文芸における「化ける動物」「不思議な動物」の代表が狐であることは確認できた。さて、目下の私の関心は近代の動物怪である。先述したように、近代化の過程で動物怪は現実味を失っていった。ところが、人間の生活世界（ノンフィクションの領域）で動物怪が衰退したのに対し、文学などの芸術の世界（フィクションの領域）では新しい動物怪が前面に出て来た。それが猫と狸である。近代の化け猫のイメージは怪談映画の影響が大きく、それについては志村三代子氏の研究があるので[9]、ここでは狸に焦点をしぼる。江戸期を代表する芸能であった歌舞伎や人形浄瑠璃において、狸の物語はほとんど扱われることがなかったのに、なぜ、近代の芸能で注目されるようになったのか。近代芸能における狸物語をとりあげ、その特徴をつかむとともに、狸を浮上させた社会的背景についても考えてみたい。

日本における狸のイメージを通史的にとらえた名著として、中村禎里氏の『狸とその世界』がある[10]。この本によれば、中世までの狸怪はしばしば女性の姿で出現したが、しだいに動物怪における女性的要素は狐に集約され、狸は男性化した。そして、近世のなかばを区切りとして、狸のイメージは凶怪から戯怪・愚怪に変化したという。ふくれあがった腹部や、巨大な陰嚢を持つ、滑稽な動物怪としての狸の姿は、一八世紀の末から大都市の軽文化の中で形成・強調されたものだと述べられている。

一九世紀には、歌舞伎で怪談物（観客を恐怖させることを目的とした作品）が成立し、作者四代目鶴屋南北と初代尾上松助（松緑）・三代目尾上菊五郎親子が数々の名作を作り出したが、彼らの代表作に妖狐物があっても妖狸物がなかったことは興味深い。文化四年六月江戸市村座の『三国妖婦伝』で松助が演じた金毛九尾の狐役は、菊五郎が受け継いだ。彼らは狐の妖異を表現することには熱心だったが、狸に興味を示さなかった。その理由として、狸がすでに戯怪・愚怪になっていたことが考えられる。歌舞伎の怪談物の素材とするには、狸のイメージが滑稽すぎてふさわしくないと思われたのではないだろうか。また、近世は全般的に「化ける女の時代」であり[11]、男性よりも女性を怪異の主体とする傾向が強かったため、怪談の作り手側が、男性的イメージの強い狸にあまり興味を持たなかったのかもしれない。

江戸期にはすでに戯怪・愚怪として、人間から笑われる存在となっていた狸。狐よりもおどけた感じで親しみやすく、そして男性的な狸の近代の芸能として、ここではまず講談の「狸物」に注目したい。筆者が調査した講談速記本は、以下の四冊で、いずれも国立国会図書館の蔵書である。

A『松山狸問答』神田伯龍講演　丸山平次郎速記　明治三〇年　駸々堂
B『実説古狸合戦』神田伯龍講演　丸山平次郎速記　明治四三年　中川玉成堂（図1）
C『津田浦大決戦』神田伯龍講演　丸山平次郎速記　明治四三年　中川玉成堂
D『日開野弔合戦』神田伯龍講演　丸山平次郎速記　明治四三年　中川玉成堂

これらの講談本は、明治三〇～四〇年代にかけての刊行で、版元はいずれも大阪である。Aは犬神刑部狸、BCDは金長狸に関する一連の続き物語である。Aは、犬に育てられた人間・小源太が、武者修行の旅の果て、狸のために国が荒れている伊予にたどり着き、退治役となる。狸の総大将犬神刑部と問答をし、小源太は「我をまつれば国を守護してやろう」と言われた。伊予国ではそれ以後犬神祭を行い、国は安泰となる。小源太も家内に犬神刑部をまつり、刑部の予言を聞くようになる。小源太は悪心を起こし、家老にお家横領をすすめるところで

図１『実説古狸合戦』国立国会図書館蔵

終わる。末尾に「松山狸退治へ続く」とあるが、続編は未見である。Aでは、「武芸の達人が妖魔を退治する」という物語に、退治される動物怪として狸が組み込まれているので、狸はしょせん脇役でしかないが、近世後期にはもっぱら戯怪・愚怪として表現されてきた狸を、極めて強力な動物怪として描いているところが注目される。

また、B~Dの資料は三冊で完結する一連の続き物で、人間ではなく狸を主人公としており、狸の物語としてはA以上に興味深い。以下に、梗概を記す。

B　天保年間、阿波国勝浦郡日開野の染物屋大和屋茂右衛門は、狸穴に食物をそなえた。店の者亀吉に金長と名乗る狸が憑き、「茂右衛門が若い頃から守護していた」と語ったので、茂右衛門は金長大明神としてまつった。金長は四国の狸の総大将・津田浦の六右衛門から官位を受けたいと言い、出て行った。六右衛門は自分のもとで修業をはじめた金長を気に入り、娘小芝の婿にしようとするが、金長は辞退する。六右衛門は立腹し、金長を討つことを決意し、合戦が始まる。

C　小芝は戦をとめようとするが、六右衛門が聞きいれないので、自害する。いよいよ戦争が始まり、これまで六右衛門を恨んでいた狸たちは金長の味方となる。金長の腹心であった鷹も殺されたので、その子どもたち（熊鷹、小鷹）は父の仇を討つ。

D　金長は六右衛門の城郭に入り、六右衛門を食い殺す。金長は勝ったが、この時のケガがもとで死ぬ。小鷹が二代目金長を継ぎ、四国の総大将となる。六右衛門の子千住太郎は味方の残党を集め、兵を挙げ、戦いはさらに続く。八島の八毛狸が仲介役となり、太郎と金長が面会して和睦を結ぶ。

こうした阿波の狸合戦の物語は、明治期の講談本が刊行される以前から、四国では知られていた。早い時期に阿波の狸合戦が文字化されたのは、『古狸金長義勇珍説』『近頃古狸珍説』『金長一生記』の三つの諸本で、『古狸金長義勇珍説』（松樹著）と『金長一生記』は既に翻刻がなされている。[12]『古狸』の淩霄文庫本を翻刻した横谷佳代子氏は、成立こそ明治期と思われるものの天保十年ごろの原形をとどめていると考察されている。この本は、発端の金長と大和屋との関係に始まり、金長の死後、小鷹が二代目金長となるまでが扱われており、大筋で神田伯龍の講談本と、ほぼ同様の内容である。『実説古狸合戦』の冒頭部分では、「阿波での実話であること」「藤井なる人物の原稿を材料として講談につづったこと」が記されている。藤井なる人物（『津田浦大決戦』第一回では藤井楠太郎とされている）についてはよくわからないが、江戸後期に四国で知られるようになっていた狸合戦の物語が、明治期大阪の講談界に持ち込まれ、都会の芸能として口演されたことはたしかである。

都会の芸能になったことで、狸合戦はどのように変貌したのだろうか。『古狸金長義勇珍説』と講談本で、小鷹熊鷹の兄弟が父の仇川島作右衛門と戦う場面を比較検討してみよう（以下、文献の引用にあたって、読みやすくするために、一部表記を変えた所がある）。

熊鷹はさいぜんより作右衛門の後へ廻りすきを見て飛懸り、後足を引くわへて力に任せて引掲ければ、作右衛門大ひに怒り後ろへ向んとする処を、小鷹すかさず飛込て首すじへ喰付、一ふり二振ふりければさしもの作右衛門大ひに弱り無念〳〵と白歯をむき猪のたけるが如くに吼うなる……（『古狸金長義勇珍説』）

熊鷹「ヤア〳〵夫れに控へたるは川島作右衛門ではないか、我れこそは藤の樹寺の鷹の次男熊鷹なり、いさ尋常に勝負に及べッ、父上の敵覚悟を致せッ、兄上御免」と挨拶を致して置いて、背後より飛び込んで来るが早いか、作右衛門の後足に無手とばかりに噛ひ附いて、一振り振りましたる事でございます、さしもの作右衛門も驚いた、もう少しのところで小鷹を噛ひ殺さんと押へて居るところを、不意に後方から足に噛ひ附かれたのでございますから、大きに憤り、作「エヽ、何をさらすか」と、振り解かんとするところを、下より押へ附けられたる小鷹は、此処なりと思ひまして、撥ね返しに及びましたる事でございます、ついに彼れの気の抜けたるところを下から撥ね返し、小鷹「オヽ、能くも熊鷹、加勢を致してくれた、必ず咥へた足を放すな」と云ひながら、飛び込んで、作右衛門の首筋を望んで、カッと噛ひ附き、一振り二振り振り廻したる事でございます、さしもの勇猛なる四天王の一頭の作右衛門も、何分片足と首筋を太かに鷹兄弟の為に噛ひ附かれまして大いに無念の切歯を致し、之れを振り放さんと致しまするが、兄弟はなかなか放さばこそ、激しく振りましたる事でございます、(『津田浦大決戦』)

こうして比べてみると、同じことを表現するのにも、伯龍の講談は、一つ一つの行為を丁寧に描写し、時にセリフをくわえることで、戦闘場面の臨場感をもりあげている。そして、狸が滑稽な動物としてではなく、人間と変わらぬ心を持ち、戦う時はとことん戦うまじめな軍人(獣)として描かれているのが印象的である。

なお、伯龍の講談本には、創作の場面もあると思われる。例えば、二代目金長と千住太郎との戦模様の箇所を検討してみよう。金長方は竹を利用して江田川の川の水をせきとめておき、千住太郎が川を渡ってきたところで、おとりが兵糧を置いて逃げる。太郎方が酒を飲んで油断しているところに、一気に金長方が攻めよせる。驚いて太郎方が逃げようとするが、敵のはたらきで、川は増水している。太郎は死にもの狂いで逃げようとするが、小鹿の子に襲われ、大ケガをする。こうした場面は『古狸』にはなく、狸にはあまりに緻密な作戦であるので、軍記物を得意とする講談師の手によるのではないかと思うが、どうだろうか。古老から阿波の狸合戦について話を聞いた後藤捷一氏は、「伯龍の講談本は骨子丈けは阿波の口碑と大体に於て変って居らぬ。然し枝葉に渉る挿話などに至っては、全然作り話と見るより外はなかった」と書いている。[13] また、講談が阿波に伝わる狸の話を素材としている一方、地元の話が講談の影響を受けて変容した可能性もあると思う。

ところで、この時代の講談が狸合戦をとりあげたことの意味を考えておきたい。江戸期にはじまった話芸の講釈が、講談と呼ばれて人気を博すのは明治半ばのこと。倉田喜弘氏は、当時の講談人気についてこう記す。

日清戦争に勝ったのは講談の働きだ、そう言わんばかりの社説「皇軍の戦捷と軍談講釈」を、『東京朝日新聞』(明治二八年七月二日付) が掲げた。「前太平記」や「三河風土記」などの軍談や、「宮本武蔵」「岩見重太郎」などの武勇伝、さらに「義士伝」や「伊賀越」などの敵討物は、正義感や忠孝貞節といった倫理観を植え付け、聴衆に愛国心を奮い立たせたというのである。(中略) 確かに講談の影響は大きかった。[14]

この時期の講談人気は、日清戦争期の社会の雰囲気と関係していた。戦争の時代だからこそ、芸能界においても戦う男の物語が好まれたのである。そして、軍談や敵討物を得意とする講談が、珍しい戦物語として「狸合戦」をレパートリーに取り入れたのは、しぜんな流れであったといえよう。そして、講談を楽しむ人々は、味方同士で助け合い、時に名誉の戦死を遂げる狸たちを、戦争で戦う人間と変わらぬ存在として身近に感じたのではなかろうか。

戦争と狸といえば、「日清日露戦争に阿波の狸が出征した」という伝説がある。観音院の狸は日清戦争の時に出征して負傷して帰ったが、日露戦争の時も「御国のためじゃ、行かねばなるまい」と言ってでかけ、たいそうな働きをして帰ったという。また、楠藤兵衛という狸も、日清日露戦争で敵を悩ませたそうだ。[15] さらに、狸が戦地で日本人を助けるというタイプの物語は、太平洋戦争時にも語られた。[16] 狸が人間とともに従軍して敵と戦う話は、戦争の時代である近代に浮上した、新しい狸話と言えよう。

中村禎里氏の説では、江戸期の狸は人間を攻撃する際には、主に男性（特に武士）をターゲットとしており、こうした狸イメージは、当時の武士が戦を本分としながらも現実に戦う機会を持たず、空転した闘争本能ゆえに、自分を襲う凶悪な男性的な動物怪を想像したことに由来するという。[17] つまり、近世の狸は、戦う男の敵だったのである。ところが、日本人が国を挙げて外国と戦わねばならない時代が到来した時、狸は戦う男の友となった。戦友となった狸が、滑稽だったりふざけていては困る。あくまで、勇猛果敢に戦う狸の姿が、戦争の時代に求められたのだ。そして、「女性的な狐は役に立たないが、男性的な狸なら異国の敵も倒してくれるのではないか」という国民の期待が、狸に寄せられたのである。

講談の狸合戦の意義は、現実の戦争を時代背景にしながら、戦う狸のイメージを芸能の中でふくらませたことにある。講談の人気は明治三七年ごろを境に失われ、浪花節などの後発の芸能に押されてしまう。倉田氏はその理由を「講談が史実を顧みなかったため、芸能の近代化路線に乗り遅れたから」と述べるが、史実を顧みない講談ならばこそ、動物怪の戦という反リアリズム的な物語すなわち「狸合戦」をレパートリーに加えたのでもあった。そして、講談の衰退に伴い、狸の物語は、新たな娯楽である映画において、別の形の展開を見せることになる。

二　音楽を愛でる狸とミュージカル映画

日本の怪談映画史上、最古の狸物は何であろうか。泉速之氏の『銀幕の百怪』所収の資料編「明治大正期作品題名一覧」を見ると、題名から狸の怪異を扱ったと思われる古い作品は、大正三（一九一四）年六月上旬公開の「八百八狸」（日活京都、牧野省三監督、尾上松之助主演、浅草千代田館）であった。[18] この書物によると、大正三年にはやはり六月下旬に「松山狸騒」、一〇月下旬にも「狸騒動」が公開されている。ただし、題名一覧から、狸だけではなく、「九尾の狐」や「岡崎の猫」など、他の動物怪を題材とした作品も同時に製作されていたことがわかる。最初期の日本映画界は、先行芸能である歌舞伎や講談の演目に素材を求めていた。江戸時代から歌舞伎などで人々に親しまれていた狐の怪談と同様、狸物語もまた、早くから映画化されたのであった。当時の映画界の人気俳優・尾上松之助は、特殊撮影を用いた忍術映画に数多く出演したが、狸映画でも特撮が使われたことと思う。

狸映画は大正から昭和初期にかけてさみだれ式に作られたが、昭和一四（一九三九）年は注目すべき年である。この年『阿波狸合戦』（新興京都、寿々喜多呂九平演出、八尋不二脚本）を皮切りに、『文福茶釜』と『狸御殿』（新興京都、木村恵吾演出、牧田行正撮影、佐藤顕雄音楽）が次々に公開されたからである。八尋不二は自作『阿波狸合戦』について、「時代映画に新しいジャンルを開いたものとして、一部の批評家からも高く評価されたし、以後、木村恵吾の『狸御殿』など、いわゆる『狸もの』の元祖ということになった」と後に書いているが、[19]『阿波狸合戦』の企画は、偶然決まったらしい。シナリオ作家寿々喜多呂九平は、かつて天才と呼ばれながら、当時はすっかり落ちぶれていた。その「雲の上の人」から挨拶された八尋不二は、新しい映画の企画に彼を起用することを思いついたという。

偶然、その日は新興所長だった永田雅一と帯同して、阿波、土佐を旅行して帰って来たばかりだった。僕は阿波の徳島で伝承されていた狸の民話に面白いのがあるので、それを蒐集し、狸を映画の世界に持ち込んだら、と思案してるところだった。そこで、後で永田に、ひとつ呂九平に『狸』をやらせたらどうか、と持ちかけた。

と、永田は、

「面白い。昔はあれだけのホンを書いた奴や。監督やらしてもオモロイかも知れんで」

というわけで、即座に呂九平演出がきまった。

僕は狸を擬人化して、人間と全く同じドラマを構成し、そこは狸だから化けたり化かしたりしてはお手の物、さては恋もし、喧嘩もして、最後は敵味方の大合戦となる、という趣向で『阿波狸合戦』を書いた。歌も踊りも入れての、ちょっとしたミュージカルである。[20]

『阿波狸合戦』の役名を見ると、伯龍の講談本と共通することから、民話のみならず講談にも取材したのではないかと思われる。『阿波狸合戦』は好評だったため、翌年には続編も作られた。さらには、記念として、永田をはじめとする新興キネマのスタッフや俳優たちが寄付金を集め、市の観光協会とともに金長を祀る神社（金長神社本宮）を建立したという。[21]狸は都会の映画界で興行収入をもたらすありがたい「神」として、認識されたのである。

そして、映画が「歌も踊りも入れてのちょっとしたミュージカル」を試みたところに、講談とは異なる新しさがあった。ここで、狸と音曲が結びつけられていることに注目しよう。日本人にとって狸はしばしば「音の怪」を引き起こす動物怪として認識された。その典型的な姿は狸の腹鼓である。狸が自分の腹部を楽器がわりにするというイメージ、音楽好きの動物怪としての狸像は講談にはあまり取り入れられなかったが、映画ではとりわけ強調された。折しも、一九二〇年代から三〇年代にかけて、アメリカのモダンな音楽映画が続々と公開され、日本人の手によるミュージカル映画製作が模索された時期でもあった。日本初のミュージカル映画は、一九三三年の『ほろよひ人生』（P・C・L　木村荘十二監督）であるが、[22]『阿波狸合戦』はその六年後である。映画界においては、この後、狸を主人公とした「狸物」が、ミュージカル映画の一ジャンルとして作られていく。

『阿波狸合戦』で狸の鹿の子役を演じた高山広子は、木村恵吾の『狸御殿』でも登場。『キネマ旬報』六九八号の映画評では「高山広子の狸物と言ふ丈で客は来る」と興行価値を高く買っている。さらに、一九四二年の木村の『歌ふ狸御殿』(図2)では、またも高山が娘狸お黒の役で登場、恋の相手の狸吉郎は宝塚出身の宮城千賀子が演じている。[23]『歌ふ狸御殿』は、音楽佐野顕雄、作詞サトウ・ハチロー、歌謡作曲古賀政男とスタッフをそろえ、多勢の歌手を出演させた、楽しい音楽映画にしあがっている。

『歌ふ狸御殿』の筋を記す。かちかち山でやけどをし、死んだ父親に酒をそなえるお黒はやさしい娘であった。意地悪な継母と姉のきぬたの仕打ちに耐え、お黒は一生懸命につかえる。白木蓮の花の美しさに嫉妬したきぬたは、河童のぶく助に切り倒させようとするが、お黒がとめる。年に一度の狸祭りの日、白木蓮の精は命を助けたお黒を姫の姿にし、祭りに参加させる。綺麗に着飾ったお黒は、狸御殿の若君狸吉郎に愛され、婚約する。嫉妬深いきぬたは、お黒に化けて若君を幻惑するが、正体が露見する。狸吉郎とお黒は無事に結ばれる。

図2『歌ふ狸御殿』(『映画旬報』昭和17年10月掲載)

筋はシンデレラ物語を翻案しており、ところどころで登場する狸たちが歌や踊りを披露する。狸たちといっても、俳優がメイクや着ぐるみで狸そっくりの姿になるのではない。民俗社会で「狸は人に化ける動物怪である」ということになっているので、映画でも「狸が人に化けている」という設定のもと、狸役俳優が人間とほぼ変わらぬ姿で登場し、腹鼓を打ったりすることで正体を示す。

現代人の目で鑑賞するかぎり、『歌ふ狸御殿』は、単純で楽しい娯楽映画に過ぎない。だが、これが製作されたのは一九四二年、太平洋戦争下であった。そもそも、前年一二月の真珠湾攻撃を手始めに、日本軍が着々と南方に進出していった時期に、なぜこのような娯楽作品が作られたのであろうか。笹川慶子氏は「日本軍の南進が快調に進むにつれ、南方の諸民族に対し、大東亜共栄圏の盟主として、日本の優秀さを示すことが急務となり、音楽映画が注目された」と考察する。[24] そして、「原住民」向けの音楽映画が積極的に検討されるようになるのは、軍官民の協議により「南方映画工作要綱」が決定する一九四二年九月以降で、政府の方針を受けて大映がいちはやく南方向け大レビュー映画として製作したのが『歌ふ狸御殿』だった。雑誌『映画』には、『歌ふ狸御殿』について、藤井朝太（大映京都第二撮影所長）の以下のような弁が載る。

（大東亜）共栄圏が確立されて行くにつれて、共栄圏内の娯楽を供給して行くといふことは、日本に課せられたる大きな責務であると思ふ。それならば何う云ふ映画が共栄圏内の何の民族にも歓迎されるかと云ふと、先づ誰にも諒解される単純なストーリー、健康なテーマ、それを彩る豊富な音楽、優美な踊、甘美な歌と云つたものではないか、とするとそれ等の条件を備へたものはこの「歌ふ狸御殿」であつて、斯くの如きものこそ全人類を娯ませ得るもの丶一つではないだらうか。[25]

言語や習慣が異なる南方諸地域向けに、日本が国を挙げて娯楽映画を提供しようとした際、言語よりも音楽や踊りを重視するミュージカルが有意義とされ、単純な狸の物語がよしとされたのである。『歌ふ狸御殿』が、所属会社の垣根を越えた豪華な出演者を揃えることができたのも、国策ゆえであった。そして、四二年の後半頃から、連合軍が反攻に転じ、日本軍が致命的な打撃を受けるようになった時期に、『歌ふ狸御殿』が作られたことを考えれば、作品の明るさは何とも皮肉である。『歌ふ狸御殿』では、日清戦争時の講談のように、狸を軍人として描くことはなかったが、作品全体は戦争のために利用された。戦争の時代であった近代においては、狸の物語も、人間の戦争に都合がいいように作られ、享受されたのだった。

三　幻を見せる狸怪

『歌ふ狸御殿』から三年後の四五年八月十四日、日本はポツダム宣言を受諾、無条件降伏にいたった。戦後、日本人の生活文化は大きく変貌するが、狸物は不思議な生命力を保ち続けた。『歌ふ狸御殿』の木村恵吾は、その後も大映で『春爛漫狸祭』（一九四八年）、『花くらべ狸御殿』（一九四九年）、『初春狸御殿』（一九五九年）と、狸物を作り、他の映画監督による作品もうまれた。例えば、大曽根辰夫の『七変化狸御殿』（一九五四年、松竹）、佐伯幸三の『大当り狸御殿』（一九五八年、宝塚映画　図3）などがある。

これら一連の作品は、戯怪の性質を持つ狸を主人公にした、戯れの映画なのである。人間ではなく狸を主人公としているため、物語の筋が単純であっても荒唐無稽であっても許される。人間が主人公であれば馬鹿馬鹿しいと思われるような筋立てでも、狸の世界なら許容されるのだ。出演者の技芸で観客を酔わせる娯楽映画であるから、ストーリーを複雑にする必要はないが、音楽劇としての魅力が重視される。そのため、狸物は、民謡・浪花節・歌謡曲・ジャズ・オペラ・ロックなどの流行の音楽や多様な踊りを入れ、見物を喜ばせる「娯楽の器」として機能してきた。

こうした狸物の影響を受けてか、『恋すがた狐御殿』（図4）なる映画まで作られた[26]。『恋すがた狐御殿』（一九五六年、宝塚映画、中川信夫監督、中村扇雀・美空ひばり出演）は、北条秀司原作の歌舞伎『狐と笛吹き』を映画化したものだが、映画の題名から「狸御殿」の影響が感じられる。また、美空ひばりという昭和を代表する歌手

図３『大当り狸御殿』

が、この時期の「狸御殿」と「狐御殿」両方に出演しているのも興味深い。そこで、同じ宝塚映画の『大当り狸御殿』と『恋すがた狐御殿』を比較することによって、狸と狐のイメージがどう異なるかを見ておきたい。

『大当り狸御殿』では、美空ひばりが狸吉郎役、雪村いづみがきぬた姫に扮し、二人の歌が披露される。それとともに、トニー谷、中田ダイマル・ラケット、ミヤコ蝶々、南都雄二ら、エンターテイナーを出演させて、喜劇的な見せ場を多く含む、明るい音楽劇にしている。それに対し、『恋すがた狐御殿』の方は、人間の男性に助けられた狐（美空）が、男性の亡妻そっくりの姿に化けて恩返しをする話である。男と狐は愛し合うが、「狐が人間に体を許すと、両者とも死ぬ」掟があるので、狐は正体を明かして姿を消す。男は狐を追い、ともに湖中に沈むという幕切れである。「狸御殿」が喜劇であるのに対し、「狐御殿」は悲劇である。どちらにも出演した美空ひばりは、「狸御殿」では明るい歌、「狐御殿」では悲しい歌を歌っている。これは、狸＝陽、狐＝陰という動物怪の性格の違いによるものと思うが、狸物の特徴が「明るく楽しい」という点を確認しておきたい。こうした特徴は、二〇〇五年の鈴木清順監督による『オペレッタ狸御殿』にも見いだせる。

『オペレッタ狸御殿』の梗概を記しておこう。唐の国から狸御殿に招かれた狸姫と、美貌の王子雨千代は、出会ってすぐに恋に落ちる。狸姫は人との恋が禁じられた身であり、雨千代は実の父親から命を狙われているが、困難を乗り越え、二人は結ばれる。物語自体はお伽噺的であり、狸姫役のチャン・ツイイー（中国出身の国際派女優）は、脚本を読んだ時「大変著名な監督が、なぜこのような童心に返る作品に取り組まなければならないのか」と疑問を抱いた。鈴木清順は「日本だけでなく、世界中の映画が内向的で暗い傾向にあると思います。だから明るくて、ハデなお祭り騒ぎで、とにかく楽しい映画が撮りたかった」と、述べているが[27]、このコメントから、狸物が作られ続けてきた理由が明らかになる。すなわち、歌と踊りで派手に騒ぐお祭り的な日本映画こそ、戦争中であろうと平和な時であろうと、常に人々が求めてきたものだったのである。

ところで、現代の日本映画界において、狸の戦闘的イメージも健在である。一九九四年のスタジオジブリのアニメーション『平成狸合戦ぽんぽこ』（高畑勲監督）は、人間と戦い、敗北していく狸の群像を描いた。これは、高畑監督が「『タヌキ』を主人公にした映画を作れないですかね。日本独自の動物、狸の映画がないというのは、日本のアニメーション界がさぼってきた証拠だと思いませんか。もし、作るとしたら四国が舞台の狸話『阿波の狸合戦』を取り上げたらいい」と言い出したのがきっかけで作られたという[28]。元来、妖怪の活躍などの非現実的な場面の描写力において、絵を動かすアニメ映画は、俳優が出演する実写映画以上に長けているのではなかろうか。『ぽんぽこ』では、狸たちが人間を驚かすために多種多様な幻を見せる、秘術妖怪大作戦のくだりがみごとであった。中世の絵巻や近世の浮世絵に描かれた化け物たちが動く場面は、アニメ以外の表現方法では到底不可能であったろう。

図４『恋すがた狐御殿』

このような映画の狸は、「幻を見せる動物怪」としての狸の伝統的な性質を継承していると考えられる。中村氏の前掲書は、僧形の狸が幻影を演出して見せたり、『西鶴諸国ばなし』の「狸が人形を操って人を驚かせる話」などを挙げ、狸が幻を演出する動物であったと述べる。如来や菩薩の幻影をあらわして人々を感激させたり、源平合戦の様子を幻出する狸は、もともと芸能者に近い存在であったのだ[29]。『平成狸合戦ぽんぽこ』で、屋島の禿狸が源平合戦のさまを見せる場面があるのも、狸ミュージカルの出演者が狸役に扮して、この世ならぬ別世界をスクリーンの上の幻として披露してくれるのも、前近代的な狸の役割を受け継いでいるのである。

時に勇猛果敢な戦士として、時に芸能を愛でる存在として、狸イメージは近代に強化されてきた。そして、近代芸能における狸たちの戦う姿、陽気に音楽を奏でて舞い踊る姿は、その時々の日本人自らの姿でもあったのではないだろうか。人間に化ける身近な動物怪として、狐や猫とは異なるポジションを保ちつつ、狸はフィクションの領域で生き延びていくのではないか、と私は考える[30]。

注

1 小松和彦『妖怪学新考』小学館ライブラリー、二〇〇〇年、一七四頁。
2 山田奨治「みえる狐、みえない狸」、小松和彦編『日本人の異界観』せりか書房、二〇〇六年。
3 http://www.nichibun.ac.jp/YoukaiDB/
4 星野五彦『狐の文学史』新典社、一九九五年、一二九―一三〇頁。
5 横山泰子「不思議世界に住むペット」『文学』二〇〇一年一一・一二月号。歌舞伎の怪猫について筆者は既に拙論を記したことがある。『江戸東京の怪談文化の成立と変遷』風間書房、一九九七年、『江戸歌舞伎の怪談と化け物』講談社、二〇〇八年などを参照されたい。
6 二〇〇一年当時の名称である。
7 http://www.arc.ritsumei.ac.jp/dbroot/top.htm からデータベースが活用できる。
8 『戯場訓蒙図彙』国立劇場芸能調査室、一九六九年、八〇頁。
9 志村三代子「女が猫になるとき――「怪猫映画」『秘録怪猫伝』試論」『映像学』六七号、「「見世物」から「映画」へ

――新東宝の怪猫映画」『演劇映像』四三号、「攻撃の構造――『怪猫謎の三味線』『キャット・ピープル』をめぐって」『映画学』一六号、「転換期の田中絹代と入江たか子――化猫と女優の言説をめぐって」斉藤綾子編『映画と身体／性』森話社、二〇〇六年など。

10 中村禎里『狸とその世界』朝日新聞社、一九九〇年。

11 堤邦彦「女霊の江戸怪談史――仁義なき「後妻打ち」の登場」『幻想文学、近代の魔界へ』青弓社、二〇〇六年。

12 横谷佳代子「凌霄文庫蔵『古狸金長義勇珍説』翻刻」『凌霄』二号、山上里香「凌霄文庫蔵『金長一生記』翻刻」『凌霄』三号。なお、中村禎里「徳島県のタヌキ祠」『宗教と社会生活の諸相』隆文館、一九九八年所収、に『古狸金長義勇珍説』の内容が狸信仰という観点から言及されている。また、徳島の狸話については、高橋晋一「『はなし』の社会的機能　阿波の狸話をめぐって」『世間話研究』一〇号を参照した。

13 後藤捷一「阿波に於ける狸伝説十八則」『民族と歴史』八巻一号。

14 倉田喜弘『芝居小屋と寄席の近代』岩波書店、二〇〇六年、一四九―一五二頁。

15 笠井新也「阿波の狸の話」『日本民俗誌体系　第3巻　中国・四国』角川書店、一九七四年、二八三―二八四頁。

16 松谷みよ子『現代民話考11　狸・むじな』ちくま文庫、二〇〇四年、四〇〇頁。

17 中村禎里、前掲書、一七九―一八〇頁。

18 泉速之『銀幕の百怪』青土社、二〇〇〇年、二一二頁。

19 八尋不二『百八人の侍』朝日新聞社、一九六五年、三七頁。

20 八尋不二『映画の都のサムライ達』六興出版、一九七五年、一二三頁。

21 村上健司「妖怪狸を訪ねて、四国狸巡りに出る」『日本怪奇幻想紀行一之巻』同朋社、二〇〇〇年、一二四―一二五頁。

22 岩本憲児「和製ミュージカル映画の誕生」『日本映画とモダニズム』リブロポート、一九九一年。

23 三浦秀一「狸御殿の歴史」（パイオニアＬＤ『狸御殿玉手箱』一九九四年、解説）によると、『歌ふ狸御殿』の成功で、宮城千賀子の人気は沸騰し、この年プロマイドの売り上げは第一位となった。宮城と夫マキノ慎三は、狸御殿の実演で各地を巡演し、木村監督から著作権侵害で告訴されたが、これもひとえに狸御殿の人気ゆえであろう。また、宮城がそうであったように、その後も宝塚出身者たちは、映画と舞台の両方の狸物に貢献している。現代でも、二〇〇四年四月に宝塚歌劇創立九〇周年記念特別公演として、『桜吹雪狸御殿』が上演され、新旧スターが出演した。
24 笹川慶子「音楽映画の行方　日中戦争から大東亜戦争へ」岩本憲児編『日本映画とナショナリズム　1931 - 1945』森話社、二〇〇四年、三三六頁。
25 『映画』一九四二年一一月号。
26 私見であるが、近世までの芸能で狐が重く扱われていたことからすれば、映画における狐は影が薄いのではないだろうか。もちろん、九尾の狐などの、伝統的な狐の物語を映画化した例は初期映画の時代からある。しかし、化け猫や狸怪を扱った作品が映画ならではの新ジャンルを成立させたのに対し、狐関係の作品には見るべきものが少ないように思う。
27 「メイキング・オブ・オペレッタ狸御殿」『DVDオペレッタ狸御殿デラックス版』所収映像。
28 「企画からシナリオ着手まで」『平成狸合戦ぽんぽこパンフレット』。
29 中村禎里、前掲書、五八―六〇頁。
30 映画の狸物の影響を受けて書かれた小説の例として、朝松健『踊る狸御殿』（東京創元社、二〇〇一年）にふれておく。狸の精が森を守るために人間に化け、キャバレー狸御殿を経営し、人間の客に幸せを与えるかわりに開発反対の署名を頼むという、大人向けファンタジーである。著者あとがきによると、『七変化狸御殿』のビデオを見て小説のヒントを得たという。新しい狸の物語は、こうしてさらに作られているのである。

異界のイメージと廃墟

一八世紀のピクチャレスクから現代映画までの表象風景

佐々木高弘

一　現代日本人の異界イメージ――映画に見いだされた廃墟

現代の、私たち日本人は、異界をどのようにイメージしているのだろう。そのことを知る手がかりの一つとして、映画があるだろう。『千と千尋の神隠し』のようなアニメ作品から、『呪怨』のような実写作品まで、異界を描いていると考えられる作品が、近年多く見られ、しかもかつてのようにB級映画としてではなく、世界にも進出する作品となっている。『千と千尋の神隠し』は、アカデミー賞を獲得したし、『呪怨』はハリウッドでリメイクされ、原作版、リメイク版も含め、日本の映画作品としては、アメリカで過去最高の収益を記録した。

私は、なぜ近年、世界でこのような妖怪や幽霊を描く映画が、多くの人たちの賛同を得ているのか、という疑問を第一に感じているが、と同時に、そのような現象が立ち現れる、場所表現にも興味がある。つまり、近年の、妖怪や幽霊の流行にともなう、近年の異界表現にである。

『千と千尋の神隠し』（二〇〇一年）では、異界の都市風景として、昭和初期のモルタル製の看板建築などが[1]、『呪怨』（二〇〇二年）では、幽霊の立ち現れる場所として、東京は練馬区の廃屋となった昭和の民家が選択された。そ

図1　映画『リング』の舞台となった昭和初期のアパート「東光園」（佐々木撮影）

図2　死者の旅立つ場所（『ワンダフルライフ』より）

の他の映画をざっと挙げてみると、『リング』（一九九八年）では、中心的な舞台として昭和初期に建造された、目黒区にあるアパート東光園（図1）が、『ワンダフルライフ』（一九九八年）では、死者があの世へ旅立つ場所として、昭和初期に建てられ、すでに解体撤去された、中央水産研究所（図2）が、『鉄道員』（一九九九年）では、死んだ娘が訪ねて来る場所として、廃線となった駅舎が、『いま、会いにゆきます』（二〇〇四年）では、亡くなった妻と出会う場所として、廃墟となった清掃センター（図3）が、それぞれ、異界、正確にいえば、異界の入口、あるいは出口に選ばれた。

　これら選ばれた場所の特徴は、日本の近代化の過程で、それを象徴するかのような形で建てられた建造物であり、現在では使用されなくなり、一方で、近代化遺産として保存され、一方で、無用物として解体撤去され、また一方で、廃墟としてうち捨てられている、そのような建物群なのだ。

　現代の日本人の多くが、このような場所に、異界、あるいは、異界の入口・出口――総称して異界性と言った方がいいのかも知れない――の存在を、あるとき、嗅ぎ取ったのかもしれない。特にこれらのうち、廃墟は、映画だけでなく、写真集でも人気を博し、また、若者たちが、心霊スポットとして、もてはやす場所なのだ。なぜなら廃墟は、これらと同様の性格を持つ建造物でありながら、博物園等に移転展示された文化遺産や、解体されてしまって今はない建造物と違って、今も私たちの日常生活空間の文脈の中で、まだその姿を、露呈し続けているからである。このような廃墟に、私たちは、いったい何を見ているのだろう。

二　廃墟とは――ピクチャレスクの審美眼

地理学者のJ・アップルトンは、『風景の経験』を、「私たちは風景のどのような点を好むのか、その理由は何か」という疑問から始め、哲学、美学、絵画、小説、庭園から動物行動学にまで言及し、その結論を「生息地理論」へと進める。そして、そこへ至る、西洋の風景観の歴史のなかで、一つの重要な里程となった、一八世紀のピクチャレスクに触れている。[2]

図３　死者の立ち現れる場所（『いま、会いにゆきます』より）

ピクチャレスクとは、一八世紀から一九世紀にかけて絵画、造園、建築、文学などで流行した審美概念である。またこのピクチャレスクの流行した時期は、古典芸術とロマン派芸術の空位期間であった、とも言われている。

風景への人々の態度という点から言えば、この古典派とロマン派は、際だって異なっていたことが指されている。地理学者のJ・R・ショートは、古典派とロマン派の文学を比較して、彼らの自然に対する態度の違いを指摘した。例えば、古典派では、山を、地球を醜くする突き出た瘤であり、罪業と醜悪の物理的印と見ていたのに対して、ロマン派では、山は神の力の象徴、美しいもの、造物主と出会う地点とし、荘厳なる自然は、人々がそれらに触れて、正しい認識が出来る場所と認知していた。[3]

このように、人々の風景に対する態度が劇的に変化する、その端境期に、

図4　ドイツの庭園に建造された廃墟（注4『廃墟のエコロジー』33頁より）

ピクチャレスクの流行があったのである。そのピクチャレスクが好んだ風景は、それまでの古典派が好んだ、秩序、均整、調和とは違い、荒々しさ、複雑さ、不規則さ、多様性を特徴とするものであった。そしてそのような趣向が流行する中で、最も好まれた風景要素の一つが、廃墟だったのである。彼らは、旅をして、廃墟を探し出し、その廃墟を好んで絵に描き、ついには、自宅の庭に持ち帰り、それが不可能な場合は、建築家に新たに廃墟を創らせ愛でた（図4）。

さて、彼らは廃墟に、いったい何を見ていたのだろう。

美学者の岡林洋は『廃墟のエコロジー』のなかで、人々の廃墟への憧れは、今まで三度あったという。一度目は、絵に描かれた、崩れた古代ギリシア・ローマの建造物が、過去の理想としての風景を、人々に思い起こさせるもので、伝統的な古典主義への憧れ、と言ってよいものであった。一八世紀半ばまでこのような流れがあった。しかし、この廃墟は、偉大な古代文明のモニュメントでしかなかった。

二度目は、一八世紀の後半に生じた、古代ギリシアの調和美、整然とした合理的な美が、崩壊し始めたピクチャレスクの時期に、滅びの美として登場する廃墟である。そこでは、アンチ・ギリシア、アンチ・ローマとして、庭園などに人工的な廃墟が作られる。それは古典それ自体の廃墟を示していた。そして三度目は、私たちのモダンへの反抗としての、ポストモダンとしての廃墟である[4]。つまり、伝統的に絵画世界で廃墟は描かれ続けていたのだが、それは廃墟そのものの美を意図して題材とされたのではなく、古典としての、古代ギリシア・ローマ文明の表現手段だったわけだ。それが、ピクチャレスクにおいては、ある意図をもって、廃墟が選ばれた。それは、古典の崩壊を意味していたのだ。彼らは、廃墟に時代の変化を見ていた。古い時代が終わり、新しい時代が来ることを予感して、廃墟を見ていたのである。

また、イギリスにおける、一八世紀に生じた廃墟ブームには、次のような、社会的背景があったことも指摘されている。一つは、ヘンリー八世による修道院解散により、多数の修道院廃墟が実際にあったこと。もう一つは、失われた中世への憧れから、ゴシック・リバイバルが生じたこと。三つ目は、一七世紀末から一八世紀に、イギリスの上流階級の子弟が、教育の一環として行ったグランド・ツアー（特にフランス・イタリア旅行）によって、特にイタリアの廃墟を描く絵画が、イギリスにもたらされたこと。そして、彼らが旅の途上で、アルプスなどの壮大な風景を、実際に観察する経験を得たことも大きかった。また、イギリス人思想家によって廃墟の美学的根拠が示されたことも、ブームの要因に一役かっているようだ。[5]

時代の端境期ということでは、この時期は、一七八九年のフランス革命があり、芸術の部門ではモーツアルトが、ドイツ語でオペラを上演するなど、数々の革命的な音楽を創作した。建築家の岡田哲史は、一八世紀のローマの廃墟に人々を向かわせたものに、腐敗した政治や、疲弊する経済などの社会不安とともに、古典的権威に対して新しい事実を突きつけてきた、この理性の時代の経験科学、実証主義的研究による歴史の再認識もあったと指摘している。[6]この時期は、確かにそのような、変革の時代だったのだ。

それは、政治、社会、芸術の側面だけでなく、風景への眼差しの革新でもあった。アップルトンはそのことを、人々の風景経験の変遷史における、一八世紀の里程として表現したのだった。このような古典文明への憧憬から、自然の崇拝へと人々の風景観が変容する過程として、廃墟が象徴的に選び出されたのである。その廃墟が象徴したのは、「自然の力による人工物の変容と建物の荒廃の結果生じた無秩序」[7]であった。

三　廃墟と幽霊・異界――ハドソン・リバー派とワシントン・アーヴィング

このピクチャレスクの廃墟に、人々が期待したのは次のような構成要素であった。「完璧な廃墟であるための条件を以下に列挙するとこうなる。まず、ツタがからまり、フクロウがいること（ホーホーと鳴き声をたてるのが好ましい）。塔にはカラスと数羽のコウモリ、壊れた門、コケが生え、ゴシック式の窓からは木々が突き出ていなければならない。ヒキガエル、毒蛇、キツネは必須アイテム。「幽霊」はいてもいなくてもかまわないが、「隠者」が住み着いている場合は、雨が降り込むほど屋根を廃墟化してはならない」[8]というものであった（例えば図5）。

「幽霊」はいてもいなくてもかまわない……、とあるが、実は、この時代の廃墟は、絵画や庭園においては、確かにそうなのだが、文学においては、「幽霊」はいたほうが、より望ましかったようだ。[9]その原因は、図像と文字という表現手段の違いにあったのかもしれない。つまり、絵画や庭園においては、「幽霊」を描いたり配置したりしなかったのは、雰囲気が見る者の想像力をかき立てて、あたかもいるかのように思わせる効果があったからであろう。むしろ描くと野暮になる。それに対して、文字世界では、そもそも何を描いても、物理的には見えない。だから、むしろ廃墟から導き出された、人の想像力を文字化する必要があったのだろう。だから文学では、あえて「幽霊」を描く必要があったのだ。

さて、このヨーロッパで流行したピクチャレスクは、一九世紀初めには、アメリカにも移植され、その者たちは、ハドソン・リバー派と称された。この一派の名の由来は、ニューヨーク州北東部にあるハドソン川流域から来ている。そしてこの地域は、古きアメリカの、理想の風景として、小説家や詩人の目を通して描かれ、広く認められるようになる。[10] その代表的な作家に、ワシントン・アーヴィングがいた。彼は、次のような風景観を文章にしている。

> しかし、ヨーロッパはいろいろと人をひきつけるものをもっている。それは物語や詩歌にわれわれの想いをはせさせる。美術の傑作、教養高い社会の優雅なたしなみ、昔から伝えられている地方色ゆたかな珍しい慣習が、そこには見られるのだ。わたしの母国は青春の希望にあふれているが、ヨーロッパはすでに年功をつみ、永いあいだに蓄積した宝物に満ちている。その廃墟は過ぎし日の歴史を語り、くずれおちてゆく石の一つ一つが、それぞれ年代記そのものなのだ。わたしは、名声の高い偉業が行われた跡を歩きまわり、古人が残した足跡を踏み、すさび果てた古城のあたりに遊び、崩れかかった高殿の楼上で瞑想したくてならなかった。ひとことでいえば、凡俗な現実世界をのがれて、くらく荘厳な過去のなかに身を没したいと願ったのだ。[11]

図５　フリードリヒのゴシック教会の廃墟画（後藤真理編『死都』トレヴィル、1995年、33頁）

このように、彼は、ヨーロッパの歴史ある文化に憧れ、その象徴としての廃墟で、想いを馳せたかったのだ。なぜなら、アメリカの未開拓地には、荒野こそあれ、過去の人間の歴史、神話、伝説を連想させる、廃墟や遺跡にはとぼしかったからである。そして彼が、廃墟に想いを馳せた「くらく荘厳な過去」とは、幽霊や異界をイメージさせる物語世界だったようである。アーヴィングは次のようにも書いている。

図6　首無し騎士と廃墟と化したオランダ風車（『スリーピーホロウ』より）

少年時代になると、わたしは観察の範囲をひろげた。休みの日の午後には、郊外を散歩し、歴史や物語で名高いところにはすっかりくわしくなった。人殺しや追いはぎがあったとか、幽霊が出たとかいうところは一つ残らず知りつくした。[12]

彼が廃墟に見たものの一つが、神話や伝説にもとづく幽霊たちであった。例えば、「幽霊花婿」は、ドイツを舞台とした物語であるが、その場所を「マイン河とライン河の合流しているところからそう遠くない、上ドイツの荒れはてた幻想的な地方、オーデンヴァルトの高地のいただきに、ずっとむかしのこと、フォン・ランドショート男爵の城が立っていた。それはいまではすっかり朽ちはてて、ほとんど山毛欅やうっそうとした樅の木のなかにうもれてしまっている」[13]廃墟に設定し、そこに幽霊を登場させている。

また、ヨーロッパだけでなく、その一派の名称でもある、ハドソン川流域にも、ヨーロッパからの古い移民の町を見いだし、怪奇小説を書いている。例えば「リップ・ヴァン・ウィンクル」は、アメリカ独立戦争の前にハドソン川流域の山で一晩を過ごした男が、家に帰ると、そこが廃屋になっており、まるで浦島太郎のように二〇年も経過していたことを知る、不思議な物語である。[14]この地域に、あの竜宮のような異界を見いだした小説なのだ。それだけでなく、彼が帰ってみると、アメリカが独立していた、という点も重要だろう。さらに、「スリーピー・ホローの伝説」では、ハドソン川のオランダ人入植者の村、スリーピー・ホローに、独立戦争で死んだ騎士の幽霊が出没する物語が描かれている。[15]この小説は、一九九九年に映画化され、アカデミー（特殊効果）賞を獲得している。その映画でも、ハドソン川流域が写し出され、ニューヨークの都市風景と対照的な、オランダ人入植者の、廃墟となった風車のある、古いヨーロッパを思わせる農村風景が印象的に描かれていた（図6）。

このように、アメリカにとっても、一八世紀後半は、時代の変革期であり、ピクチャレスクの審美観が、古きアメリカをハドソン川流域に見立て、廃墟に焦点を当て、そしてそこに幽霊や異界を連想していたのである。ただし、アーヴィングの小説に出てくる幽霊は、結果としては、いずれも人々の錯覚や、思い過ごしとして描かれている。この点も、この時代の特性を示していると言えるのだろう。

四　日本の妖怪画革命——鳥山石燕『画図百鬼夜行』

興味深いことに、日本においても、一八世紀後半は、異界イメージにとって、たいへん重要な時期であった。民俗学者の香川雅信は『江戸の妖怪革命』[16]のなかで、鳥山石燕の『画図百鬼夜行』を契機に、日本人の妖怪観が革命的に変化したことを指摘しているが、この『画図百鬼夜行』が出版されたのが、一八世紀後半だったのである。『画図百鬼夜行』は、一七七六年に江戸で刊行された「妖怪絵本」で、狩野派の絵師とされる鳥山石燕によって描かれた。その後、江戸期の怪奇系の小説等の挿絵にも影響を与え、現代の水木しげるの妖怪漫画にまで影響を与えた。[17]つまり、私たちが思い描く妖怪の姿の原点の多くが、ここにあると言ってもいいわけだ。[18]

なぜ、この時代にこのような画期的な妖怪画が登場したのだろう。香川は、この時代の様々な風俗を見つつ、博物学的な思考が登場したためだと指摘している。その博物学的な思考が、妖怪を図像化し、妖怪の百科事典を作らせしめ流行したのだと。やはりここでも、時代の価値観の変容が、妖怪画を生んでいたと言えるのだろう。

さて、ここで見ておきたいのは、妖怪が出没する場所である。つまり、妖怪画の背景に何が書かれているかである。なぜなら、妖怪が出没する場所が、当時の日本人の異界のイメージを表象していると考えられるからである。図7は『画図百鬼夜行』に描かれた、五一種の妖怪の背景にある風景をグラフにしたものである。これによると、妖怪画の背景として、最も多いのが木、次が家・屋内、そして廃墟と川が三番目に多いことになる。自然風景と建築風景を比較すると、二三対二八で建築風景が多いことが分かる。

図8は、野寺坊という妖怪であるが、背景に描かれているのは、廃墟となった寺のようである。実は、ピクチャレスクの廃墟も、宗教建築物が描かれることが多かった。彼らは廃墟となった宗教施設に、やはり異界を見て

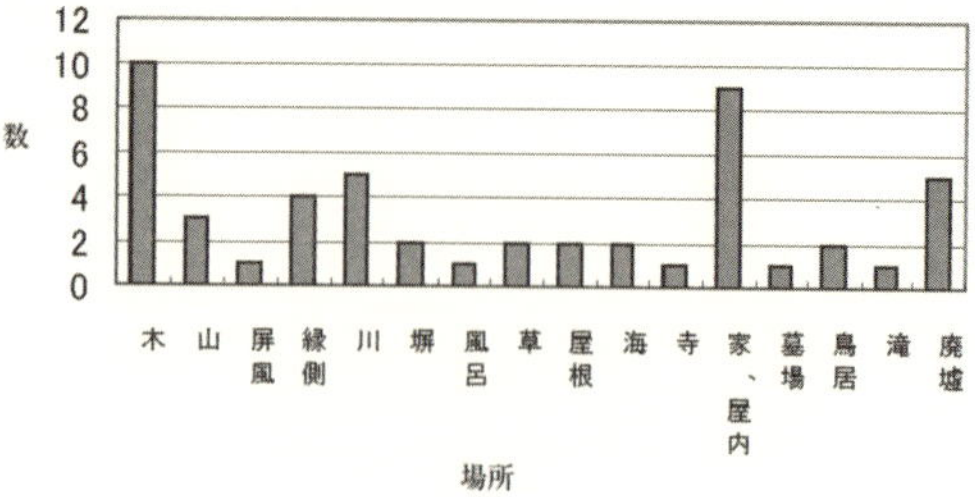

図7『画図百鬼夜行』に描かれた場所

図8『画図百鬼夜行』に描かれた野寺坊と廃墟（注6、59頁より）

図9　フリードリヒのゴシック教会エルデナの廃墟画（注6『廃墟大全』表紙より）

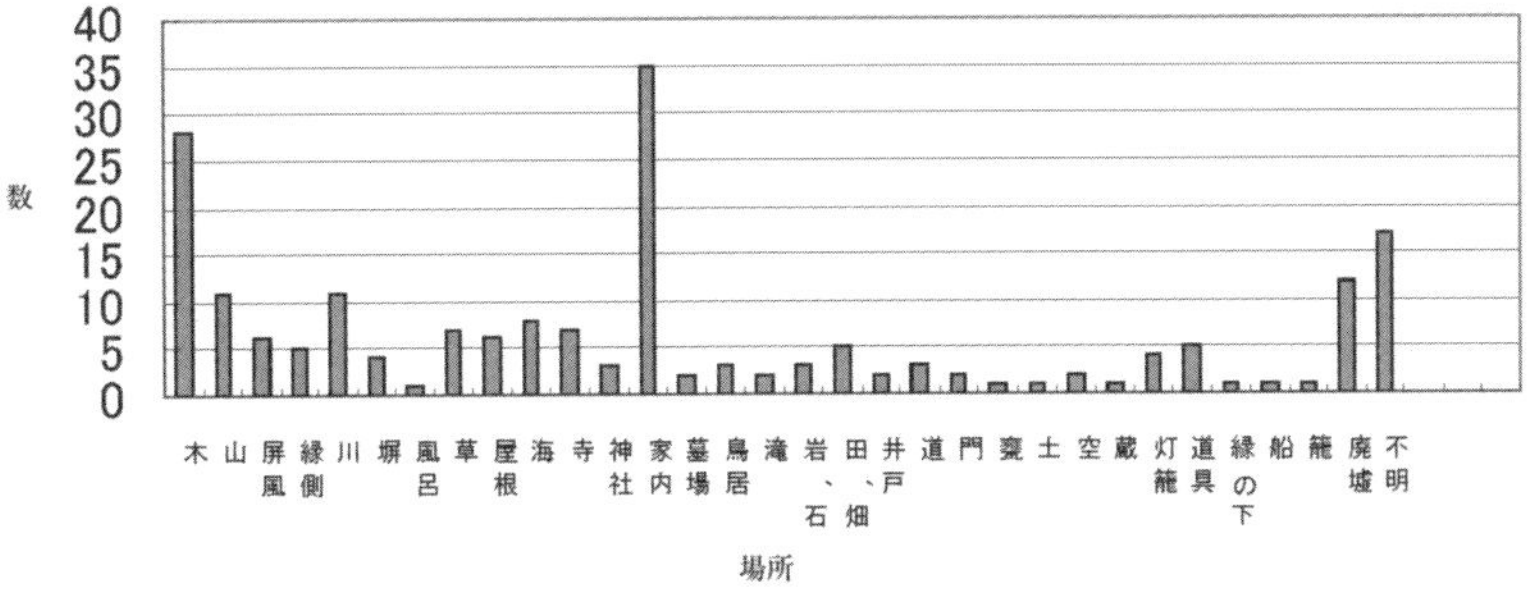

図10　鳥山石燕の妖怪画に描かれた場所

いたようだ。

図9は、ドイツ・ロマン派の画家フリードリヒが一八〇九～一〇年に描いた、ゴシック教会エルデナの廃墟画である。この廃墟は、岡林によれば次のように解読される「葬列は、広い墓地を通り過ぎて、十字架の下を通って、画面奥に退く。廃墟の門が死の隠喩として用いられている……同時に、門は、空間を区切るその機能において、此岸と彼岸との間の境をも象徴的に表現する。その際、此岸には、隠喩的に画面前景が割り当てられ、彼岸には、画面後景が割り当てられる。門は、基本的に、この世からあの世への移行としての死を意味する形態だ[19]」と。まさに異界の入口を、ゴシック教会の廃墟に指定しているのだ。図8は、まさにその日本版と言えそうだ。

その後、鳥山石燕は、一七七九年に『今昔画図百鬼夜行』、一七八一年に『今昔画図百鬼拾遺』、さらに一七八四年に『百器徒然袋』を刊行し、合計二〇三種の妖怪を描くことになる。当然その都度、背景も描かれることになる（なかには描かれないものもある。図10では不明とした）。図10はそれらを示したものだが、その傾向は、図7の『画図百鬼夜行』と変わりない。木と屋内が逆転しているが、不明を除けば、やはり廃墟は三番目となっている。また建築風景の方が、自然風景より多いのも同じである。

国文学者の高田衛は、この石燕の復刻された画集の総説によせて、古代から近世にかけて、徐々に妖怪が、人々の生活空間から山奥の自然へと、その

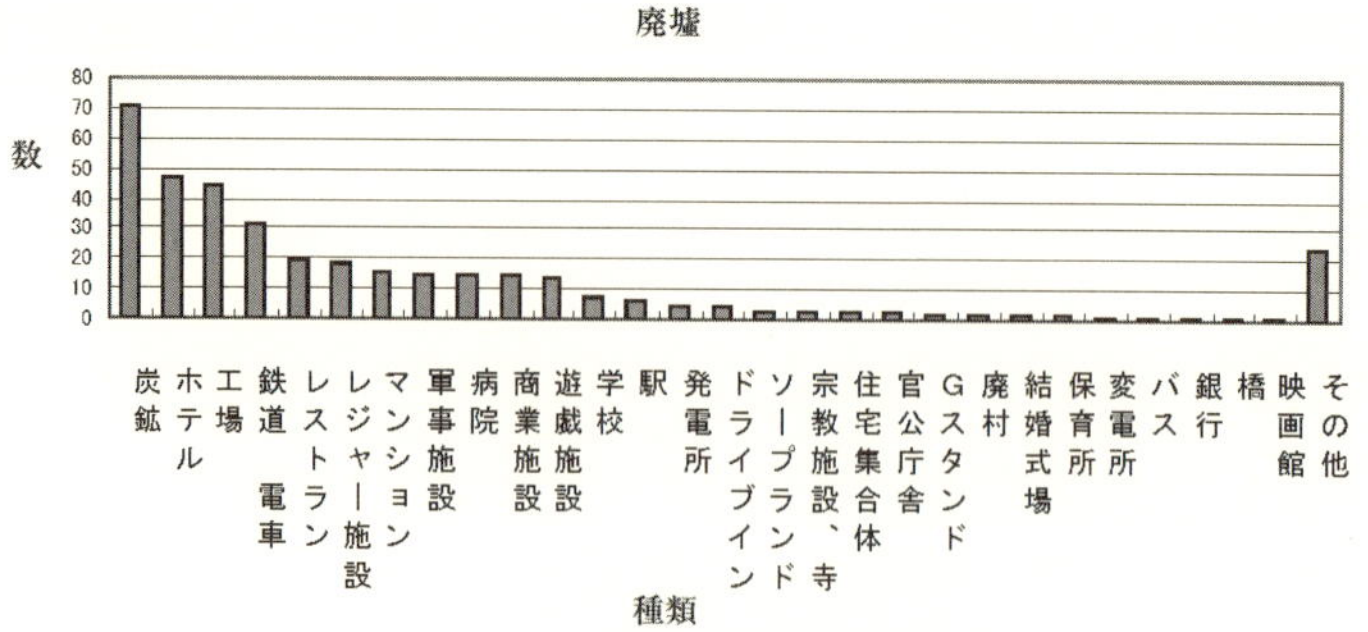

図11　主な写真集に見る廃墟の種別

棲家を変化させた点を指摘している。[20] 当時の私たちの眼差しは、妖怪を自然の一部として見るようになっていたのだろうか。ところが、先にも述べたように、石燕の妖怪画の背景にある風景を見ると、人工的な建築風景が多いことに気づく。ということは、妖怪が自然へと回帰する、そのような傾向のなかで、石燕はあえて妖怪を、人工風景の中に置いたということになる。それはまるで、岡林の言う、一八世紀後半から一九世紀におけるピクチャレスクの「自然の精神化」という新しい神話[21]を、石燕にも見るかのようだ。

「自然の精神化」とは、風景画に形だけでなく、形にならない精神、つまりは私たちの内面をも見いだそうとする、当時の新しい眼差しであった。自然の奥へと去った妖怪を、このような形にならない精神、私たちの内面、「自然の精神化」と考えてみよう。すると、この時代、彼らがあえて建築空間へと呼び帰されることによって、あのピクチャレスクが好んで描いた「自然の力による人工物の変容と建物の荒廃の結果生じた無秩序」としての廃墟がここで実現していることになるのである。同時代の日本においては、欧米とは反対に、建築空間に、あえて妖怪を描くことで、廃墟的な美を見ようとしていたのではなかったか。そう考えれば、石燕が描いた建築空間の妖怪図は、すべてが廃墟を意味していることにもなるのだ。

五　現代の廃墟と近代化遺産――最近の写真集から

さて、現代の私たちは、どのような廃墟に、何を見ているのだろう。

まずは、現代の私たちが、廃墟とした対象を概観してみよう。廃墟ブームで数多くの写真集が出版されている。それらのなかから代表的な写真集を取り上げ[22]、廃墟の統計を示したものが図11である。それによると、私たちが廃墟の対象としている、その第一位は炭鉱、そして以下、ホテル、工場、鉄道・電車と続く。これらはほとんどが近代化によって構築されてきた建造物群である。つまり、今まで見てきた一八・九世紀を始めとする廃墟とは違うということだ。かつてのように、古代の遺跡や、古城、宗教施設などは、その対象としてほとんど入らない。現在それらが、私たちの身のまわりに無い、というわけではない。古墳や城、古い神社仏閣は、私たちが旅の途中で立ち寄ったり、あるいは、その目的地ともなる、比較的身近な対象物である。しかし、今の私たちは、これらを廃墟の対象とは見ていないということだ。

図12　廃線となった鉄道の線路（注24『鉄道廃墟』136頁より）

それでは、炭鉱やホテル、工場や鉄道の廃墟に、私たちは何を見ようとしているのだろう。建築史家の橋爪紳也は、私たちはこれら廃墟を通じて、「現在と断絶しつつ連続している現代」を考えるのだとし、一見、過去を見据えているような「廃墟ブーム」は、未来にあって必要とされる感性を磨く可能性のあることを指摘する[23]。また、写真家の丸田祥三は、写真集『鉄道廃墟』のなかで、「ふっと、駅裏に足が向いた。電車区のはずれの廃車は、すこし斜め方に

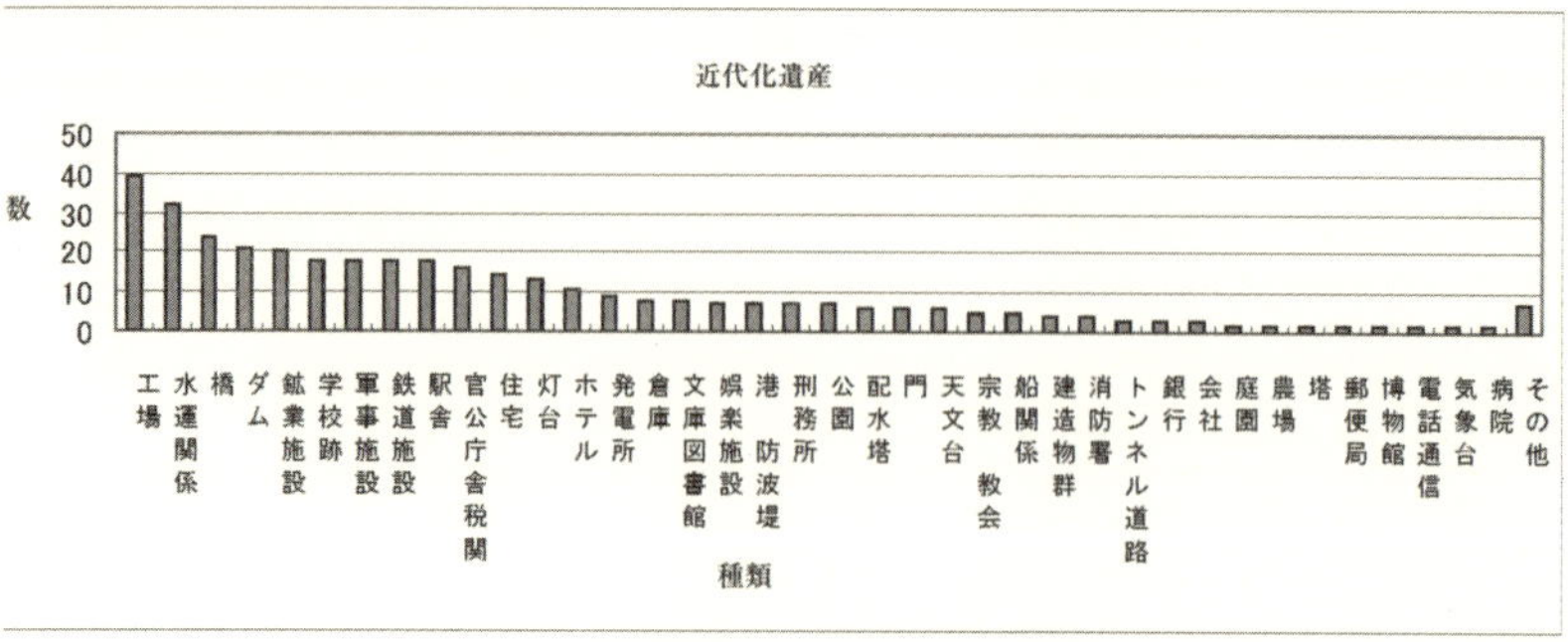

図13　主な写真集に見る近代化遺産の種別

向いていて、曲がりくねった廃線跡の駐車場に、鼻の先を向けているように見られた。傍らを、特急電車が疾駆していった。（なんだかコッチの、なくなった線の方を、たどってゆきたいなぁ）と思った。なぜかはよく覚えていない。街や駅や人は、繋がっているようで全部断片になっている。だから、切断された廃線の方を行けば、逆になにかと繋がって、なにかに、出会えるのかもしれない。そんなことを考えていたような気がする。いらい、私はずっと、廃墟を、旅し続けている。出会えたことなどないのだが」[24]と。

ここでも、彼らは、廃墟に時代のある節目を見ているようだ。つまり時代の断絶と連続を、である。丸田の言うように、現在、私たちの周りでは、人と人、人とモノ、人と場所の関係が断絶し、人々はそのことについて、徐々に不幸感を感じ始めている。地理学では、かつて人と様々なモノがつながっていた、個性的なたたずまいを、場所のセンスと呼んで重視してきた。その一方で、現在のそれらが断絶した画一的な様態を、没場所性とし、その増加傾向に憂慮した。そんな近代が走ってきた方向を、転換しようとするとき、私たちは、その断絶を象徴する、廃墟に、むしろ未来への希望を見いだそうとしているのかもしれない。いやむしろ、あのピクチャレスクのように、近代が生み出した、すべてが整然とし均一な、形だけの世界の対極にある、廃墟が見せる多様さに何らかの精神を見いだそうとしているのかもしれない。

そう考えると、これら廃墟の風景が近代化遺産と重なり合うのは、近代化の過程で建造された建築群も、かつては、時代の変わり目を歩み始めた頃の希望が込められた、当時としては多様性を持った風景だったからかもしれない。図13は、代表的な近代化遺産の写真集に基づいて[25]、どのような建造物がその対象となっているのかを示したものである。例えば、図14は、近代化遺産の一つである、東京証券取引所である。廃墟の対象と非常に似ているのが分かる。確かにこれらは、近代化の風景でありながら、現代の私たちにとっては、異界性を感じる風景でもある。

六　現代の廃墟を読む——社会構造と個の内的世界

さて、ここにいたって、現代の私たちが、なぜ廃墟に異界を求めていたのかが、徐々に明らかになってきた。一つは、ヨーロッパを中心に、一八世紀後半から流行したピクチャレスクに見るように、廃墟が古典派からロマン派へ移行する、時代の端境期を象徴していた点である。つまり私たちは、時代の裂け目を、廃墟に読みとっていたのである。そしてその裂け目は、前時代の価値観の崩壊を明示し、新時代にふさわしい価値観を予感させ、模索させる、そのような態度を人々に促す機会でもあった。そのような裂け目に見えかくれしたのが、異界であり、異界に住む幽霊や妖怪たちであった。それが、西洋では、廃墟にほのめかされ、文学に記され、日本においては、妖怪画に記された。

図 14 近代化遺産の東京証券取引所
（注 25『都市の記憶』26 頁より）

　しかし、その異界は、旧時代のものとは違っていた。それは多様な分野の研究者たちが指摘している。人々はそれらに、ただ恐怖しているのではなく、どこか楽しんでいる趣がある。その趣向は、かつての失われた楽園を愛でるかのようでもあり、また来るべき未来への期待をも含んでいるような、どちらかとえば、悦楽に近いものであったのかもしれない。であるなら、それはある意味で、現状批判の裏返しでもあったのだ。岡林は「……廃墟は、墜落をもたらす文化に対する楽園的な理想的自然の勝利を象徴化しているように一見思われるのである。だがこの場合廃墟の風景はむしろ楽しい気分を伝えなければならないであろう[26]」と見ているし、廃墟に癒しの側面を感じ取る人たちもいる。[27]

また廃墟の美学が、その時代の人たちの、内面を写し出していると主張する研究者もいる。例えば、ドイツ文学者の今泉文子は、「また十八世紀半ばに新たに登場した「ゴシックの廃墟」は、恐怖や不安、憂愁を綴る文学の恰好の舞台となった。だが、「廃墟こそ人間の内面の表象である」とみなしたのは、なんといってもドイツ・ロマン派をもって嚆矢とすると言えるだろう」とし、あのピクチャレスクの後に続く「ロマン主義がロマン主義であるのは、廃墟を怪奇な物語の舞台装置に、あるいは恐怖や憂愁を煽る心理装置にしたという点ではない。肝心なのは、ロマン主義が廃墟、断片をこそ、自分の姿、近代人そのものの姿と捉えた点である[28]」というように、次世代への新しい価値観の継承を、当時の人々の内的変容に見いだしている。

確かにこのような、その時代、その地域を象徴する風景が、同時代の人たちの自己形成に影響を与えると主張する研究が地理学にもある。[29]それは、植民地風景が、英国作家ジョージ・オーウェルの自己形成に与えた影響についての事例研究であったが、同じことが、先に異界を描く映画としてあげた『鉄道員』でも言えよう。北海道の炭鉱を結ぶ鉄道と、廃鉱に伴う、廃線、廃駅、そこを舞台にJRになっても、国鉄時代の外套と帽子を身につけている主人公、佐藤乙松がそうである。新時代によって不要とされた廃墟に死んでいく主人公が、その直前に、かつて仕事の犠牲となって亡くなった娘の幽霊と遭遇する駅舎で、「一番つらかったことは何かと訊かれて、乙松は娘の死を語らなかった。それは私事だからだった。佐藤乙松として一番つらかったことはもちろん娘の死で、二番目は女房の死にちがいない。だがポッポヤの乙松が一番悲しい思いをしたのは、毎年の集団就職の子らを、ホームから送り出すことだった」[30]と述懐する。これもポスト・コロニアリズムの一風景と言ってもいいのかもしれない。衰微しつつある北海道開拓の風景と、それでも依然忠実な国鉄職員の内的世界が、鉄道廃墟に見事に写し出されている。そしてそこに死者が立ち現れるのだ。[31]

このように、廃墟には複雑な様相が見えかくれする。確かに単なる恐怖の風景ではない。時代の変化は、社会構造にもおよび、ひいては、個人の内面にまで及ぶ。かつての古い社会構造のなかで形成された自己をもが、廃墟に投影されている。つまりもう一つは、廃墟は時代の裂け目だけでなく、それを愛でる者の、自己の裂け目をも見いだすものなのだ。自己の内面の崩壊と、その時代を象徴する建造物の崩壊が共時しているのだ。

さて、これで、近年の日本映画に見る、異界と廃墟のつながりに意味が見いだせるのだろうか。もしこれまでの議論が、今日の廃墟のブームにもあてはまるのであれば、私たちの時代も、大きく価値観が変容する端境期にあり、そのことが廃墟を異界に見立てる、私たちの眼差しを形作っていると言えるのだろう。

もう一つは、私たちの内面の問題である。外的世界の変容は、私たちの内的世界にも影響をおよぼす。外的世界を構造として、社会的な価値観や社会関係、社会的不均衡、地域格差ととらえ、それに対応する内的世界を、場所のセンスや、象徴的景観、日常の活動、そして建築環境や自然環境への態度と考えたのは、「癒しの景観」という概念を提唱した、地理学者のゲスラーである。[32]つまり、時代の変容は、外的世界としての社会構造や価値観を変容させる。そしてそれが、人々の内的世界の側にある、日常の行動を始めとする、場所のセンスや、建築環境や自然環境への態度をも変容させる。そしてそれらが、様々な象徴的景観に表象される。その一つの象徴的景観が廃墟であったのだろう。乙松のように、あるいは、写真家の丸田のように、社会構造と個人の関係にねじれが生じたとき、そこに象徴的景観として廃墟が立ち現れたのだった。私たちは、社会と個人の関係のねじれに垣間見る、異界としての廃墟という象徴的風景を通じて、自己の内的世界と対峙し、過去や未来を見つめ、そして癒されもするのかもしれない。

アメリカのアカデミー賞長編アニメにノミネートされた、宮崎駿監督作品『ハウルの動く城』(二〇〇五年)が異界を描く映画と言ってよいのか、私には分からないが、魔法をテーマとした映画であることには違いない。また、家族を描く映画でもあった。本来この物語は、主人公ソフィーの家族の解散から始まる。[33] そして、様々な他人とハウルの動く城で出会い、一つの家族として再構築されていく。まさに伝統的な家族観の崩壊と、新しい家族観の再構築を描いている。そこに一人の女性が巻き込まれ自己を変容させていく。私には、そのような映画として映ったが、その中心的舞台である、動く城が、廃墟そのものに見えたのは、私一人の思い過ごしだったのだろうか。あえて言うなら、その城の背景となった山も、あのイタリアを訪問するグランド・ツアーの途上で、イギリスの上流階級の子弟たちが経験した、アルプスの荒々しい山々に似ている。この背景も、あのピクチャレスクの審美眼にかなったものだった。

注

1 佐々木高弘「異界の風景――トンネルの向こうの「不思議の町」」小松和彦編『日本人の異界観』せりか書房、二〇〇六年、一四一―一二九頁。

2 Appleton, J. *The Experience of Landscape*, John Wiley & Sons, 1975, pp.24-57.(J・アップルトン『風景の経験――景観の美について』法政大学出版局、二〇〇六年、三三―七六頁)

3 Short, J.R. *Imagined Country: Society, Culture and Environment*, Routledge, 1991, pp.5-27.

4　岡林洋『廃墟のエコロジー——ポスト・モダンからの見なおし』勁草書房、一九八八年、一六七—一九三頁。
5　豊口真衣子「サンダーソン・ミラーによる人工廃墟建築——18世紀イギリスにおける廃墟崇拝に関する研究」日本建築学会計画系論文集594、二〇〇五年、二二三—二二九頁。
6　岡田哲史「十八世紀ローマの廃墟をめぐる覚書——ピラネージの時代」谷川渥編『廃墟大全』中央公論、二〇〇三年、九三—一一二頁。
7　山川真貴子「ピクチャレスク美学における〈廃墟〉について」英語英米文学論集14、二〇〇五年、七五頁。
8　森利夫「「ザ・ピクチャレスク」としての廃墟——十八世紀英国の美意識と人工廃墟」注6『廃墟大全』、一四一頁。
9　今泉文子「「廃墟」とロマン主義——断片が生い育つ—ティーク、ノヴァーリスに見るロマン派の廃墟のモティーフ」注6『廃墟大全』、一四七—一六〇頁。
10　注2、五六頁。谷川渥『廃墟の美学』集英社、二〇〇三年、一四六頁。
11　W・アーヴィング「わたくし自身について」『スケッチ・ブック』新潮社、一九五七年、九頁。
12　前掲注11、八頁。
13　W・アーヴィング「幽霊花婿」前掲注11『スケッチ・ブック』、九〇頁。
14　同上「リップ・ヴァン・ウィンクル」前掲注11『スケッチ・ブック』、三七—六七頁。
15　同上「スリーピー・ホローの伝説」前掲注11『スケッチ・ブック』、一九二—二四三頁。
16　香川雅信『江戸の妖怪革命』河出書房新社、二〇〇五年。
17　水木しげる『図説日本妖怪大全』講談社、一九九四年。
18　小松和彦『妖怪文化入門』せりか書房、二〇〇六年。
19　注4、七三—七四頁。
20　高田衛「百鬼夜行総説」高田衛監修、稲田篤信・田中直日編『鳥山石燕画図百鬼夜行』国書刊行会、一九九二年、七—一六頁。
21　注4、四五—八九頁。
22　以下の写真集に基づいて図11を作成した。丸田祥三『棄景　廃墟への旅　HIDDEN MEMORIES』洋泉社、一九九七。小林伸一郎『廃墟遊戯　deathtopia』東京印書館、一九九八年。小林伸一郎『廃墟漂流　Ruins』マガジンハウス、二〇〇一年。栗原亨監修『廃墟の歩き方　探索篇』イースト・プレス、二〇〇二年。中田薫（著）関根虎・中筋純（写真）『廃墟探訪』二見書房、二〇〇二年。栗原亨『廃墟の歩き方2　潜入篇』株式会社イースト・プレス、二〇〇三年。小林伸一郎（著）田中昭二（文）『廃墟をゆく』二見書房、二〇〇三年。湯前悟郎『廃墟探索　西日本篇』新風舎、二〇〇四年。

23　橋爪紳也（文）・大沼ジョージ（写真）「廃墟と生きる——同時代の遺跡」『季刊民族学』二八-一、二〇〇四年、四四—五六頁。

24　丸田祥三『鉄道廃墟——棄景1971』筑摩書房、二〇〇四年、七—八頁。

25　以下の文献に基づいて図13を作成した。機関紙出版編集室編『近代名建築コースガイド［神戸・兵庫版］』株式会社日本機関紙出版センター、一九九六年。日本産業遺産研究会・文化庁歴史建造物調査研究会編著『建物の見方・しらべ方　近代産業遺産』ぎょうせい、一九九八年。増田彰久編著『写真集成　日本の近代化遺産①関東編』日本図書センター、二〇〇〇年。増田彰久編著『写真集成　日本の近代化遺産②東日本編』日本図書センター、二〇〇〇年。増田彰久編著『写真集成　日本の近代化遺産③西日本編』日本図書センター、二〇〇〇年。財団法人日本ナショナルトラスト監修『日本近代化遺産を歩く　産業・土木・建築・近代を語る証人たち』ＪＴＢ、二〇〇一年。清水慶一（文）、増田彰久（写真）『ニッポン近代化遺産の旅』朝日新聞社、二〇〇二年。読売新聞文化部（文）、玉木雄介（撮影）『近代化遺産　ろまん紀行　東日本編』中央公論社、二〇〇三年。読売新聞文化部（文）、玉木雄介（撮影）『近代化遺産ろまん紀行　西日本編』中央公論社、二〇〇三年。また、鈴木博之・増田彰久・小澤英明・オフィスビル総合研究所『都市の記憶——新しいまちへ』（白揚社、二〇〇二年）によると、日本近代建築総覧掲載件数は、①住居・ホテル・温泉が、二二四八件、②学校・教育・研究所が三〇七二件、③文化施設・公民館が九二六件、④官公庁・電気・水道・郵便局等が一七八六件、⑤事務所・商業施設・店舗が二二〇四件、⑥金融・銀行が六一九件、⑦医療が八五四件、⑧橋・ダム・発電所等が四四一件、⑨工場・倉庫・酒造・市場等が六八七件、⑩宗教関連が四一四件、⑪その他（軍事施設・刑務所等）が二〇二件となっている。

26　岡林洋「憧れとしての廃墟——ロマン主義からポストモダンまで」建築雑誌 Vol.105, No.1294, 一九九〇年、三六頁。

27　滝本誠「建築の「廃墟」、人体の「廃墟」——Ａ・タルコフスキー『ノスタルジア』からＤ・フィンチャー『セブン』へ」、注6『廃墟大全』、三七—四九頁。

28 注9、一五六頁。

29 Tyner, J. A. Landscape and the mask of self in George Orwell's 'Shooting an elephant', *Area*37.3, 2005, pp.260-267.

30 浅田次郎『鉄道員』集英社、二〇〇〇年、三七頁。

31 『サイレントヒル』（二〇〇六年）は、日本のテレビゲームをハリウッドが映画化したホラームービーだが、舞台をゴーストタウンとし、特に幽霊たちが立ち現れる場所を、やはり炭鉱、学校、ホテル、病院としている。

32 Gesler, W. N. "Therapeutic landscapes: theory and a case study of Epidauros, Greece", *Environment and Planning D: Society and Space* 11, 1993, pp.171-189.

33 D・W・ジョーンズ『魔法使いハウルと火の悪魔』徳間書店、一九九七年。

怪奇の文化交流史の方へ

田中貢太郎のことなど

鈴木貞美

一　ろくろ首の由来

高田衛編『大坂怪談集』（和泉書院、一九九九）が出るという話は、その数年前に近畿大学の大学院生から聞いていた。それによって、一八世紀初頭、上田秋成登場以前の上方に、中国の笑話や怪談がかなり流れこんでいることが、わたしのなかで、しだいにはっきりしてきた。もちろん、それ以前の浅井了意の『浮世物語』（一六六五？）や、よく知られる中国、明初の文語体による怪異小説集『剪燈新話』を彼が翻案した『御伽婢子《おとぎぼうこ》』（一六六六）が知られているが、了意は孤立した存在ではなく、その手の中国古典に関心を集める一群の人びとのひろがりが、かなりリアルに浮かびあがってきたのである。

というのも、中村真一郎の長篇小説『雲のゆき来』（一九六六）のなかに、一七世紀中期に漢詩文に活躍した京都・深草の日蓮宗僧侶、元政が『水滸伝』を買いそこなって悔しい思いをしたと友人宛の手紙に書いていることが、確実な資料に基づいて紹介してあることから、舶載の記録とは別に、白話小説類を京都・五山に持ち来たった僧侶がいたはずだと考えられ、これらがひとつのひろがりとしてとらえられそうだということになったのである。硬い方では『朱子語類』が、当然のことながら、かなり早くから禅林に入っていたはずだ。そうなると、講義における白話体が日本語文体におよぼした影響を考えざるをえない。素人としては、さらには仏教者の「変文」が展開したものが流入していたことにも想像をひろげたくなるが、これは別の話としよう。

『大坂怪談集』には、それとは別に、ちょっと気になることがあった。銘酒「剣菱」の醸造元、津国屋の養子だったが、「書淫」といわれるほどの読書家で、ついに離縁にいたったという伊丹椿園の『今古小説　唐錦』(一七九〇)中「霊力が仇となった話」のなかに、人の首が飛ぶことを「ろくろ」という語で語る中国の詩が紹介してあった。

よく知られる小泉八雲「ろくろ首」は十辺舎一九『列国怪談聞書帖』の一話をもとにしたとされているが、「ろくろ首」という名称は、漠然と日本のものと思っていたからである。八雲の「ろくろ首」は、夜中に首を伸ばして行灯《あんどん》の灯油をなめる定型ではなく、抜け首である。抜け首の話なら、古くは『捜神記』に呉《ご》将軍の召使いだった下女の首が、夜ごとに飛びだした話がある。

「飛頭蛮」の名がよく知られており、これは『古今百物語評判』(一六八六)、『太平百物語』(一七三二)あたりからひろがり、大朏東草『斉諧俗談』や松浦静山『甲子夜話』などに載って飛びまわることになったとされる。もちろん十辺舎一九のものも、この流れである。

『斉諧俗談』「飛頭蛮」は『三才図会』『南方異物誌』『太平広記』をあげており、『三才図会』はジャワの話を伝えているが、『南方異物誌』などでは嶺南の「蛮族」としている。寺島良安『和漢三才図会』は、抜け首は嘘で、単に「異人」を呼ぶ名に過ぎず、日本に「飛頭蛮」はいないと記している。

そこで、村上健司編『妖怪事典』(二〇〇〇)などは、東南アジアから中国南部に首だけの妖怪の話が今日でも残っており、これが原型で、これが離魂病などの話とあわさり、発展、流布したものとする見解をとっている。

民俗学者は一様に、首の飛ぶ話は、中国伝来と確信しているようだ。それはそれで納得できる。

そして、伊丹椿園「霊力が仇となった話」には、元末の大学者、陶宗儀の『輟耕録』を読んでいて、陳孚という人の詩「南蛮紀行」に首の飛ぶことを「轆轤」のようだと形容し、その国では珍しくないと記しているのに出あったとある。「南蛮紀行」の名も中身の伝承も、『南方異物誌』と平仄があっている。ふたつの関係が気になるが、それはともかく、「ろくろ首」の名の由来も『輟耕録』にありそうだ。

だが、北京師範大学の張哲俊さん（二〇〇六年度国際日本文化研究センター客員研究員）に調べてもらったところ、陶宗儀『輟耕録』に陳孚の名は出てこない。陳孚に「南蛮紀行」という詩もないようだという。しかし、陳孚は安南（ヴェトナム）に使いして、詩を書いている。その詩は『陳剛中詩集』や『元詩選』に収録されている。そして、その詩には、峒民《どうみん》という民族について「鼻で小さなバケツ（で飲む）みたいに飲み、頭が轆轤のように飛ぶ（頭飛似轆轤）」とある。頭が轆轤のようにまわりながら飛ぶという意味だ。

両耳が翼となって夜、海岸に飛んでゆき、魚や蝦を食い、朝には帰ること、首に紅色の線がついているとあるのは、多くの伝承と一致している。つまり、轆轤首の伝承は、この詩がひとつの発信源だったことが確認できる。そして、もとは、首そのものがまわりながら飛ぶという意味だったのである。[1]

二　怪異の文化交流史のむつかしさ

呼び名から離れるなら、抜け首の話は、中国、六朝時代の志怪書『捜神記』にある。『捜神記』は神仙、方士の話から、妖怪や幽鬼幽界、動物の報恩復仇譚などの宝庫で、唐代の伝奇などにも題材を提供していることが知られる。現存のテキストは明代の刊行（一五七三〜一六一九）になるものだが、抜け首の記載は、そもそも離魂病と混じりやすかったということを考えてみたくなる。というより、ふたつは同じことなのではないか。

ここで怪異の系統図のようなものを考えられないか、というアイデアが頭をよぎる。誰か試みる人が出てきてもよさそうだ。いや、しかし、離魂病とは別に、首が飛ぶ話なら、どこにでもありそうな気もする。馬の首が飛ぶ話をどこかで読んだ気もする。ことはそう簡単ではないだろう。

たとえば『古事記』の黄泉の国の陰惨なイメージは、古代中国で疫病神の観念がつくられ、死者の棲むところに「汚れ」の観念がつき、それが伝来してつくられたたものと考えられているが、そんなイメージは、屍骸にウジがわくところなら、それこそ、いつどこにわいて出て不思議はないので、所詮は断定できそうにない。

が、少なくとも道士や陰陽師たちが日本の宮廷で生きてゆくためには、周辺に怪異を必要としたはずだ。そこまでいわなくとも、天平年間《てんぴょう》（七二九〜七四九）には三仙人、すなわち大伴《おおとも》仙人、安曇《あずみ》仙人、久米《くめ》仙人の伝説がある。平安後期の文人官僚、大江匡房《まさふさ》の『本朝神仙伝』では弘法大師らの僧も仙人とされ、中世の禅僧、虎関師錬《こかんしれん》の『元亨釈書《げんこうしゃくしょ》』「神仙」にも十三人の仙人の伝記が見える。仙人は確実に日本でも増殖したのである。

つまり、中国から、あるいは朝鮮半島を経由してもたらされる伝承は、それぞれに日本列島の内部に怪異をかきたてといってよいのではないか。もし、うまく怪異のうちにも舶来ものと、そうでないものが腑分けできるなら、怪異や怪奇の文化交流史が編めそうな気もするが、刺戟があっておこる反応が様ざまであり、何らかのかたちで書きとめられるとき、それらの怪異は、そもそもその土地にあったものとして書かれるので、ことは容易ではないだろう。

仏教も日本で布教するためには日本の山の神がみと法力比べをし、これを折伏しなければならなかった。『日本霊異記』上巻第二八で、役《えん》の行者が金剛山地の神、一言神《ひとことぬし》を呪縛する話が、その典型である。

三　田中貢太郎『怪奇物語』のこと

記憶を頼りに馬の首が飛ぶ話をようやく見つけだした。田中貢太郎『怪奇物語』（浩文社、一九二八）のなかに「村の迷信」と題する一話がある。土佐の海岸で、日清戦争前に少年期を送った作者の回想記で、無名の高僧を祭った社の森に、笑い婆に笑いかけられたら、その妖婆が笑えなくまで笑わないと病気になって死ぬという言いつたえや、その社の近くの楠の大木は斧を入れると血を滴らせるとか、三味線の音が聞こえる松に「のっぺらぼう」が出るとかの話を紹介したあとに、〈大井の小路と云ふ小路には夜《よる》よる馬の首が飛ぶやうに走ってゐた〉とそれだけ書いてある。

あとは海岸に出る大入道、山に出る天狗の紹介がつづき、そこから海岸にともる陰火《けちび》にまつわる話、狸が人を化かす話、「しばてん」が子供をさらう話、その「しばてん」の一種の「えんかう」が泳いでいる子供の肛門を抜く話などが続く。土佐に縁のないわたしには、「しばてん」と「えんかう」のどちらかがカワウソで、どちらかがカッパだろうというくらいしか見当がつかない。が、ここでは、馬の首である。これは、はたして中国伝来なのだろうか。

田中貢太郎『怪奇物語』には、田舎から出てきて身寄りのない女をだまして売り飛ばすことをしている男が、ひと商売すませて宿に帰ると、その女の首だけが机の上に現れるという「首の女」という怪談も入っている。これは、当代のこととして書かれている。『怪奇物語』は全四十五話からなる分厚い書物で、中国、日本、朝鮮の怪奇譚を並べてはいるが、こうした創作も入れられ、犯罪小説や怪奇にかかわらない「国定忠治遺跡」など巷説の類も混ぜこんである。ほかにも郷里の人物や郷里出身者、そして郷里の民間に取材した事件の記録も多い。

震災後から昭和初年代は「探偵小説」の全盛期で、それが怪異譚ブームを呼んだ気配がある。田中貢太郎『怪奇物語』が刊行された年、『文芸春秋』一月号が「探偵コント」欄を組んで横溝正史がモダンな作風のコントを寄せたりしている。その前年、川端康成は『文芸時代』に、のち「掌の小説」としてまとめられることになるコント三篇を「怪談集」として発表している。田中貢太郎の短篇小説も、このような流れに属するものとひとまずは見てよい。ここで私の考えていることは近現代文芸史のなかに、怪異譚の流れも位置づけるということである。もちろん、民俗学の進展と関係づけながら。

それにしても、田中貢太郎（一八八〇―一九四一）という作家の名は、いまでは聞いたこともない人が多いだろう。昭和期の文芸を専攻している人なら、名前くらいは見かけているかもしれないが、作品を読んだ人は数えるほどにちがいない。戦後の文名は高くなく、作品が「日本文学全集」類に収録されることもなかった。唯一、講談社の「大衆文学大系」（一九七〇）に探偵作家の正木不如丘と並んで収録されているだけだ。ただし、初期社会主義の研究者と中国の怪奇小説に関心をもっている人は別だ。

彼がいわば文壇にデビューするきっかけになったのは『田岡嶺雲、幸徳秋水、奥宮健之追悼録』（一九〇九）であり、また「中江兆民の一生」も、初期社会主義の研究者なら逸するはずがない。これらは土佐出身の田中貢太郎が知りあった先輩たちの最期を書き記したもので、短いが、よくできている。田岡嶺雲に「明治叛臣伝」の企画をもちかけ、取材を手伝ってくれたら、という条件で仕事を引き受けるうちに巷説による読み物作家となり、『中央公論』の滝田樗陰に、いわば便利がられて、毎月連載していた時期があった。

他方、中国、明末の怪奇小説として、よく知られる瞿佑《くゆう》作『剪燈新話』や清初の文人、蒲松齢《ほしょうれい》の手になる『聊斎志異』の受容史に関心がある人には、その訳者として、よく知られている。大正末期から昭和初年代に『剪燈新話』の翻訳（新潮社、一九二六）、『聊斎志異』の翻訳（『支那文学大観[2]』第十二巻、同刊行会、一九二六。『世界大衆小説全集』第六六巻、改造社、一九三〇）で、田中貢太郎は中国怪談の一時代を築いたといってよい。

この方面に多少詳しい人なら、一九三一年に博文館から田中貢太郎『支那怪談全集』（上代編、近代編）が刊行され、戦後一九七五年には、その復刻版が桃源社からが出ていることも承知しているはずだし、桃源社からは前後して、彼の『日本怪談全集』全四巻が出ていることも知っていよう。これは一九三〇年に改造社から出た『怪談全集』（歴史編、現代編）の再編集である。改造社版『怪談全集』は大いに版を重ねた。

その前年、一九二九年には改造社から『奇談全集』（現代編）が出ていて、こちらは明治期から大正前期までの民間の事件を取材して書いた稗史《はいし》類の集成。このジャンルは、かなり長い間、実録物と呼ばれて、流通していた。[3]そして、田中貢太郎は亡くなる前年の一九四〇年に、菊池寛賞を受賞している。このころ菊池寛は現代の実録物、すなわちルポルタージュ風のものを推奨していたので、先輩に敬意をはらったというところだろうか。つまり、先にあげたような作業のためには、実録物の流れにまぎれこんでいる怪異譚を総ざらいする必要があるだろう。

案外知られていないのは、国木田独歩が凡庸な人間の生の奇怪さにひかれ、怪異譚の類に打ち込むようになっていったことだ。蒲松齢『聊斎志異』より四篇を自ら現代語訳し、一九〇三年、自身編集にあたっていた『近事画報』に掲載、同じく独歩編集の雑誌『新古今林』には、蒲原有明による七篇の翻訳を掲載している。翌年、近事画報社は『支那奇談集』を刊行。これらは、次代の芥川龍之介や佐藤春夫らが中国の俗言小説の扉を叩くきっかけとなった。[4]

『聊斎志異』への関心は、独歩の出世作『武蔵野』（一九〇一）と、そんなに遠い時期のことではない。そして、その散策案内記のスタイルのなかに次のような一節に出会う。「秋の中ごろから冬の初、試みに中野あたり、或は渋谷、世田ヶ谷、又は小金井の奥の林を訪ふて、暫《しばら》く座《すわつ》て散歩の疲を休めて見よ。此等の物音、忽《たちま》ち起こり、忽ち止み、次第に近づき、次第に遠ざかり、頭上の木の葉風なきに落ちて微かな音をし、其も止んだ時、自然の静粛を感じ、永遠《エタルニテー》の呼吸身に迫るを覚ゆるであらう」[5]。

この「永遠の呼吸」が身に迫る気配は、怪異譚に近接するものだった。独歩もまた、「自然主義が深まれば神秘に向かう」（岩野泡鳴）という当時の公式を一歩先んじていたことになりそうだ。いや、日本の「自然主義」の方が、実は戦後に出はじめた幽霊に似ているという方が、話が早かろう。

四　早太郎との因縁

田中貢太郎『怪奇物語』には『剪燈新話』や『聊斎志異』からの翻案がふくまれていることは先に述べたが、猿にまつわる怪異譚をならべた「猿の話」のなかに、清代の陳蓮塘の編になる唐代小説のアンソロジー『唐人説薈』から「袁氏伝」の翻案「碧玉の環飾」と、「白猿伝」の翻案「美女を盗む鬼神」がおさめてある。

「袁氏伝」は、孫格が漂泊の途中、豪宅に招き入れられ、袁氏と結婚し、何不自由ない暮らしをしていたが、それが玄宗にかわいがられていた猿の化身であったという話。「美女を盗む鬼神」は、梁の武帝の代に南方の反乱を収めた武人が山間で、臨月に入った妻を鬼神にさらわれ、妻を取りかえそうと深山に分け入り、さらってきた美女三十人と暮らす鬼神、大きな白猿を退治する話である。

これを読んで、岩見重太郎のヒヒ退治を思いおこすのは、わたしだけではあるまい。全国各地に散らばって、今日、その名残りがあちこちの神社や寺院に立て札になっている。

原話は『今昔物語』（巻二六第七）ないしは『宇治拾遺』（一一九）とされ、狩人が犬の助けを借りて、人身御供をとる山の猿を退治する話である。それを岩見重太郎や宮本武蔵と結びつけ、ヒヒ退治の話にしたてたのは、講釈師とされる。

岩見重太郎は筑前の武士の息子に生まれたが、ひ弱で、幼時に山のなかで何者かに育てられ、やがて頭角を現し、父親のあだ討ちをするという講談で知られる。これについた尾ひれの一つが、人身御供の娘を助けるヒヒ退治である。これらの尾ひれを派手につけたのは、案外、立川《たつかわ》文庫かもしれない。なにしろ、講談のなかにはじめて虚構の主人公をすえたのは、これだ。そのように、わたしはにらんでいる。

わたしがしばしば滞在する長野県駒ヶ根市に、天台宗でも古い部類に属し、別格本山とされる光前寺があり、そこに霊犬、早太郎の墓が残る。木彫もある。これは山犬とされ、遠州見付村まで走って、人身御供をとる怪物（老ヒヒ）を退治したと伝えられている。旅の僧侶が見付村で、この怪物から早太郎の名を聞き、光前寺に借りうけにきた。一件落着ののち、怪物と格闘して傷ついた早太郎の供養にと僧が写経した般若心経が光前寺に残るとする。近江にいる「しっぺい太郎」と物の怪がささやくもの、遠江国府中（静岡県磐田）の天満神社へ走ったとするものなど異説も多い。

松本の吉田にも岩見重太郎のヒヒ退治の伝説が残るので、わたしは漠然とずっと、その派生かと思っていたが、そうではないかもしれない。いつできた話かは皆目不明で、中世説話から直接、伝説化されてもよい。いま、気になるのは、早太郎に限らず、ヒヒ退治伝説と『唐人説薈』「白猿伝」との関係である。中世ないしは南北朝期に唐代の伝奇を持ち来たった僧があったとしてもおかしくはない。「白猿伝」は武人の鬼神退治であり、こちらの方が岩見重太郎と結びつきやすい。どこかで介在している可能性は否定できない。

といっても、「悪さ」をしに里におりてきた大猿に吠えつく犬は、どこにでもいよう。起源を古くにもつ日吉山王系神社では守り神として猿を祭るところもある。そして、日吉神社は天台系寺院の境内鎮守としても祭られた。天台の光前寺で、ヒヒ退治の話はぐあいが悪いようだが、しかし、因縁はどうからむかわからない。系統図は乱れに乱れてからみあうだろう。

光前寺の早太郎の木彫はかつてはほこりにまみれていたが、最近は磨きたてられている。五六年前に新しくできた温泉の名にも、「もなか」の名にもつけられた。いわばクローズアップされたわけだが、歴史を書くとなると、この現象を勘案しなくてはならない。

五　朝鮮民話が二つ

田中貢太郎『怪奇物語』のなかには「妓生春香伝」「虎妖奇談」とふたつの朝鮮民話の翻案が収められていることにも関心がわく。「春香伝」は、李朝期におこったラブロマンスの民譚として知られ、その後、張赫宙が村山知義の依頼で戯曲化し、新協劇団によって村山演出で上演（一九三八）、新潮社（一九四一）から刊行されたこと、その後、村山知義がオペラとして企画、第二次大戦末期まで上演の企画を進めていたことで知られる。「虎妖奇談」は、金順という義侠心の強い青年が恩人の恩に報いるため、李殿英という老両班《やんばん》の命を狙っていたが、追われてルソン生まれのオランダ人宣教師に助けられ、ついで山で大男の虎の化身の一家に手厚く介抱され、ついに李殿英をしとめるまでの話である。

そういえば『唐人説薈』は中島敦「李陵」の原話「人虎記」をもつことで知られる。「人虎記」は人が虎になる話だが、「虎妖奇談」は虎が人になる話である。田中貢太郎は、当然、ふたつの話の対応に気づいていたことだろう。『怪奇物語』の最後におさめてあるが原題は記されていない。そして、これらの話を、どのようにして田中貢太郎が入手したのか、いまのところ不明である。

田中貢太郎は、日本が朝鮮を領土としていた時期なればこそ、中国ものから朝鮮ものへと関心をのばしたともいえよう。ちょうど柳宗悦が朝鮮民画に関心を抱いた時期にあたる。怪異の文化交流史は、国際政治とも無縁ではない。

注

1　物集高見、高量編『広文庫』第二十冊（一九一六、一九七二復刻）中「ろくろ首」の項には一二編一四点の抜書きがあり、うち、三点『天地或問珍』五・三、『北窓瑣談』二篇二、『瑯邪代酔編』三三に、該当する陳孚の詩が掲載されている。これについては二〇〇七年三月一七日の研究会で、首都大学東京の近藤瑞木先生から教示を受けた。とりわけ、『瑯邪代酔編』（一六七五）には全篇が掲載されている。この詩の日本での発信源は、これだということになろう。が、『南方異物志』の伝承などと取り紛れ、日本でも、あちこちに出没するようになり、元祖が隠れてしまったということだろう。

2　『支那文学大観』は中国研究者の佐々木久《ひさし》が発行者となり、第五・六巻に『桃花扇』上下、第一一巻に鈴木真海訳『今古聞奇観』、ほか川端康成・今東光・鈴木彦九郎訳『唐代小説』が収録されているらしいが全容は不詳。大正期に文芸家たちのあいだで起こった「支那趣味」を、さらにひろげる役割をはたしたのではないか。

3　一七二二年（享保七）、幕府（第八代将軍、徳川吉宗［在職一七一六〜四五］）の発した出版取締令によって、徳川氏に関係した事柄を中心に、世間の噂や歴史上の事件を材料とした小説、台本類がすべて公刊・公演禁止とされたため、作者不明の写本として、貸本屋によって流通したものの総称。講釈師の口述を書きとめ、書写したものが多く、軍談、仇討、裁判などの事件や伝記などに、伝説をふくみ、かつ臨場感をもたせる虚構も行われ、のち、寛政の改革（老中松平定信［在職一七八七〜九三］が主導）以降の合巻ものの基盤となった。明治中期に写本、版本の活字化が進むなかで、文体、展開、解釈など読ませる工夫をした事件録、巷間の噂話、伝記類の総称となってゆく。一九二〇年代から、とりわけ社会主義文芸の一手法として国際的に盛んになったルポルタージュや、その手法を用いた小説が「実録」、「実録小説」の名で呼ばれ、戦争期から戦後にかけてますます盛んになった。「記録芸術の会」などの活動をとおして、事実の記録と、それにもとづくものを総称して「記録文学」と呼ぶことがさかんになると、徳川時代および明治期に刊行されたものに限定して呼ぶ傾向が強くなった。この種のものは今日では「ノン・フィクション」と呼ばれるが、どのような名称が用いられるにせよ、虚構や解釈論議の混入度もその手法もまちまちである。

4　藤田祐賢「解説」『聊斎志異』下巻、平凡社、一九六三年を参照。

5　国木田独歩『武蔵野』民友社、一九〇一年、復刻版、近代文学館、一九八二年、一三頁。

Ⅱ

化物尽くしの黄表紙と合成本をめぐって

アダム・カバット

はじめに

草双紙《くさぞうし》は江戸時代中期から明治時代の初期にかけて、江戸で刊行された絵入りの本の総称である。草双紙の流れは、子供向けのものから大人向けのものへの変化に伴い、短い作品から長い作品に変わっていった（五丁～十五丁の赤本・黒本・青本、十丁～十五丁の黄表紙《きびょうし》、数十編に及ぶ合巻《ごうかん》）。各丁の文章と絵の割合も、内容に応じて変わっていく。初期の草双紙では、絵が中心となっており、文章の量が極めて少ない場合が多いが、黄表紙の時代になると、趣向が複雑になるにつれて、文章の量が増えていく。そして伝奇性が重視される合巻の時代になると、さらに文章の量が増えていくのである。

どの時代の草双紙においても、化物が主題になっている話が見られる。本論では、違うタイプの化物が一群をなし、活躍する草双紙を「化物尽くし」と呼び、一つのジャンルとして考察してみたい。文学史では、黄表紙は以前の子供向けの草双紙と違って、大人のためのパロディー文学だと位置づけられているが、実は子供向けの面影から完全に抜けられない化物尽くしの黄表紙もたくさんある。従って、本論では、黄表紙を主な研究対象にする。

化物尽くしは、基本的に合巻という長い形式に合わないと思われがちである。実際、化物尽くしの本質を保ちながら、合巻らしい形式の作品としては、十返舎一九作・歌川国芳画の『化皮太皷伝《ばけのかわたいこでん》』（天保四年［一八三三］刊）の一例しか挙げられない。この作品は『水滸伝』の世界を日本の化物世界に作り直している。豪傑達の戦いの場面は合巻の伝奇性を思わせるが、化物たちの間が抜けた真似や人間くささはむしろ一昔前の化物尽くしの黄表紙を連想させる。しかし、この作品自体が成功しているとはいえ、初編だけで終わってしまい、黄表紙らしい笑いを保ってはいるが、どこまでこの話が展開されるのか少しも分からないのである。

また独立した一つの作品として書かれた化物尽くしの黄表紙が、別の化物尽くしの黄表紙と組み合わされて改めて刊行された例をいくつか挙げることができる。これらのものを「合成本」という。合成本の題名が元の黄表紙と違う場合では、「合成改題本」という。[1]

合成本は何のために作られたのだろうか。板元は、よく売れた本の形式や題名を変えることによって、新たに売り出すことができる。内容が同じであろうと、本の形が違うと、改めて買う読者もいるだろう。全く新しい作品を作るよりも、手間がかからないので、板元にとって、便利な売り方でもある。合成本という現象を見ると、黄表紙の商業的な側面が見え隠れするのである。

そもそも独立した二つの作品を合わせることによって、一貫した作品が簡単にできるのであろうか。板元は合成本を作る際、合理性を持つ作品になるようにどんな工夫したのか。それとも、何も考えずに、関係のない作品を無理に組み合わせたのか。言い換えると、二つの短い黄表紙を繋ぎ合わせることによって、合巻の長い形式を彷彿とさせる「長編小説」が出来るのかどうかという問題である。本論では、化物尽くしの黄表紙の合成本の三つの例を詳細に検討することによって、板元や作者は、作品に対してどのような工夫や意識を持っていたのかを明らかにしたい。商品としての黄表紙の作り方の問題や、黄表紙がどの段階でどのように合巻に発展していったのかという問題を考察しながら、論じてみよう。

第一節　『今昔化物親玉《いまむかしばけもののおやだま》』・『化《ばけ》物《もの》世櫃鉢木《よつぎのはちのき》』の合成改題本の事例

（一）『今昔化物親玉』の刊年の問題

伊庭可笑作・鳥居清長画の黄表紙『今昔化物親玉』は、上下二冊で、全十丁。板元は岩戸屋である。東京都立中央図書館加賀文庫にのみ蔵されている。刊記がないので、刊年が問題とされる。

棚橋正博氏は、『黄表紙総覧』で、刊年について、次のように述べている。「本書の絵題簽を見るに、左に題名、その下に板元商標、右上下段に提灯草の意匠である。（中略）干支を暗示するところもなく、本年（天明元年［一七八一］、筆者加筆）岩戸屋板の絵題簽とも意匠を異にしているばかりか、岩戸屋板黄表紙の中で本書と絵題簽を同じくする作品の存在も確認できない」[2]。棚橋氏は、刊年を「姉妹作たる『世櫃鉢木』と同じ本年（天明元年［一七八一］、筆者加筆）の刊行であった可能性はいよいよ強くなり」と推定しながら、「但し、本年の刊行とすれば『菊寿草』に載るべきところそれがなく、あるいは『世櫃鉢木』に先立つ安永九年中かそれ以前の刊行であった可能性も存することを付記しておく」[3]とも述べている。

棚橋氏の言う「姉妹作」の『化物世櫃鉢木』の刊年は、絵題簽の意匠から、天明元年だと判断できる。従って、『今昔化物親玉』の刊年は、『化物世櫃鉢木』は、明らかに『今昔化物親玉』の話の続きとなっている。『化物世櫃鉢木』と同年の天明元年ないしそれ以前の年となる。

もし『今昔化物親玉』の刊年が天明元年以前の年となると、いつまで遡るのが可能であろうか。話の中では、「近《ちか》い頃《ころ》、人間《にんげん》の子《こ》に鬼娘《おにむすめ》もござりました」（二丁裏）という文章があり、これは明らかに「鬼娘」と呼ばれた安

図1 『今昔化物親玉』・『（化物）世櫃鉢木』・『見越入道一代記』・『化物一代記』の絵題簽

永七年［一七七八］の見世物を暗示している。[4] そうなると、刊年が安永八年［一七七九］以降となる。つまり、安永八年から天明元年の三年間の間に刊行されたのは間違いないだろう。

もし『今昔化物親玉』の刊年が天明元年だと推定すると、前編の『今昔化物親玉』と後編の『化物世櫃鉢木』が別々の黄表紙として同時発売されたことになる。気になるのは、『今昔化物親玉』の絵題簽の意匠が『化物世櫃鉢木』の意匠と違っており、棚橋氏が指摘したように、干支を思わせない独自の柄となっている。しかし、左側に題名があり、右側の上下段に意匠があるという構図そのものは、天明元年の岩戸屋の絵題簽の構図と同じであり、安永八・九年の半円の構図と違っているといえる（図１）。

『今昔化物親玉』は、干支と関係のない意匠だけではなく、最後の十丁裏ではお決まりの正月の挨拶も書かれていないのである。そう考えると、『今昔化物親玉』の刊行は、例外的に正月ではない可能性がある。前編の『化物世櫃鉢木』に先立って、安永九年中に刊行されていたのかもしれない。年表類や天明元年刊の黄表紙の評判記『菊寿草』（大田南畝著）に掲載されていないのは、そのせいだとも考えられる。

（二）『今昔化物親玉』の梗概

『今昔化物親玉』のストーリーをまとめてみる。[5]

見越の介とろくろ首の妻・お六は仲が睦まじい。しかし、見越の介は化物らしくなく、当時の通人の「意気ちょん」の髪型をしており、美しいお六も、懐妊してからは長い首を引っ込めている。そのせいで、化物世界の笑いぐさにもなる五体満足の人間の子が生まれる。そしてある夜、産土神が見越の介の夢に現れ、「お六が身籠もってからの姿は人間そっくりだから、間違えて人の魂を入れた」と告げる。「化物の子にとっては大きな片輪です。因果だと諦めて、子供を山へ捨てなさい」とまで言うので、見越の介は不憫だと思いながら、自分の子を山に捨てに行く。

その帰りに、見越の介はお雪という評判の雪女と出会い、二人は恋仲となる。その後、彼は毎夜、お雪のところに通うが、夫の留守を怪しく思っているお六は、首を伸ばして夫の跡をつける。お雪との浮気がばれると、お六は、「こそこそと逢い引きするよりも、お雪を家に呼んで三人で仲良く暮らそう」と見越の介に勧めて、三人は一緒に暮らし始めた。しかし、ある夜、見越の介が部屋の中を覗くと、双六をしつつまどろむ二人の女の髪が蛇のように、逆立ち争っている。女の嫉妬心に呆れた見越の介は、見越入道に名を改めて巡礼の旅に出る。

見越の介に捨てられた子供は、ももんがと油嘗め夫婦に拾われ、今は六・七歳となっている。ももんがはこの珍しい人間の子を見世物に出そうと思って、山師の猫股に売ってしまう。深夜の両国広小路の見世物小屋で、簡単な曲芸をすると、評判になり、大勢の化物たちが続々と見に来る。そしてある日、見越入道が見世物小屋の中へ首を伸ばして覗いてみる。我が子の不憫な姿を見て涙を流す見越入道は、猫股から子供を買い取る。「人間に生まれた業を滅するために、出家するしかない」と言い、子供を道楽寺の和尚に預ける。その後、見越入道はまた諸国の旅に出て、行方が分からなくなる。子供が大きくなり、今は道楽寺の住持になっているが、宗匠や医者に化けて遊廓に入り浸っている。

（三）『化物世櫃鉢木』の梗概

続編に当たる『化物世櫃鉢木』は、伊庭可笑作・鳥居清長画の黄表紙である。上中下三冊で、全十五丁。板元は岩戸屋である。すなわち、作者・絵師・板元は『今昔化物親玉』と同じである。慶応義塾図書館[6]・東京都立中央図書館加賀文庫に蔵されている。刊記がないが、絵題簽の意匠によると、天明元年刊だと分かる。

『化物世櫃鉢木』のストーリーをまとめてみる。[7]

話は化物たちの評議で始まる。見越入道が諸国の修行に出たままで、今は不良の化物を抑える頭《かしら》がいない。見越入道の子供・三つ道《どう》を捜し、見越の家を相続させ、化物の頭に定めようという提案が出る。

しかし、肝心の三つ道は相変わらず遊女と遊んでいる。最近は井出野という品川の遊女にはまっているが、井出野の正体は化猫である。ある夜、三つ道は井出野が猫に戻った姿を目撃し、大いに驚く。実は自分も化物の子供だと明かしてから、井出野の身の上話を聞く。「父は狩人に殺された。私は化猫の二股家を再興しようと思って、このように化け修行に励んでいる」と話す。井出野の話に感動した三つ道も、親孝行のために化物になろうと決心し、道楽寺を出る。

まず、試みに、清玄法師の怨霊の真似をし、人を驚かそうとするが、馬鹿にされるばかりである。次に、座頭の張り子の大頭をかぶり、山奥で待ち伏せ、道を通る狩人を脅かそうとするが、逆に狩人に張り子の頭を引ったくられ、ひどい目に遭わされる。半死半生の三つ道は、夢うつつに母親のろくろ首の幽霊と対面する。ろくろ首は「あなたが化物になりたいなら、大入道大権現の社でお祈りなさい」と告げる。

三つ道が母の教えに従い、社で祈ると、大権現が現れる。三つ道に自分の眼の一つを与えると、三つ道は三つ目の化物に変身する。大権現は三つ道の名に「目入」という字を割り込ませ、名を「三つ目入道」に変えさせる。化物になりすました三つ目入道は育ての親のももんが達に挨拶に行く。その後、三つ目入道はちょうど彼を捜している馬頭という化物に出会い、化物の頭にならないかと誘われるが、断る。

場面は馬頭の家に移る。大雪の夜。修行の旅を続けてきた見越入道は馬頭の家で一夜の宿を頼む。『鉢木』物と同じように、馬頭は「ご馳走は何もない」と言い、その代わりに、大事にしていた化物の鉢の木を薪にして見越入道を暖める。そして見越入道の話を聞いて驚く。「実はつい先ほど息子と会ったばかりだ」と馬頭が見越入道に打ち明け、親子の再会を勧める。見越入道は息子の三つ目入道の立派な化物の姿を見て、大いに喜ぶ。さっそく隠居し、三つ目入道を化物の頭にする。めでたしめでたしで話が終わる。

『化物世櫃鉢木』の評価は、大田南畝著の『菊寿草』（天明元年［一七八一］刊）に次のように記される。[8]

上上 (岩) 化物世継鉢木《ばけものよつぎはちのき》 三冊

頭取 扨見越《みこし》入道の息子株《かぶ》、三《み》つ道の役、川《かは》太郎、海坊主《ぼうず》、又は品川の猫股《ねこまた》、片身《かたみ》がはりに女郎と化《ば》けた形《かたち》は、さすが鳥居を越《こ》した絵師、清長さん出来ました。悪《わる》口 名題《だい》の世継《よつぎ》の継の字が、櫃といふ字の様で受《う》け取にくい。頭取 弘法にも筆のあやまり、先芸評をお聞《き》きなされませ。三《み》つ道、諸国《こく》修業に出、もゝんぐはが方へ来りしに、幼少《ようせう》より育《そだ》てし姥《うば》が言葉《ことば》に、「ヤレ〱。お前《まへ》がよく大きくならしやつたを見れば、わしらはよく人間にも化《ば》けませぬ」[9]とはおかしい〱。扨雪の段、西明《さいみやう》寺《じ》のやつし、「西竹林《さいちくりん》の鶏三足《けいさんぞく》、南海《なんかい》の鯉魚《りぎよ》、北州の古狸」[10]は大出来〱。恋女房《こいにようぼう》の四役一所にされた化物《ばけもの》のやうな何がし殿に引あて、巻軸《くはんぢく》にすへました。

この評価を見るかぎり、南畝が前編『今昔化物親玉』の存在を全く気がついていないように思われる。この二つの黄表紙は、明らかに前編・続編という関係に置かれているのにも関わらず、南畝の受け止め方から見ると、そもそも独自のものとして世に出されたと充分想像できるのである。

（四）『見越入道一代記』・『化物一代記』の合成改題本

次に、『今昔化物親玉』と『物化世櫃鉢木』の合成本『見越入道一代記』を見てみよう。『見越入道一代記』は五冊で二十五丁の黄表紙。板元は同じ岩戸屋である。松浦史料博物館のみに蔵されている。『国書総目録』には未登録。『見越入道一代記』の存在が棚橋氏の『黄表紙総覧』に指摘されている。棚橋氏の説によると、刊年が天明二年〔一七八二〕となっている。その根拠は、「備わる絵題簽は先に例証として挙げた天明二年刊『名高江戸紫』と同意匠にな」るとある。[11] しかし、『名高江戸紫』[12] との共通の意匠は、岩戸屋の他の天明二年刊の黄表紙の意匠と違っており、干支を思わせないので、刊年を疑う余地が残っていると思われる。とりあえず、棚橋氏の説に従って、刊年を天明二年と仮定したい。

『見越入道一代記』の二十五丁は『今昔化物親玉』の十丁と『物化世櫃鉢木』の十五丁をそのまま合成したものである。『今昔化物親玉』の最後の十丁裏の「清長画　可笑作」が削られているだけで、二つの話が繋ぎ合わせられている。柱刻の変更は次のようである。

『今昔化物親玉』　化物の親玉上　一～五
化物の親玉下　六～十

『化物世櫃鉢木』

化物よつぎ上　一
化物よつき上　二〜五
化物よつき中　六〜十
化物よつき下　十一〜十五

『見越入道一代記』

化物　一〜一九
化物よつき中　二十
化物よつき下　二十一
化物　二十二〜二十五

すなわち、柱刻に関して、「化物」という共通の頭の文字だけを残し、後編の丁の番号をつなげただけである。二十丁・二十一丁に古い柱刻が残っているのはミスであろう。手間をかけないで、一貫性を感じさせる直し方である。『見越入道一代記』は次に『化物一代記』という題名で再板されることになる。『国書総目録』では、『化物一代記』は「化物世櫃鉢木の改題本」と記されるが、『今昔化物親玉』と『化物世櫃鉢木』の合成改題本と訂正すべきである。なお、『国書総目録』によると、刊年は天明六年［一七八六］となっているが、これもほぼ間違いだろう。[13]『国書総目録』によると、『化物世櫃鉢木』の国会本もあるが、この本の正体は、『化物一代記』である。二十五丁のもので、『今昔化物親玉』と『化物世櫃鉢木』の合成本となっている。この国会本には元の絵題簽がないが、奥付の広告によると、板元が西村屋であり、刊年が享和二年［一八〇二］だと推定できる。[14]そして、岩崎文庫貴重本叢刊『青本絵外題集（一）』では、西村屋板の『化物一代記』の絵題簽（二・三・五）が見られる（図1）。『見越入道一代記』にも、二・三・四の絵題簽が残っている。『化物一代記』と重なっている絵題簽は、三巻目の絵題簽のみである。『化物一代記』の絵（河童と海坊主と一つ目小僧）は『見越入道一代記』の絵とほぼ同様のものであり、おそらく彫りなおされたものだと考えられる[15]（図1）。また、『化物一代記』の柱刻は『見越入道一代記』と全く同じである。つまり、西村屋は、黄表紙の刊行をしばらく休んでいた岩戸屋板元から、『見越入道一代記』の板本を求めて、題名にある「見越入道」を「化物」に直して、ほぼ同じ形で合成本を再板したのである。

それぞれの黄表紙の刊年を整理してみると、次の通りになる。

『今昔化物親玉』　安永八年～天明元年（岩戸屋）
『化物世櫃鉢木』　天明元年（岩戸屋）
『見越入道一代記』　天明二年？（岩戸屋、『今昔化物親玉』・『化物世櫃鉢木』の合成改題本）
『化物一代記』　享和二年（西村屋、『見越入道一代記』の改題本）

絵題簽に描かれたぞれぞれの場面は次のようである（図1）。

『今昔化物親玉』上　見越の介がお雪と出会う
『今昔化物親玉』下　見世物にされた人間の子が踊りをする
『化物世櫃鉢木』上　化猫の遊女
『化物世櫃鉢木』中　三つ道を捜す狸と狐
『化物世櫃鉢木』下　馬頭の家を訪ねる見越入道
『見越入道一代記』『化物一代記』一巻　見越の介の夢に現れる山の神

『見越入道一代記』『化物一代記』二巻　お六とお雪が双六をする間、髪が蛇になる
『見越入道一代記』『化物一代記』三巻　河童と海坊主と一つ目小僧が評議をする
『見越入道一代記』『化物一代記』四巻　三つ道の張り子の大頭が狩人に引ったくられる
『見越入道一代記』『化物一代記』五巻　化物の頭になった三つ目入道

初めの合成本『見越入道一代記』は元の二点の黄表紙と近い時期に刊行された。全く違う題名のほかに、各絵題簽の絵も違っている。しかし、二十年後に、別の板元からさらに再板された合成本『化物一代記』の場合では、題名が『見越入道一代記』と似ており、絵も同じである。近い時期だからこそ、合成本を元の本と違う形にする工夫が見られる。対照的に、二十年たつと、その工夫の必要性がなくなったとも考えられる。

（五）一貫した作品を作る意図

作者の伊庭可笑は『今昔化物親玉』を書いた時点で、すでに続編を意識していたかどうかは今になって知るすべがないが、少なくとも、続編のつもりで『化物世櫃鉢木』を書いたのは間違いない。この二点の黄表紙を詳細に比較してみると、化物尽くしには珍しい一貫したストーリー性があることが分かる。『化物世櫃鉢木』をまず単独の黄表紙として出し、そしてその次の年に『今昔化物親玉』との合成本を出すという意図は最初から板元や作者にはあったと容易に想像できる。言い換えると、『今昔化物親玉』と『化物世櫃鉢木』を合成することによって、初めて一つの完結した物語が生まれるのである。未完成の二つの黄表紙をまず別々のものとして出版するのは、合成するための手段にすぎないともいえよう。もちろん、この形で出版することによって、板元の利益もその分増えるのである。

すでに述べたように、『今昔化物親玉』の結末は不自然である。化物の間に生まれた人間の子が親に捨てられ、

見世物にされるが、人間世界のお寺で出家する。住持に出世した主人公が遊廓に通っているところで話が終わる。黄表紙としては、中途半端な終わり方である。本来ならば、人間として生まれた息子がいろいろ苦労した上で、ようやく化物になり、めでたく親の跡継ぎをするところで話を終わらせなければならないだろう。[16]

『今昔化物親玉』の十丁裏の「それより見越《みこし》入道が子は年経《としへ》て、道楽寺の住持《ぢうじ》となり」は、続編の一丁表の「見越《みこし》入道の落種《おとしだね》ありしが、母《はは》のろくろ首《くび》、たしなみよく人間《げん》を産《う》みて、今人間《げん》となりて、道楽寺《どうらくじ》の住持《ぢうじ》・三《み》つ道《どう》といふ由《よし》」と違和感なしに、繋がっている。また、『化物世櫃鉢木』の一丁裏の「こゝに道楽寺《どうらくじ》の住持《ぢうじ》・三《み》つ道《どう》は、出家《しゆつけ》のあるまじき傾城狂《けいせいぐる》ひに打《う》ち込《こ》み」とは、『今昔化物親玉』の最後の場面と繋がっている。続編では、主人公に初めて「三つ道」という名前が与えられたが、これは後になって「三つ目入道」に名を改めるための伏線である。

確かに、大田南畝がしたように、『今昔化物親玉』を読まずに（あるいは意識せずに）、『化物世櫃鉢木』だけを読んでも、話を理解する上には何の差し支えもないが、前編を強く思い出させる部分をいくつか指摘できる。

図２『化物一代記』国立国会図書館蔵

●母ろくろ首との対面

化け修業に失敗した三つ道は、夢の中で「水子《こ》の時《とき》、別《わか》れし母《はは》ろくろ首《くび》に対面《たいめん》する」。前編では、生まれたばかりの人間の子が山に捨てられたいきさつを示唆している。また、前編では、ろくろ首が死んだ記述がないが、長い歳月を経たと考えると、自然な成り行きである。この場面で登場する「母《はは》ろくろ首《くび》が幽霊《ゆうれい》」（図２）を前編に出てくるろくろ首（図３）と比較してみよう。長い首や顔そのものの描かれ方は共通しているが、結った髪の代わりに、長く靡いている髪が幽霊っぽくなっており、足も描かれていない。化物・ろくろ首が人間並みに死んで今度

図3『化物一代記』国立国会図書館蔵

図4『化物一代記』国立国会図書館蔵

はろくろ首の幽霊になってしまったという意外な「変化」が笑いを誘う。

●育ての親との対面

三つ道は立派な化物になってから、育ての親のももんがと油嘗め夫婦に挨拶する場面がある（図4）。「以前幼少《いぜんようせう》の時分《じぶん》、世話《せわ》になりしもゝんぐわが方《かた》へ尋《たづ》ね来《き》たる」。三つ道は七歳で見世物にされて以来、ももんがたちと会っていないので、久しぶりの再会である。この場面の絵を前編で登場するももんが夫婦の絵（図5）と比べてみよう。ろくろ首と同様、化物らしい顔かたちの描かれ方が前の絵と同じである。しかし、油嘗めの黒髪が完全に白髪になっているところで、時の流れを感じさせる写実的な側面も窺われる。化物にもかかわらず、年をとったり死んだりする「おかしなリアリティ」があり、大河ドラマ風の物語性が強調されているように思われる。

●お雪を思い出す見越入道

大雪の夜、見越入道が一夜の宿を頼む場面は、むろん『鉢木』物のパロディーである。しかしその雪の中で、見越入道が、若い頃、雪女と不倫したこと（前編の話）を思い出す。

あゝ降《ふ》ったる雪《ゆき》かな。われ若《わか》かりし時《とき》、お雪《ゆき》が色香《いろか》に迷《まよ》い、雪《ゆき》を仲立《なかだ》ちに偕老《かいろう》の語《かた》らいをなせしが、それもゆき、これも雪《ゆき》、変《か》はり果《は》てたる浮世《うきよ》じやなあ。

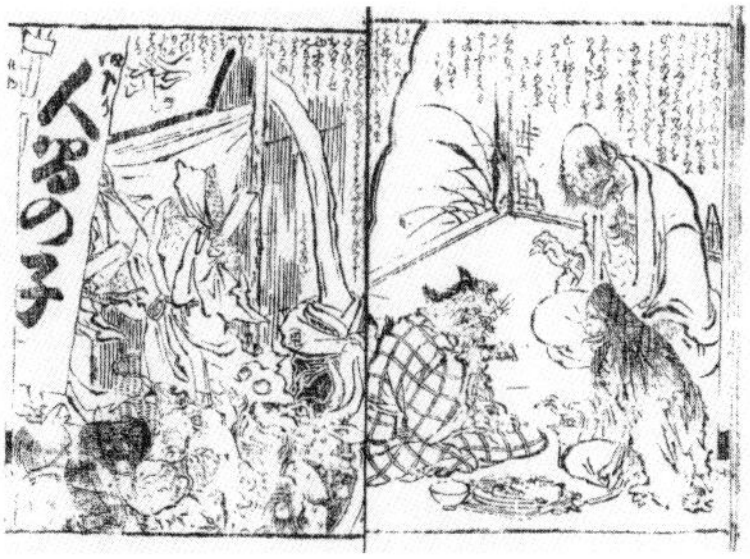

図５『化物一代記』国立国会図書館蔵

図６『化物一代記』国立国会図書館蔵

『鉢木』の設定に従って、雪が降っているからこそ、見越入道が雪女との関係を懐かしく思い出している。しかし、前編を読んでいない読者は「お雪が色香」の意味を充分理解できないだろう。この場面の挿絵（図６）を前編の挿絵（例えば、図３）と比べると、右側の見越入道はやはり相当老けて見える。また、この場面に登場する他の化物たちはすべて室町時代の『百鬼夜行絵巻』に描かれている化物と同じである。つまり、この場面は言葉と絵を通して『鉢木』と『百鬼夜行絵巻』の両方を同時にパロディー化しているともいえよう。加えて、前編の『今昔化物親玉』を踏まえている「雪女」の部分も指摘できる。高度のパロディーとともに、一貫した物語性を感じさせる手法である。

（六）化物尽くしの黄表紙と物語性

『今昔化物親玉』と『化物世櫃鉢木』の合成本は、明らかに典型的な化物尽くしの枠に入る。『今昔化物親玉』の冒頭の文章に、「年々相似《あいに》たる化物《ばけ》尽《づ》くし、お子様方《こさまがた》もよく御存《ぞん》じ、いつでも親《おや》玉は見越《みこし》入道なり」とあるのは、作品の本質を語っているように思われる。違うタイプの化物が大勢登場する点や文章が少ない点においては、初期の化物尽くしの草双紙を彷彿とさせている。

それとは別に、様々な文芸作品をパロディー化した要素が多く含まれているのは黄表紙らしいところだともいえよう。大田南畝の関心を引いたのは、まさにこういうところである。それぞれのパロディーの場面が、ストーリーと離れて独立しているわけではなく、むしろうまい具合に、物語の流れを手伝っている。例えば、お雪とお六の髪の毛が、嫉妬のあまり蛇になる場面は、浄瑠璃『苅萱桑門築紫轢《かるかやどうしんつくしのいえずと》』のパロディーでありながら、見越の介が世を諦め、見越入道になるきっかけにもなっている。最終的に、見越入道を、捨てられた子供と再会する場面に導いたともいえる。同じように、物語の見せ場ともいうべき『鉢木』のパロディーの場面は、見越入道と化物になった息子との再会に導く役割を果たしているのである。

要するに、『今昔化物親玉』と『化物世櫃鉢木』の合成本は、典型的な化物尽くしであり、高度なパロディー本であるとともに、物語性を重んじている伝奇小説でもある。合成することによって、後編が前編と齟齬をきたすような「適当」な部分が全く見当たらないことも指摘したい。本の構成は、初期の草双紙でよく見られる単純な化物退治談とは違っているし、または、独立した短い場面を連続させる「短編集形式」あるいは「博物学形式」とも違っている。

天明二年［一七八二］は、五巻に及ぶ黄表紙が極めて少ない。このように意図的に作られた一貫した合成本は、時代を先取りするような画期的な作品だともいえよう。

第二節　『御存之化物《ごぞんじのばけもの》』・『変化物春遊《ばけものはるあそび》』の合成本の事例

（一）『御存之化物』・『変化物春遊』の梗概

桜川慈悲成作・歌川豊国画[17]の黄表紙『御存之化物《ごぞんじのばけもの》』は、上中下三冊で、全十五丁。板元は西村屋である。刊年は寛政四年［一七九二］（絵題簽の意匠による）。松浦史料博物館にのみ蔵されている。『国書総目録』には未登録。次の年の寛政五年［一七九三］に、『変化物春遊《ばけものはるあそび》』という黄表紙が刊行された（刊年は絵題簽の意匠による）。上下二冊で、全十丁。板元は同じ西村屋である。『国書総目録』によると、所蔵は国会・加賀文庫となっているが、『変化物春遊』で登録されている東京都立中央図書館加賀文庫蔵本は『大昔化物双紙《おおむかしばけものぞうし》』（寛政七年［一七九五］刊）という別の黄表紙である。

『御存之化物』と『変化物春遊』は、内容と形式が似ており、いずれも化物が主題となっている短編集形式の黄表紙である。つまり、一貫したストーリー性がある化物尽くしと違って、独立した話を集めている怪談集となっている。二丁にわたる話もあるが、主に、一つのストーリーは一丁あるいは半丁で終わる。笑わせる場面、あるいは当世を感じさせる場面もあるが、どちらかというと、怖い話が多い[18]。別のジャンルの「怪談百物語」の伝統を彷彿とさせる。

さて、この二点の黄表紙の具体的な内容を簡潔にまとめてみる[19]。

『御存之化物』

（上巻）

一丁表　三つ目入道の挨拶。

一丁裏・二丁表　旅芝居の男は不思議な火の行方を追い、方角を失う。

二丁裏・三丁表　（つづき）男は恐ろしい老女とゲラゲラ笑う異形の首に出会う。

三丁裏・四丁表　背の高い化物が坊主を脅かす。

四丁裏・五丁表　ろくろ首の首を蹴る家中の夜回りの話。

五丁裏　髑髏が男の腰に飛び付く。

（中巻）

六丁表　床柱のお化けと戦う侍の話。

六丁裏・七丁表　空き寺に老僧の霊が現れる話。

七丁裏・八丁表　紀伊の国（紀伊国）。蜥蜴が若衆に化けるが、侍に退治される。

八丁裏・九丁表　津の国（摂津）。椿の大木が「いやしき女の首」に化けるが、侍に退治される。

九丁裏・十丁表　八幡山。空き寺でのっぺらぼうの法師や美しい女の化物が現れる。正体は殺された僧の亡霊。

十丁裏　丹波の国。櫛の執念の話。

（下巻）

十一丁表　大阪新町。恨みを言って息絶える遊女の話。

十一丁裏・十二丁表　堺の町。もん八が髪を乱した白い雪女に下駄を投げつけ、逃げ出す話。

十二丁裏・十三丁表　（つづき）雪女の正体は普通の女。怪我をさせたもん八は知らん顔をする。

十三丁裏・十四丁表　空き寺の化物たちが変化（牛に乗った法師や傾城など）を見せるが、逞しい僧は「古し」と言って、怯えない。

十四丁裏・十五丁表　（つづき）僧は朝だと思って外に出るが、まだ丑三つ頃で、様々な化物がいる。僧は「これは新しきや」と言う。

十五丁裏　古い井戸から蝙蝠が夥しく出る。山椒を食う蝙蝠を捕まえると、両国の見世物として人気を得る。

『変化物春遊』

（上巻）

一丁表　光っている木の正体は青鷺である。
一丁裏・二丁表　倅が神隠しにあった男が紫の光を追う。古い井戸を見つける。
二丁裏・三丁表　（つづき）井戸を燃えさせると、年取ったひきがえるが現れる。
三丁裏・四丁表　毛女郎が暗い廊下に現れる。
四丁裏・五丁表　百物語のあと、男の前に雨降小僧が現れ、「よく俺が噂したな」と脅す。
五丁裏　船幽霊に桶を貸してはいけない話。

（下巻）

六丁表　親馬鹿の化物が子供の山童に自分の目を一つやり、一つ目の化物になる。
六丁裏・七丁表　商人の家で働いている乳母は、鎌倉の夫に裏切られると、魂が体から離れ、夫を食い殺す。
七丁裏・八丁表　浪人が殺した盲（座頭）の亡霊が現れる。
八丁裏・九丁表　大阪新町の遊女が、僧の亡霊に悩まされる。
九丁裏・十丁表　越後の国の大入道が、子供たちと「子を捕ろ子捕ろ」を遊んでいる。
十丁裏　大入道の新年の挨拶。

（二）『御存之化物』の合成本の体裁

寛政四年刊の『御存之化物』と寛政五年刊の『変化物春遊』は、同じ板元の西村屋によって、合成された上で、再板される。五巻で全二十五丁である。この合成本の題名は、寛政四年刊の黄表紙と同じ『御存之化物』となっている。おそらくこれが原因で、あらゆる年表の登録が混乱しているのであろう。刊年が寛政五年以降となるが、正確な刊年は不明である。

『国書総目録』によると、この合成本の所蔵は、国会（欠本）・東京都立中央図書館加賀文庫・大東急（巻一）となっているが、国会（欠本）として登録された国立国会図書館蔵本の正体は『大昔化物双紙』（二巻で完成したもの）である。歴史民俗博物館にも蔵本があるが、『国書総目録』には未登録。

東京都立中央図書館・国立国会図書館両方にも、同じ間違えた登録が見られる。つまり、東京都立中央図書館加賀文庫の場合では、『変化物春遊』で登録したものが『大昔化物双紙』であり、国立国会図書館の場合では、『御存之化物』（合成本）で登録したものが、『大昔化物双紙』である。この混乱がなぜおきたのか。

『大昔化物双紙』の板元は西村屋ではなく和泉屋だが、作者・絵師は、同じ桜川慈悲成・歌川豊国である。内容も化物が主題となっている。化物の親が子供に自分の目を一つ譲る話や毛女郎の登場など、『御存之化物』と共通している部分が指摘できる。しかし、『御存之化物』の短編集形式と違って、『大昔化物双紙』には一貫した物語性が見られる。これは、大きな相違だともいえよう。

合成本『御存之化物』[20]の体裁を見てみよう。まず、絵題簽を元の黄表紙の絵題簽と比べてみる（図7）。

すでに述べたように、『御存之化物』の意匠（二匹の鼠）や『変化物春遊』の意匠（牛の置物）は十二支を思わせている。加賀文庫蔵の合成本の場合、絵題簽の意匠をそのまま利用している。『御存之化物』の「上・中・下」を「一・二・三」に直しているだけである。合成本の後半になる『変化物春遊』の題名を「御存之化物」に直しており、「上・下」を「四・五」に直しているが、意匠はそのまま。つまり、合成本の絵題簽の意匠が揃っていないのである。言い換えると、題名と巻数の表記のみ訂正した最低限の直し方である。そのせいで、一貫した表紙にはなっていないともいえよう。対照的に、歴史民俗博物館蔵の合成本の絵題簽は新たに作り直しており、一貫性が充分感じられる。絵題簽は二巻から五巻まで揃っている（西村屋の他の意匠と違っているので、刊年のヒントになっていない）。

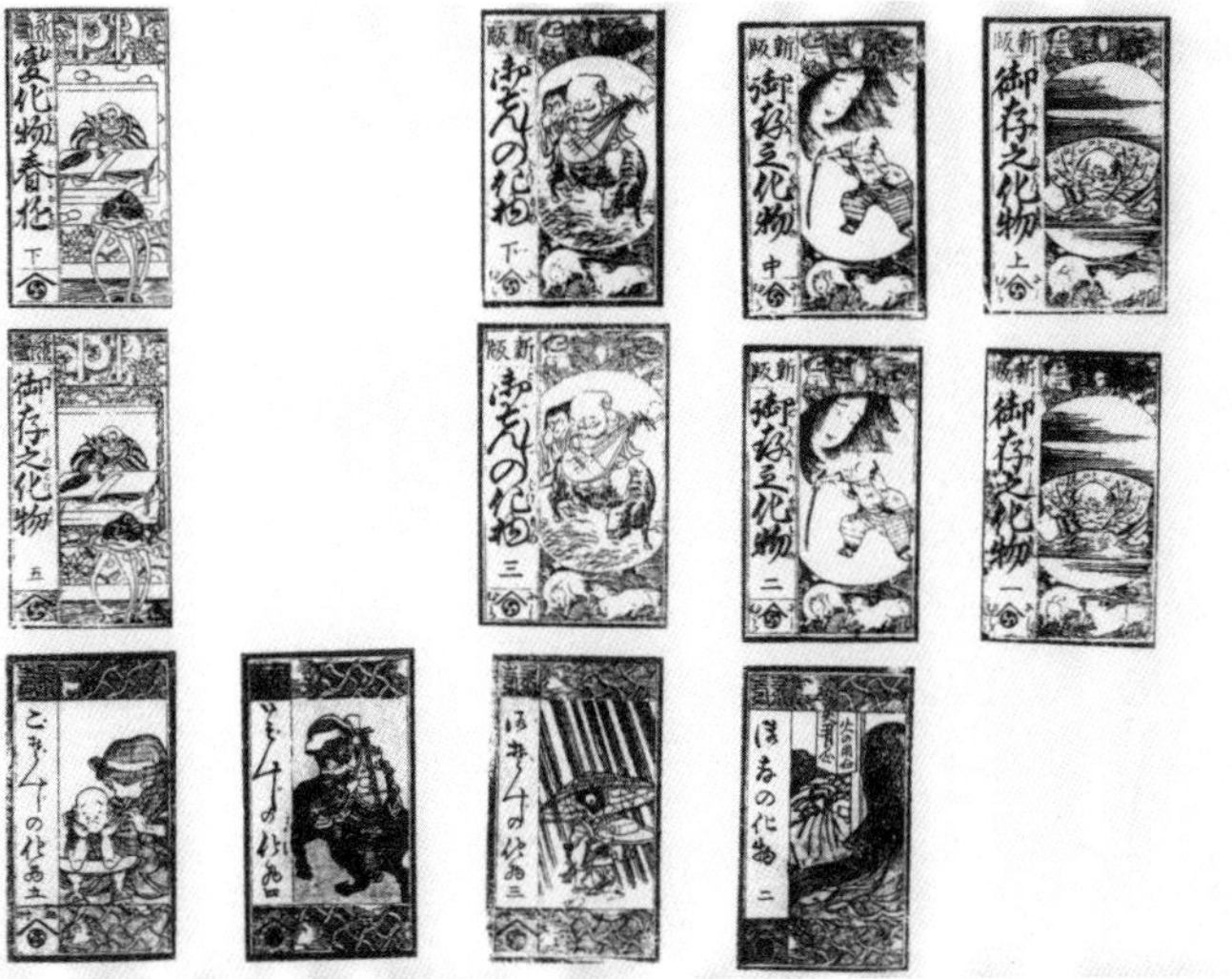

図7 『御存之化物』・『変化物春遊』の絵題簽

それぞれの絵題簽に描かれている絵をまとめてみる。

『御存之化物』上　三つ目入道の挨拶。

中　女の首と戦う侍（八丁裏・九丁表の場面）。

下　牛に乗った法師と傾城の化物（十三丁裏・十四丁表の場面）。

『変化物春遊』上　題簽欠。未見。

下　大入道の新年の挨拶（十丁裏の場面）

ただし、ここでは三つ目となっている。

合成本『御存之化物』（歴史民俗博物館蔵）

一　題簽欠。未見。

二　毛女郎（四巻目からの場面）。

三　雨降り小僧（四巻目からの場面）ただし、ここでは豆腐小僧となっている。

四　牛に乗った法師（三巻目からの場面）。

五　大入道（？）と不明な化物小僧。

元の黄表紙の各巻の絵題簽は、内容の一場面を忠実に描いている[21]が、それに対して、歴史民俗博物館蔵の合成本の絵題簽は、違う巻から取った場面が多く見られ、内容と関係のない化物も登場している。本の体裁は、加賀文庫蔵の合成本にはない一貫性があるけれど、新しい絵題簽が元の話と若干離れているように感じられる。

（三）合成本『御存之化物』の内容

独自の黄表紙として出された『御存之化物』と『変化物春遊』は同じ噺本スタイルをとっている。長い物語の代わりに、怪談の短編集となっている。その意味では、合成本になりやすい条件がすでに揃っているともいえよう。つまり、合成することによって、短編の数が増えていくのである。二つの作品はともに怪談であるので、それぞれの独自の話を無理に繋ぐ必要がない。十丁あるいは十五丁の怪談短編集が二十五丁の怪談短編集に二倍近く膨んでいる。実際、合成本においては、元の黄表紙の内容がいっさい変わっていないのである。[22]

どういう過程で合成本が成立したのか。『御存之化物』を書いた時点で、作者（あるいは板元）がすでに合成本を意識していたのか。まず、それぞれの黄表紙の繋ぎ目を見る必要がある。

『御存之化物』は序がないが、その代わりに、一丁表にお決まりの挨拶が書かれている。

東西《とうざい》〳〵、高《たか》ふは申上られませぬ。低《ひく》ふそつと、これより申上ます。さて、年《とし》〳〵毎年《まひねん》、御子様方《さまがた》のお心《こゝろ》を化《ば》け奉《たてまつ》りて、御宝前《ほうぜん》へと、口合の口上。さて、これより化《ば》けの皮《かわ》を現《あらわ》して御覧《らん》に入れます。長《なが》口上は御退屈《ごたいくつ》、そのため、口上、カチ〳〵〳〵。（図8）

絵では、口上にふさわしい人物として、化物の親玉をよく勤める三つ目入道が両手をついている。挨拶の文が短いものの、化物尽くしの典型的なパターンに従っているともいえよう。しかし、『御存之化物』の最後の十五丁

裏の半丁には、最初の挨拶に合わせるような締めくくりの場面がない。その代わりに、次の場面が書かれている、

山家《やまが》に古《ふる》き井戸《いど》のありて、そのもとに大木《たいぼく》の山椒《さんしやう》の木《き》あり。その山椒《さんしやう》、芽《め》を出《いだ》すかと思《おも》へば、小春《はる》のやうに、みな葉《は》落《を》ち、たゞ枝《えだ》ばかりになる。また夕暮《ゆふぐ》れには、そのもとの井戸《いど》より蝙蝠《かうもり》夥《おびたゞ》しく出《いで》けるゆへ、たま〳〵にしてみれば、蝙蝠《かうもり》の年経《としふ》る親方《おやかた》ともいふべきが、かの山椒《さんしやう》を食《く》ひて、柳《やなぎ》の下《した》の井戸《いど》の水《みづ》飲《の》みていける。その蝙蝠《かうもり》を捕《と》らへて、両国《りやうごく》へ出《いだ》し、軽業《かるわざ》をさせて、大きに評判《ひやうばん》よし。（図9）

図８『御存之化物』東京都立中央図書館加賀文庫蔵

図９『御存之化物』東京都立中央図書館加賀文庫蔵

絵では、山椒の木と古井戸の間に不気味な蝙蝠が描かれている。両国の「蝙蝠の軽業」とは、寛政元年［一七八九］に実際流行っていた見世物を暗示している。この見世物について朝倉無声氏は「寛政元年に江戸葺屋町川岸で見せた蝙蝠の軽業は、人語を態く覚えて、口上の指揮のまゝに、綱渡りを初め鯱立や竿登りを巧みに演じたので、蝙蝠の軽業とは近年の洒落（世上洒落見絵図）であると、江戸ツ子の人気に投じて、是亦大当りであつた」と述べている。[23]

このように、当時の見世物に取材したところは、他の場面に見られない黄表紙らしい趣向ではあるが、この場面にしても、短い怪談の本質もきちんと保っている。しかし、黄表紙の最後の場面にふさわしい新年の挨拶という締めくくりにはなっていない。つまり、短編集が途中で終わっているような印象を与えているのである。

逆に、『変化物春遊』の最初の場面は、序や挨拶がなく、いきなり怪談から始まる。

毎夜《まいよ》、青《あを》き火《ひ》の見《み》へる柳《やなぎ》の大木《たいぼく》あり。夜《よ》にいりて、そのもとへ行《ゆ》く者《もの》なし。たゞ化《ば》け柳《やなぎ》〳〵とぞ言《い》いける。所《ところ》の者《もの》、青《あを》き火の燃《も》ゆるとも、今宵《こよひ》は篠突《しのつ》くごとくの雨《あめ》ゆへ、その火《ひ》もなからんと、たゞ一人《ひとり》その火のもとへ行《ゆ》きみれば、いつよりその火《ひ》青《あを》みてものすごし。見《み》るうちに、柳《やなぎ》の大木《たいぼく》、いつぱいに青《あを》く光《ひか》りければ、かの男《おとこ》、そのまゝ倒《たを》れけり。これ、青鷺《あをさぎ》のなす技《わざ》なり。（図10）

絵では、激しい雨の中で、怪しげな光を放つ柳の大木と、倒れた男が描かれている。「柳の大木」が描かれているという点においては、『御存之化物』の最後の半丁に描かれた「大木の山椒の木」を連想させる。つまり、『御存之化物』の最後の場面と『変化物春遊』の最初の場面は、違和感なしに繋がるのである。

さて、『変化物春遊』の最後に近い九丁裏・十丁表の場面では、越後の国の大入道が登場するが、話の内容はいままでの怪談とひと味違う。

越後《ゑちご》の国《くに》の大入道《にうどふ》、「お伽話《とぎばなし》の化物本《ばけものぼん》には、一番先《いちばんさき》へ出《で》るはづを、なぜ作者《さくしや》が書《か》き出《だ》さぬか、合点《がてん》がゆかぬ」と、「もし子供衆《こどもしゆ》が俺《おれ》をば怖《こわ》がらぬか。どふいふもんだ。広徳寺《こふとくじ》のもゝんぢい[24]」と顔《かほ》を出《だ》すと、子供《こども》が今《いま》までの怖《こわ》い話《はなし》の飽《あ》きたところ、馴染《なじ》みのもゝんじい、目隠《めかく》し[25]でもしやうといふても、「子供衆《こどもしゆ》の御意《ぎよい》に入《い》りは、味噌《みそ》じやアねいが、この和尚《おしやう》だ」と、子《こ》を捕《と》ろ子捕《こと》ろの餓鬼大将《がきだいしやう》、化物本《ばけものぼん》の団十郎《だんじうろう》は、これじや〳〵と、入道《にうどふ》、鼻高印《はなだかじるし》、

「わしも、お前達《まへたち》が怖《こわ》がらぬと、化物《ばけもの》をやめて、役者《やくしや》にでもならにやアならぬ」。「入道《にうどふ》、久《ひさ》しく遊《あそ》んでいきなよ」。

「おいらア、久《ひさ》しく遊《あす》ばねいと」。「いや、お前《まへ》、化物《ばけもの》では一番中《いちばんなか》で、どれが贔屓《ひいき》だ」。「おいらはこの坊《ぼう》さんが」。

「おいらも〳〵〳〵」。（図11）

絵では、越後の大入道が六人の子供たちと「子を捕ろ子捕ろ」をしている。「子を捕ろ子捕ろ」とは、「子どもの遊戯の一つ。数人が前にいる者の帯の結び目にすがって連なり、最前になっている者を親とし、最後尾になっている者を子とする。別に一人が鬼となって、最後尾の子をつかまえようとするのを、親が両手をひろげて防いで遊ぶもの」（『日本国語大辞典』）。絵では、大入道が「親」の役をしており、鬼になった子供を防ぐように両手を広げている。うしろの子供たちが楽しそうに列をなしている。

図10『御存之化物』東京都立中央図書館加賀文庫蔵

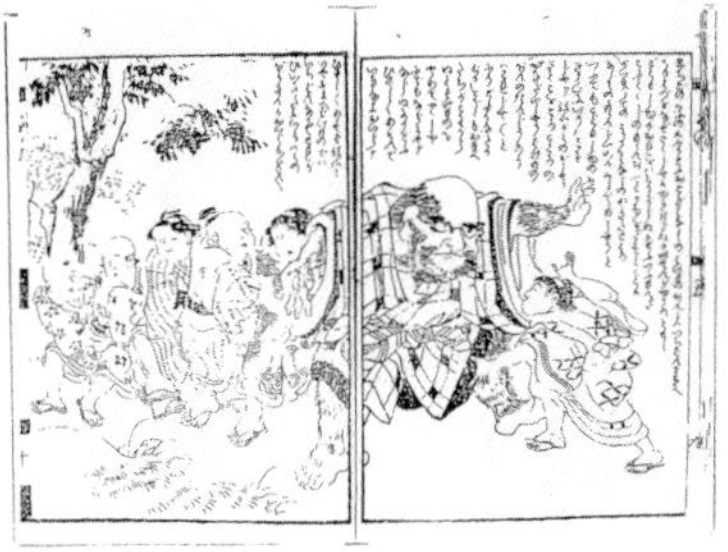

図11『御存之化物』東京都立中央図書館加賀文庫蔵

　いままでの怪談形式と違って、穏やかな場面である。ここで言う「化物本」とは、おそらく化物尽くしの黄表紙を意味しているのだろう。この典型を破って最初に化物の親玉を登場させなかったことをここで批判している。化物の親玉はだいたい入道系のものが多く、見越入道・三つ目入道（あるいは目が三つある見越入道）が一般的である。ここで登場する大入道が、子供の遊びから発展した化物の「ももんじい」（ももんがともいう）と重なっているように思われる。絵の描かれ方も、典型的であり、『御存之化物』の冒頭に登場した三つ目入道（図8）と似ているのである。

　「子供《こども》が今《いま》までの怖《こわ》い話《はなし》の飽《あ》きたところ、馴染《なじ》みのもゝんじい」というくだりは、本書の趣向が典型的な化物尽くしの黄表紙とずれていることを暗示しているだろう。読者にとって、お馴染みのももんじいは、怖さより滑稽さを感じさせる黄表紙の代表的な化物でもある。次の半丁（十丁裏）は、『変化物春遊』の最

図12『御存之化物』東京都立中央図書館加賀文庫蔵

後の丁となるが、ここにも、ももんじい（大入道）が登場する。

お馴染《なじ》みのお子様方《こさまがた》はわしが名《な》で駄々《だゝ》も治《をさ》まる御代ぞめでたき。

もゝんじい、一首《いつしゆ》やりましやう。

歌川豊国画　芝桜川慈悲成戯作（図12）

絵では、短冊に狂歌を書いているももんじいが描かれている。『御存之化物』の最後に見られなかった新年の挨拶の締めくくりはここで見られる。ももんじいの描かれ方は、『御存之化物』の冒頭に登場した三つ目入道（図8）とかなり似ているのである。

最初の問題に戻るが、合成本『御存之化物』はどのような経緯で成立したのか。寛政四年刊の『御存之化物』と寛政五年刊の『変化物春遊』の間に一年しかたっていない。『御存之化物』を書いた時点で、同じ形式の続編を次の年に出し、そしてその後、二つの黄表紙を合成する計画をすでに練っていたのかもしれない。形式が物語ではなく、短編集という意味では、簡単に合成することができる。すでに述べたように、本を合成するにあたって、元の黄表紙の内容はいっさい変わっていない。『御存之化物』が途中で終わり、『変化物春遊』が途中から始まるという例外的な本作りは、いつか本を合成するための「下準備」だったのかもしれない。もしこの体裁が意図的でなければ、合成するためには、とても都合のいい偶然である。『見越入道一代記』の合成本もそうだが、『御存之化物』と『変化物春遊』を合成することによって、初めて首尾の整った作品が生まれるのである。

第三節　『化物見越松《くはいだんみこしのまつ》』・『信有奇怪会《たのみありばけもの、まじわり》』の合成改題本の事例

（一）『信有奇怪会』の梗概

十返舎一九画作の黄表紙『信有奇怪会《たのみありばけもの、まじわり》』は、上下二冊で、全十丁。板元は岩戸屋である。刊年は寛政八年［一七九六］（絵題簽の意匠による）。『国書総目録』によると、国会・東北大狩野・日比谷加賀・大東急に蔵されているが、東京大学総合図書館にも所蔵されている[26]。

さて、『信有奇怪会』のストーリーを簡潔にまとめてみる。

三つ目入道の娘・ろくろ首が、坂田金平に生け捕りになった。ろくろ首と契った見越入道は、彼女を助け出すと約束する。その後、見越入道は老婆の面をかぶって、金平の叔母に変装して金平の屋敷に忍び込む。（鬼の茨木童子が、源頼光の四天王の一人の渡辺綱の叔母に化けて、渡辺綱に切られた腕を取り返す伝説のパロディー）。しかし、金平には叔母がいないので、怪しく思っている。

見越入道は、庭の木に自分の長い首に縛られてしまったろくろ首と再会するが、張り番に見つけられる。ろくろ首は、縄を切るつもりで、うっかり自分の首を食い切ってしまう。そのため、ろくろ首は即死する。ろくろ首を救えなかった見越入道は、親の三つ目入道に謝る。三つ目入道は娘の敵討ちしようとするが、金平の金棒に脅かされて逃げてしまう。面目のない三つ目入道は、蜜柑籠と浅草紙で作った偽物の金平の首を本物の首だと言って化物たちを騙す。しかし、雨が降ったため、偽物とばれてしまう。結局、化物の大物・三つ目入道さえも、金平にかなわない。最後に、金平の怖さを知った化物たちはみな箱根の先に引っ越す。化物退治を成し遂げた金平が、源頼光から褒美をたくさん頂き、めでたく春を迎えるところで話が終わる。

（二）『化物見越松』の梗概

十返舎一九画作の黄表紙『化物見越松』は、上下二冊で、全十丁。刊年は寛政九年〔一七九七〕（一丁裏の序の「巳の春」による）。『国書総目録』によると、国会・大東急に蔵されているが、『木村豊次郎旧蔵・十返舎一九ほか作品目録』（静岡市教育委員会、平成二年刊）には、『化物三越松』として登録されている[27]。

ストーリーは以下の通りである。

廃りものの化物・ももんがあは、今は丹波の国の山奥に潜んでいる。ここに来た幽霊と深い仲になる。ついに幽霊が懐妊するが、化物ではなく、玉のような人間の子供が生まれた。幽霊に騙されたと思いこんだももんがあは、幽霊と子供を化物の世界から追い出してしまう。娑婆に戻った幽霊は、子供に桃太郎という名前を付ける。大きくなった桃太郎は、一人前の化物になり、ももんがあの跡を継ぎたいが、失敗ばかりを繰り返す。そこで、五位鷺が桃太郎の面倒をみることになる。

三つ目入道の娘・お六は、ろくろ首だが、病気になって以来、首がいっさい伸びない。このままでは姿が人間と変わりなく、お嫁にいけないと心配する三つ目入道は、医者と相談する。気晴らしのつもりで、医者はお六を花見に連れて行くと、偶然桃太郎と出会う。化物世界での「片輪」者同士であり、お互いに惹かれてしまう。

今夜桃太郎が会いに来ると医者がお六に言う。同じように、今夜お六が会いに来ると、五位鷺が桃太郎に言う。これは、桃太郎とお六を化物の姿に戻すための作戦である。その夜、二人は首を長くして待っているが、相手がなかなか現れない。待ちきれなくて自然にお互いの首が伸びてしまい、途中で二人の「首」が出会う。恋がかなっただけではなく、念願の化物の姿にもなっている。その後、桃太郎が見越入道と名をあらため、ももんがあから化け方の伝授をことごとく教えてもらうところで、話が終わる。

(三)『怪談深山桜』の合成改題本

寛政八年刊の『信有奇怪会』と寛政九年刊の『化物見越松』は、同じ板元の岩戸屋によって、『怪談深山桜』という合成改題本として再板された。五冊で、全二十五丁。その際、作品の順序は、刊行の順序とは逆である。すなわち、『怪談深山桜』の一丁表から十丁裏までは寛政九年刊の『化物見越松』であり、十一丁表から二十丁裏までは寛政八年刊の『信有奇怪会』である。そして最後に新しい五巻目を付け加えることによって、五巻二十五丁の作品が完結する。さらに、作品と作品の繋ぎ目になっている十一丁表と二十丁裏(元は『信有奇怪会』の一丁表と十丁裏)を新しくしたことも指摘できる。『怪談深山桜』の構成をまとめてみると、

一丁表〜十丁裏　『化物見越松』(寛政九年刊)
十一丁表　新しい半丁
十一丁裏〜二十丁表　『信有奇怪会』(寛政八年刊)の一丁裏〜十丁表
二十丁裏　新しい半丁
二十一丁表〜二十五丁裏　新しい一巻(五丁)

『国書総目録』によると、『怪談深山桜』の刊年が寛政九年[一七九七]となっている。おそらく『国書総目録』の「寛政九年」とは、『化物見越松』の刊年から『怪談深山桜』の刊年を推定したものであり、『怪談深山桜』の刊年は寛政九年以降だと分かるものの、正確な刊年は不明である。

また、『国書総目録』によると、『怪談深山桜』が二巻となっているが、これも間違いである。所蔵は「東大・

日比谷加賀」となっている。

『黄表紙総覧』によると、『怪談深山桜』は文化三年［一八〇六］に再板されたとある（岩戸屋新板目録による）。[28]『国書総目録』や『帝国図書館和古書目録』によると、国立国会図書館蔵の文化六年［一八〇九］刊の合巻『化物尽』（外題は後の墨書による）も、『怪談深山桜』と同じものである。ただし、四巻の一部と五巻目を欠いている。

『化物見越松』『信有奇怪会』は、どちらもストーリー性を重んじる化物尽くしである。両作品とも、十返舎一九画作である。しかし、ストーリーそのものは内容が異なる。つまり、『化物見越松』は、人間として生まれた化物がどうやって本物の化物になれるのかというストーリーであり、『信有奇怪会』は、坂田金平と対立する化物たちの失敗談である。そもそも前編と続編とに位置づけられる『今昔化物親玉』と『化物世櫃鉢木』とは異なるし、短編集の特徴がある『御存之化物』と『変化物春遊』ともまた違う。関係のない二つのストーリーを無理に合成することによって、一貫性がない合成本になりかねない。『怪談深山桜』の制作者は、合成本の一貫性に関して、気にしていなかったのだろうか。それとも、何らかの工夫によって、一貫性を求めていたのだろうか。

まず、繋ぎ目の新しい二つの半丁と最後の新しい一巻を詳しく検討してみよう。これについて、棚橋正博氏は次のように述べている。

十一丁オモテ（元一オ）と二十丁ウラ（元十ウ）は他書（作品名不知）より半丁ずつを拉し来って改竄する。最後の五巻目一巻分については作品名未詳。このためにわざわざ一巻五丁分を誂えたとは思われず、他作品の流用と推せられる（十一オと二十ウも同作品の一部であった可能性もある）。[29]

つまり、『怪談深山桜』の新しい部分は、合成本のためにわざわざ誂えたものではなく、別の黄表紙から取ったものだと、棚橋氏が推定しているが、この別の本の存在を確認できない。しかし、本来関係のない二つの話をスムーズに繋ぐために、新しく誂えたことも充分考えられる。新しい半丁の内容を詳しくみることによって、その関連性が明らかになるのである。

まず、『化物見越松』の最後の十丁裏を見てみよう。

桃《もゝ》太郎は五位鷺《ごいさぎ》の世話《せわ》にて首《くび》が長《なが》くなりければ、これより見越入道《みこしにうどう》となり、久《ひさ》しぶりにて父《ちゝ》のもゝんぐはアに会《あ》いければ、もゝんぐわア、大きに喜《よろこ》び、「我《われ》かりそめの疑《うたが》いより、母親《はゝおや》ともに、年月苦労《としつきくろふ》をさせしこと、不憫《ふびん》也。かゝる生《お》い先《さき》を見《み》る上《うへ》は、我《わ》が跡式譲《あとしきゆづ》り与《あた》ふべし」と、化《ば》けようの伝授《でんじゅ》をことぐ〵く教《おし》へ、ゆく末長《すへなが》く栄《さか》へける。

ももんがあ「化物《ばけもの》の草紙《そうし》といへば、とかくお子様方《こさまがた》がご贔屓《ひいき》になされてくださるから、お子様方《こさまがた》へは構《かま》わぬがよい。そして生酔《なまよ》いを脅《おど》すと、素破抜《すっぱぬ》きをするから、気《き》をつけたがいゝ。とかく人間《にんげん》ほど怖《こわ》いものはねへよ」

見越入道「めでたい〳〵」一九作・自画　（図13）

絵では、親子の再会が描かれている。ももんがあが化け方の伝授を読んでおり、見越入道になった桃太郎が、長い首を下げている。話をめでたく完成させるのは、黄表紙にふさわしい終わり方だともいえよう。

次に『信有奇怪会』の最初の半丁を見てみよう。

化物《ばけもの》の交《まじは》り、頼《たのみ》ある中《なか》の酒宴《しゆゑん》の席《せき》。人を見越《みこ》しは座頭株《ざがしらかぶ》。猫股《ねこまた》が三弦《さみせん》かじ

図13『化物見越松』国立国会図書館蔵

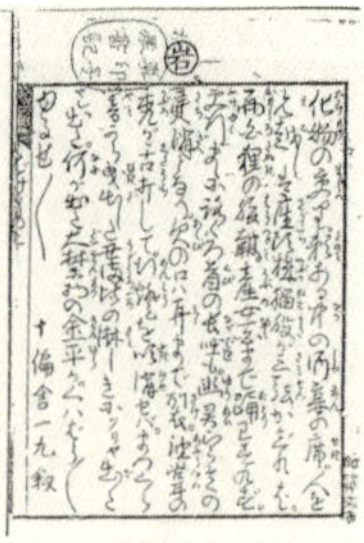

図14『信有奇怪会』東京都立中央図書館加賀文庫蔵

図15『怪談深山桜』東京都立中央図書館加賀文庫蔵

れば、面白狸《おもしろたぬき》の腹鼓《はらつゞみ》、産女《うぶめ》百《ひやく》まで踊《おどり》わすれず。更行《ふけゆく》まゝにろくろ首《くび》の長《なが》咄《ばなし》も、幽霊《ゆうれい》らうそくの建消《たちぎへ》となり、欠《あくび》の口は耳《みゝ》まで裂《さけ》、油嘗《あぶらなめ》の禿《かぶろ》が舌打《したうち》して、行灯《あんどう》を吹消《ふきけせ》ば、まつくら闇《やみ》から曳出《ひきだ》した丑満比《うしみつごろ》の淋《さみ》しきにソリヤ出《で》たヤレ出た、何《なに》が出た大禁物《だいきんもつ》の金平《きんぴら》か。くはばら〳〵ゆるせ〳〵。

十偏舎一九叙　（漢字や振仮名は原文のまま）（図14）

黄表紙によく見られる典型的な序である。つまり、絵がなく、文章には漢字が多く使われている。言葉遊びが多い文章に、作者の工夫が見られる。『化物見越松』と『信有奇怪会』を繋ぐために、合成本では、『信有奇怪会』の最初のこの半丁の序の代わりに、次の半丁が入れ替わっている。

さても見越《みこし》入道は化《ば》けようの伝授《でんじゆ》こと〴〵く許《ゆる》され、いよ〳〵仲間《なかま》の用《もち》いもよく、ことにこの手合《てやい》の総《そう》お頭《かしら》となり、もつぱら化《ば》け道《どう》を励《はげ》みければ、国々《くに〴〵》の化物《ばけもの》共おい〳〵に馳《は》せ集《あつ》まり、見越《みこし》が手下《てした》となりける。この頃《ごろ》は野《の》も山も一面《いちめん》に生臭《なまぐさ》き風《かぜ》吹《ふ》きけるも、皆《みな》いろ〳〵の化物《ばけもの》、馳《は》せ集《あつ》まると見へたり。

「こふしたところは芝居《しばい》の羅漢《らかん》といふ見《み》へだ」

「よい〳〵わい〳〵」（図15）

絵は特定できない数人の化物の集まりの場面になっているが、文は明らかに『化物見越松』の最後の場面と繋がっている。『化物見越松』のももんがあが見越入道に「化《ば》けようの伝授《でんじゆ》をこと〴〵く教《おし》へ」るというくだりに対し、『信有奇怪会』の新しい半丁では、「見越《みこし》入道は化《ば》けようの伝授《でんじゆ》こと〴〵く許《ゆる》され」て、話が始まる。『化物見越松』では、桃太郎が化物たちのお頭・見越入道になるまでのいきさつが書かれており、書き直された『信有奇怪会』では、頭になったばかりの見越入道は金平と対立する。しかも、両方の作品で、見越入道の恋人がろくろ首となっており、ろくろ首の父親が三つ目入道となっている。

『信有奇怪会』では、金平の贋物の首を拵えて化物たちを騙した三つ目入道のたくらみがばれるところで話が終わる。最後の十丁裏は次のようである。

坂田金平《さかたのきんぴら》が勇力《ゆうりき》に恐《おそ》れ、化物《ばけもの》共残《のこ》らず箱根《はこね》の先《さき》へ引《ひ》き越《こ》しければ、頼光《らいかう》、金平《きんぴら》を召《め》して、御褒美《ほうび》あまた下《くだ》され、御加増《かぞう》のうへにいろ〳〵の引《ひ》き出物《でもの》、金銀米銭山《きんぐべいせんやま》をなし、酒《さけ》の泉《いづみ》をたゝへつゝ、めでたき春《はる》を迎《むか》へけるぞ、めでたし〳〵〳〵。

金平「化物《ばけもの》どもは追《お》い払《はら》つたが、まだ鬼《おに》めらがまごついているだろふ。こいつらも、西《にし》の海《うみ》へ一絡《ひとからげ》にしてさらり〳〵」一九画作（図16）

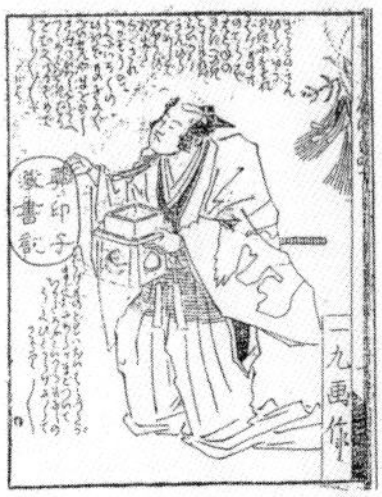

図16『信有奇怪会』東京都立中央図書館加賀文庫蔵

絵では、金平のお正月の挨拶が描かれている。化物たちを箱根の先に追い出し、めでたく春を迎えるという化物尽くしの典型的な終わり方でもある。しかし、合成本では、この半丁の代わりに次の半丁が用意されている。

三つ目入道《みめにうどう》は贋首《にせくび》のもくろみあらわれ、仲間《なかま》の手合《てやい》に大きにへこまされ、そのうへ仲間《なかま》をはぶかれ、一人箱根《ひとりはこね》の先《さき》へ追《お》い払《はら》われる。

三つ目入道「どふでこんな事にならふと思《おも》つたと言《い》ふも、久しいせりふだ。いま〱しい」
提灯《てうちん》の化物《ばけもの》、いま〱ではおはい〱にて、供《とも》をして歩《ある》きしが、とんだ現金《げんきん》なやつにて大きに笑《わら》ふ。（図17）

図17『怪談深山桜』東京都立中央図書館加賀文庫蔵

絵では、裸の三つ目入道と提灯が逃げている場面が描かれている。これも、明らかに『信有奇怪会』の贋首の話と繋がっている。しかし、元の半丁のように、化物たちが全員箱根の先に追い払われるのではなく、新しい半丁では、化物たちに面目のない三つ目入道だけが追い払われることになっている。そうすることによって、金平と化物たちとの対立がまだ解決されておらず、話の続きを書くことが可能になる。『怪談深山桜』の新しい五巻目の内容はどうなっているのか。簡単にまとめてみると、次のようになる。

二十一丁表　見越入道とほかの化物たちが金平のことについて相談する。三つ目入道の内儀は金平を「金平牛蒡」と勘違いする。

二十一丁裏・二十二丁表　見越入道が金平の金棒を盗もうとするが、まごまごしている間に、金平に捕まえられる。ことわざ「金比羅様に泥棒」（まごまごするさまの譬え）を「金平」にかけている。

二十二丁裏・二十三丁表　夜鷹の化物が二人の強敵を脅かそうとするが、失敗する。

二十三丁裏・二十四丁表　金平に捕まえられた見越入道が、源頼光の前で化けるように命令される。精進の日だから、生臭くない豆腐小僧に化ける。

二十四丁裏・二十五丁表　色々化けて、頼光の機嫌を取った見越入道は、ご褒美として命を助けられる。その代わりに、化物たちが皆箱根の先に引っ越すことになる。

箱根の先に引っ越した見越入道がめでたく春を迎える。[30]

二十五丁裏

二十五丁表には、「この草紙《そうし》は咄本《はなしぼん》か何《なに》か分《わ》からねへ。これもどふか理屈《りくつ》のあることかしらん」と書いている。つまり、この最後の五巻目は、ストーリー性が乏しく、咄本体裁になっていることを、作家の一九自身が認識しているようだ。しかし、咄本体裁でありながら、『信有奇怪会』との関連性をもつ上で、筋が通る五丁だともいえよう。五巻目の最初の二十一丁表を見てみよう。

化物手合《ばけものでやい》はとかく坂田金平《さかたのきんぴら》にけちをつけられければ、何とぞして金平《ぴら》を打《ぶ》つ締《ち》める相談《そうだん》をせんと寄《よ》り集《あつ》まりけるに、山姥《うば》の化物《ばけもの》、この相談《そうだん》を聞《き》き、「さて〳〵お前方《めへがた》は何を相談《そうだん》かと思《おも》へば御大層《ごてへそう》らしい。わしは歯《は》はなくても、金平《きんぴら》ぐらいはじきにがり〳〵と呑《の》んでしまいます」と言《い》ふゆへ、皆々《みな〳〵》肝《きも》を潰《つぶ》し、「さすがは三つ目入道殿《どの》のお内儀《ないぎ》だ。どふぞその金平《きんぴら》を呑《の》んで下せへ」と頼《たの》めば、「心得《こころへ》た」と立《た》つて行ゆへ、皆々《みな〳〵》合点《がてん》ゆかず、後《あと》から行て見れば、牛蒡《ごぼう》の煎《い》りつけの事だそふな。（図18）

図18『怪談深山桜』東京都立中央図書館加賀文庫蔵

面白いのは、一人で箱根の先に追い出された三つ目入道の代わりに、三つ目入道の女房・山姥が登場する。『信有奇怪会』にも、三つ目入道の女房が二回登場する場面があるが、描き方が五巻目の場面と違う（図19）。むしろ、『信有奇怪会』の別の場面で登場する化物が、この山姥とそっくりである（図20）。しかし、『信有奇怪会』では、台詞として「金平牛蒡《きんぴらごぼう》ならい、が、生《い》きた金平《きんぴら》わ気《き》がナイ」と

図19『信有奇怪会』東京都立中央図書館加賀文庫蔵

図20『信有奇怪会』東京都立中央図書館加賀文庫蔵

あり、五巻目の場面との関連性を見いだすことができる。

元の二点の黄表紙と『怪談深山桜』の合成本の絵題簽を見てみよう。（図21）『化物見越松』の絵題簽（下）では、見越入道が描かれているが、特定できる場面はない。『信有奇怪会』（上）は迷子になったろくろ首を捜している化物（一丁裏・二丁表の場面）が描かれている。（下）は見越入道と金平が描かれているが、これも特定できる場面はない。

合成本では、絵題簽の二巻から五巻までが残っている。

二巻　桃太郎と五位鷺（『化物見越松』の下巻からの場面）

三巻　坂田金平（特定できない、『信有奇怪会』の上巻からか）

四巻　夜鷹の化物（『怪談深山桜』の五巻からの場面）

五巻　引っ越している見越入道（『怪談深山桜』の五巻からの場面）

いずれも、合成本のために、新しく拵えた絵だと思われるが、若干元の黄表紙のストーリーを意識して描かれているともいえる。しかし、四巻目の絵題簽は、明らかに『信有奇怪会』ではなく、新しく付け加えられた五巻目から取った場面になっているのである。

合成本『怪談深山桜』の構造を考察する上では、問題点が二つあると考えられる。まず、なぜ合成本の作品の順序が、元の黄表紙の刊年の順序と逆になっているのか。そして、『化物見越松』を書いた時点で、すでに『信有奇怪会』との合成本を考えていたかどうかという問題である。

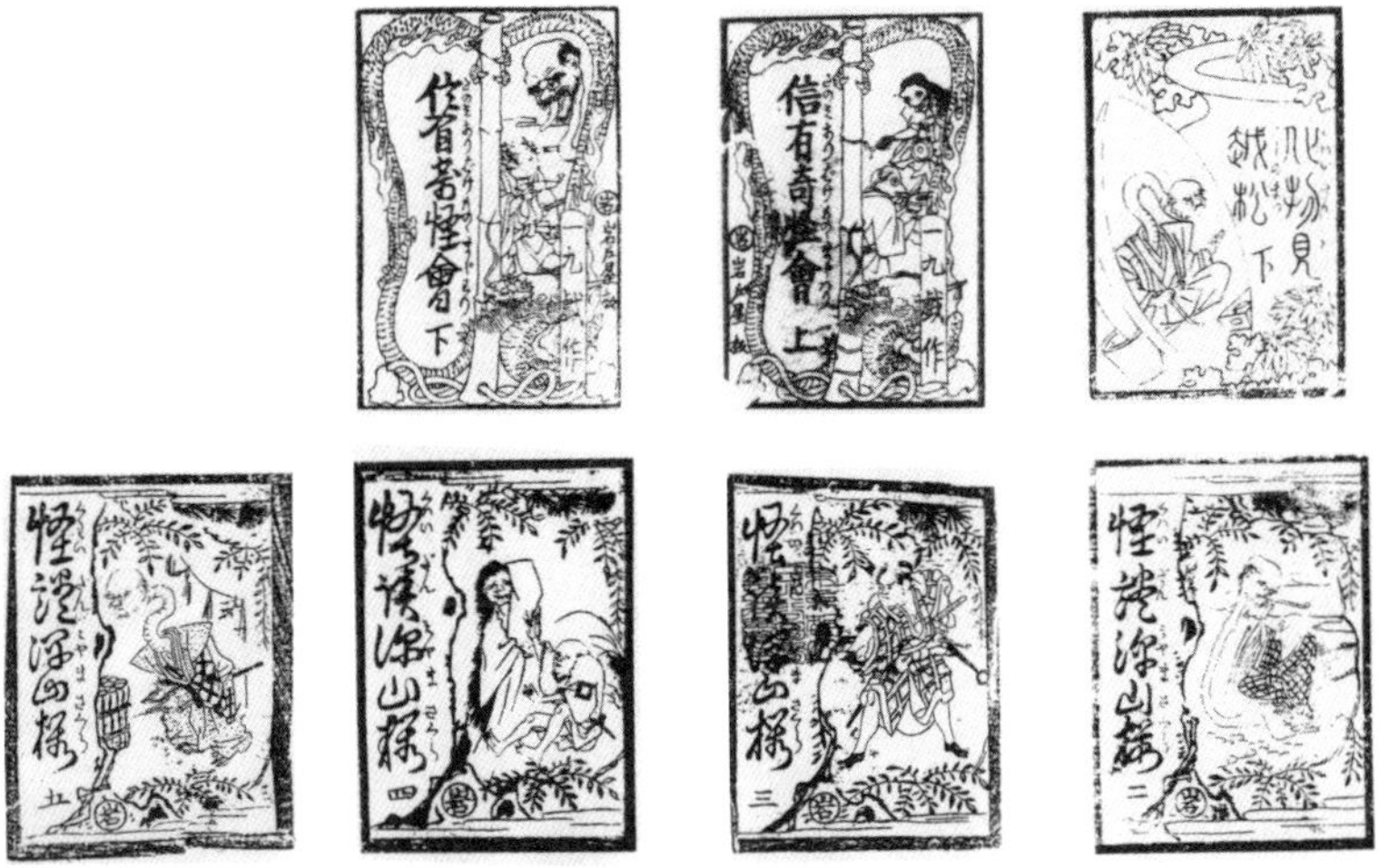

図21　『怪談深山桜』・『化物見越松』・『信有奇怪会』・『怪談深山桜』の絵題簽

ストーリーの流れがスムーズになるために、作品の順序を逆にしたのではないか。先に刊行された『信有奇怪会』は見越入道の恋人・ろくろ首の死と三つ目入道の失敗で終わる。続編を書くというよりも、見越入道とろくろ首がどのような経緯で一緒になったのかという前編を書けば、繋がりやすいだろう。現代においても、人気のある映画の続編の内容が、過去を描く話（プリクエル）となっている場合も多い。そう考えると、『化物見越松』を書いた時点で、作者がすでに合成本を意識していたと充分想像できるのである。

この二つの作品の間に一つだけ辻妻の合わないところがある。『信有奇怪会』では、ろくろ首の足が珍しく獣の足となっている（図22）。しかし、『化物見越松』では、ろくろ首は長い首だけが化物の特徴となっており、あとは人間の美人と同じである。だから、首を伸ばせないと、人間と同じ姿になっており、化物たちの笑いぐさになる。つまり、『化物見越松』の設定では、獣の足がついているろくろ首は都合が悪いのだ。『化物見越松』ではろくろ首が描かれている絵は四点あるが、いずれの場合でも、足が見えないように描かれている（例えば、図23参照）。もちろん、ただの偶然だという可能性が高いが、一

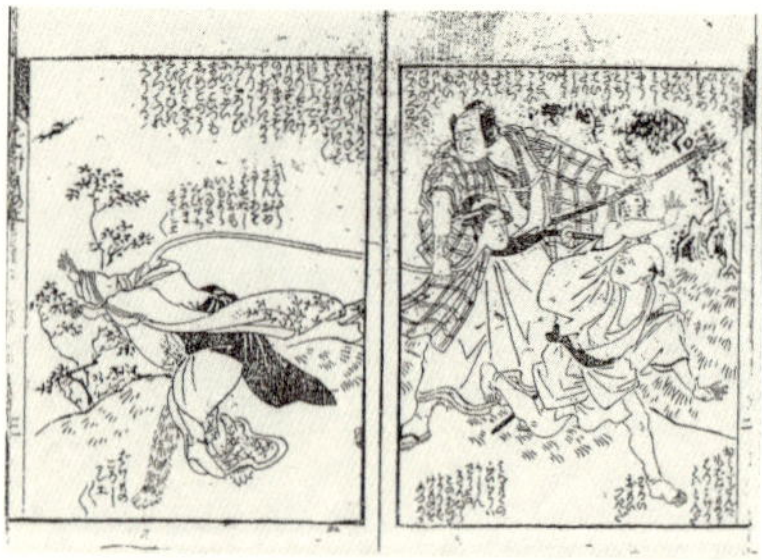

図22『信有奇怪会』東京都立中央図書館加賀文庫蔵

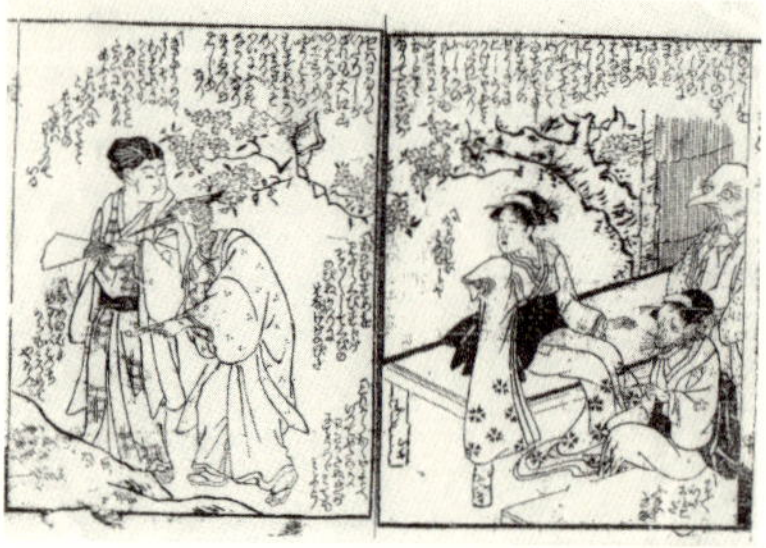

図23『化物見越松』国立国会図書館蔵

九が『信有奇怪会』のろくろ首に合わせながら、『化物見越松』の設定を裏切らないために、意図的に足を描かなかったのかもしれない。

『信有奇怪会』『化物見越松』はそれぞれ独自の話として完成度が高いことを忘れてはいけない。その意味では、『今昔化物親玉』『化物世櫃鉢木』の合成本のように、二つの黄表紙を合成することによって初めて完成された作品が生まれる過程とは大きく異なっている。先に書かれた『信有奇怪会』は金平の化物退治談であり、化物たちが挫けてしまい、箱根の先に追い出されるところで話が完結する。『化物見越松』は化物の世界が人間の世界の裏返しになっている趣向で笑いを狙っており、人間として生まれた化物が、いよいよ化物になりきって親の跡継ぎができるところで話が終わる。作品の順序を逆にして、繋ぎ目を書き直すことによって、『化物見越松』(化物の出世談)プラス『信有奇怪会』(化物の退治談)プラス新しい五巻目(化物の退治談)という、ある程度の一貫性を持つ二十五丁に及ぶ作品に仕上げている。言い換えると、ストーリー性を重んじる独自の二つの黄表紙が、ちょっとした作り直しによって、違和感のない長編小説に生まれ変わるのである。板元にとって、賢い作戦であることは言うまでもない。

終わりに

化物尽くしの黄表紙は十丁ないし十五丁という短い形式に合っている。にもかかわらず、本論で見てきたように、化物尽くしの黄表紙の合成本として、二十五丁に及ぶものの例をいくつか挙げることができる。『今昔化物親玉』と『化物世櫃鉢木』という最も古い例の合成本は天明二年頃に刊行されたと推定できる。つまり、黄表紙のやや早い時期に一貫性の高い化物尽くしの合成本が世に出されたのである。

合成本の目的は何だろうか。作品に新しい題名や絵題簽を付ける工夫によって、内容が変わらなくても、形の違う「新製品」が改めて発売されることになる。当然だが、全く新しい作品を作る苦労と比べると、手間や費用がかからない本作りである。化物尽くしの合成本を詳細に見ることによって、商品としての黄表紙の本質が明確になってくるのである。

そして読者の側を考えると、同じものだと気づかないままで、改めて買う場合があっただろう。あるいは、内容が同じだと分かっても、好きな話ならば、題名や絵題簽が違うという理由だけで、もう一度買う場合があったのかもしれない。その意味では、最初から売れなかった黄表紙を合成本にする場合が少ないと考えられる。合成本は、化物尽くしの黄表紙の安定した人気を語っているようにみえる。

それにしても、作者や板元がどのような意図で合成本を作っていたのだろうか。ただ「いい加減な気持ち」で化物が登場する作品を無理矢理に繋いでいたのか。それとも、一貫性をもつ合成本を狙っていたのか。本論で見てきた三つの事例の合成本の形式と内容はそれぞれ違うが、一貫性を持たせようとする工夫が共通している。『化物一代記』の元のストーリーがすでに前編・続編となっており、続編では前編を意識させる部分が数カ所あるので、すんなりと合成本となる。短編小説（噺本）形式の『御存之化物』は、そもそも合成本になりやすい形式である。しかも、前編の最後の挨拶と続編の最初の挨拶を、あらかじめ書かないことによって、繋がりやすい作品が出来上がっているとも指摘できる。そもそも完成度が高い『信有奇怪会』と『化物見越松』の場合でも、繋ぎ目の半丁だけを書き直すことによって、ある程度一貫性を持たせる合成本になっている。どの段階で板元が合成本を考え出したのかは定かではないが、いずれの場合でも、辻褄が合う作品を作るもくろみがあったのは間違いないだろう。

　一貫性を持つ二十五丁の合成本。化物尽くしの黄表紙の合成本は、意外にも合巻の発想を先取りしているように思われるのである。

注

1 「合成本」「合成改題本」という名称は棚橋正博氏の『黄表紙総覧』による。
2 棚橋正博『黄表紙総覧』前編（昭和六一年、青裳堂書店）三〇六〜七頁。
3 同右、三〇九頁。
4 鬼娘については拙著『大江戸化物細見』（平成十二年、小学館）『ももんがあ対見越入道』（平成十八年、講談社）参照。
5 『今昔化物親玉』の翻刻は拙著『大江戸化物細見』（平成十二年、小学館）に収録されている。
6 慶応本は題簽が手書きで、絵題簽を模したものが貼付されている。
7 『化物世櫃鉢木』の翻刻は拙著『大江戸化物細見』（平成十二年、小学館）に収録されている。
8 翻刻は東京都立中央図書館蔵本より。
9 南畝の引用は元の文章（「やれ〳〵。お前《まへ》がそのやうに大《おお》きくならしやつたを見《み》ては、わしらはよく人間《げん》にも化《ば》けませぬ」）と若干違う。南畝が特におかしいと思った箇所が意味不明である。
10 出典が『宿直草』（荻田安静編著、延宝五年［一六七七］刊）巻一の一。元の文は「南池の鯉魚」「西竹林の一足の鶏」「北山の古狸」。インテリの南畝が面白いと思った捩りは、今の読者にとっては、むしろ分かりづらい。
11 前掲『黄表紙総覧』前編、三〇八頁。
12 『名高江戸紫』の絵題簽には二種類がある。一つは天明二年間の岩戸屋の意匠（竹笹の模様、一・二・三・四巻）であり、もう一つは『化物世櫃鉢木』と同じである（二巻のみ、図1参照）。棚橋正博『黄表紙総覧』図録編（平成一五年、青裳堂書店）一七四～五頁参照。
13 おそらく『国書総目録』の情報は『書目年表』や他の年表によるだろう。前掲『黄表紙総覧』前編、三〇七頁参照。
14 前掲『黄表紙総覧』前編、三〇七～八頁参照。
15 彫り直された絵題簽では、化物たちが少し丸く描かれており、愛嬌が感じられる。
16 十返舎一九画作の黄表紙『化物見越松』（寛政九年［一七九七］刊）ではこの完結したストーリーが十丁もので見られる。
17 本書の中では、作者・絵師の名前が記入されていない。「桜川慈悲成作・歌川豊国画」とするのは年表類の記載による。本書と合成とした『変化物春遊』は明らかに慈悲成作・豊国画となっているので、本書も、慈悲成作・豊国画と考えられるが、棚橋正博氏は疑問を持つ（『黄表紙総覧』中編、二五九頁参照）。しかし、本書の絵と文を『変化物春遊』の絵と文と比べてみると、著しい共通性が見られる。さらに、慈悲成作・豊国画の化物尽くしの黄表紙『大昔化物双紙』（寛政七年［一七九五］刊、和泉屋板）との共通性も指摘できる。従って、本書の作者・絵師が慈悲成・豊国であることは、ほぼ間違いないだろう。
18 笑いが全く見当たらないわけではない。例えば、普通の女を雪女だと勘違いした話。しかし、野暮な化物が大通の真似をして失敗するという典型的な化物尽くしの黄表紙のユーモアが見当たらない。
19 近藤瑞木氏は、『御存之化物』九丁裏・十丁表の場面や十一丁裏～十二丁表の場面の典拠は浮世草子『怪談御伽桜』だと指摘している。「滑稽怪談の潮流」（東京都立大学人文学部『人文学報』第四〇二号、平成二〇年）参照。
20 元の黄表紙『御存之化物』と合成本『御存之化物』を区別するため、元の黄表紙を「『御存之化物』」と表記し、『御存之化物』と『変化物春遊』の合成本を「合成本『御存之化物』」と表記する。
21 『変化物春遊』の下巻の絵題簽は、大入道の目が三つになっているが、元の絵では、目が二つである。『御存之化物』の上巻の三つ目入道と合わせているのだろうか。
22 柱刻にも変更がない。
23 朝倉無声『見世物研究』（昭和三年、春陽堂）一八三頁。無声によると、蝙蝠の軽業の見世物は両国ではなく、葺屋町となっている。
24 「『どういうもんだ』との問いかけに対して『こういうもんだ』と答えるべきを、広徳寺の門と言いはぐらかすしゃれ」

（『江戸語大辞典』）。ここでは、「広徳寺の門」を化物の「ももんぢい」にかけている。
25 子供の遊びの一種。布で目を覆った鬼がほかの子供たちを追いかける。
26 『信有奇怪会』の翻刻は拙著『江戸化物草紙』（平成一一年、小学館）に収録されている。
27 『化物見越松』の翻刻は拙稿「化物尽の黄表紙の翻刻と考察（その一）」（『武蔵大学人文学会雑誌』第二十八巻第一号、平成八年）に収録されている。
28 前掲『黄表紙総覧』中編、五七九頁参照。
29 同右。
30 この五巻目の翻刻は拙稿「化物尽の黄表紙の翻刻と考察（その三）」（『武蔵大学人文学会雑誌』第二十九巻第三・四号、平成一〇年）に収録されている。

お菊虫伝承の成立と伝播

今井秀和

一　霊虫としての蝶

虫を霊的な存在、また人間の魂として捉える文化は、世界中に広く見られる。中でも蝶に関しては、洋の東西を問わず様々な神話・伝承が存在する。そこには、蛹《さなぎ》を経て「醜」から「美」へと劇的な変化を遂げる、その生物としての特異な生態も大いに関係するものと思われる。

例えばギリシア神話に登場する人間の美女プシュケは、そのあまりの美しさから女神アプロディテ（ウェヌス）の不興を買い、冥府へ赴くこととなる。そこで禁断の箱を開けたプシュケは、醒めることのない眠りにつき、生ける屍となってしまう。しかしアプロディテの息子にしてプシュケの恋人であるエロス（クピド）に助けられ、ついには永遠の命を得るに至る。[1]

一見すると、この話には蝶が関わってこないように見える。しかし、実はプシュケ（psyche）という言葉自体がギリシア語で蝶を指す単語であり、後世の絵画でも美女プシュケは、背中に蝶の翅を生やした姿で描かれる。これは、のちに量産されるフェアリー（妖精）図像の先駆けともなる。そして後で述べるように、プシュケの遍歴には蝶の成長プロセスが投影されているのである。

　プシュケという言葉は「蝶」だけでなく「霊魂」をも指し、この語自体が蝶に託された霊的なイメージを体現している。この、ギリシア語psyche（プシュケ＝霊魂、精神）は、英語の接頭語psycho-（サイコ＝霊魂、精神）の語源でもある（例：psychology＝心理学）。ほかの多くの文化と同じく、古代ギリシアでも蝶を死者の霊魂と見なしていたことが、この言葉の成立に深く関係していると思われる。

　日本の蚕影《こかげ》神社（茨城県、筑波山）などに伝わる養蚕伝承では、天竺のとある国の王女「金色姫」が、継母から度重なる迫害を受ける。父王は金色姫を救うために、姫をうつぼ船に載せて海へと流す。姫は常陸の漁師夫婦に拾われるが、病をこじらせて死んでしまう。嘆く漁師が姫を唐(から)櫃(びつ)に入れると、やがてその中で姫は蚕《かいこ》に姿を変えた。これが養蚕の始まりであるという（版本『蚕影山略縁起』、『富士山の本地』の内「常陸国筑波権現之事」、『庭訓往来抄』の内「蚕養」、『養蚕秘録』上、写本『戒言』など）。

　プシュケ・金色姫ともに若い女性が蝶蛾に擬せられており（蚕はカイコガの幼虫）、蛹化《ようか》の暗喩としての〈眠り／うつぼ舟や唐櫃〉を経て、それぞれ〈永遠の命を持つ存在／蚕〉へと変身を遂げる。これらの物語からは、蛹化に託した死と、変態に託した再生のイメージが読み取れる。もっとも金色姫の場合、蛾の成虫になってしまっては養蚕の縁起としにくいため（当然だが成虫から絹は採れない）、繭を作る前の段階である幼虫に変身している。周知の事実であろうが念のために書いておくと、絹糸（シルク）の原材料である繭《まゆ》の中には、カイコの蛹が入っている。それを繭ごと茹でて中の蛹を殺してから、絹糸を紡ぎ出すのである。

　また『日本書紀』巻第二十四、皇極天皇三年七月の条には、アゲハ類の幼虫と見られる「常世《とこよ》の虫」を神と崇める新興宗教の流行と、秦河勝《はたのかわかつ》によるその粛清が描かれる。ここには「巫覡等、遂《つひ》に詐《あざむ》きて神語《かむこと》に託《の》せて曰く、「常世の神（常世の虫のこと：引用者注）を祭らば、貧《まづ》しき人は富を致し、老《お》いたる人は還《かへ》りて少《わか》ゆ」といふ」[2]とあるが、この「老いたる人は還りて少ゆ」にも、見る者をして復活を思わしめる蝶の「変態」が関係しているのだろう。

このように蝶は古くから霊虫とされてきたが、プシュケや金色姫の例を見ても分かるように、多くの場合、物語の中での「蛹」の期間は、変身を遂げる際の経過として認識されるに過ぎない。しかし江戸に流行った「お菊虫」や「ジョウゲンムシ」（常元虫・浄元虫などと表記するが、本稿では「ジョウゲンムシ」に統一）に関して言えば、これは蛹そのものが物語の母体となっている。珍奇なる蛹の形態を元にして物語が発生した、幾分特殊な例と言えよう。本稿ではこの「お菊虫」を主眼に据えて、江戸の世間話（噂話）成立の背景に迫る。また、その世間話が伝承として認識され、さらには各地へと伝播していく様を追いかけていく。

二　お菊虫について

お菊虫とは、芝居『番町皿屋敷』などで有名な、主君に折檻されて殺された下女「お菊」の怨念が変じたとされる虫である。筆者はかつて、拙稿「お菊虫について」（以下「前稿」と表記）において、お菊虫に関する様々な情報を収集・整理した。[3] その要点をまとめると、次のようになる。

お菊虫は、寛政七年（一七九五）に姫路で発生したとされる記録が最も有名であるが、同年に尼ヶ崎・大坂でも発生していたことが記録に残っている。お菊虫騒動は一般の人々だけでなく、当時の知識人たちの好奇心もいたく刺激したようで、次にあげるような錚々たる顔ぶれがその記録を残している（カッコ内はお菊虫の記録が載る著）。暁鐘成（『雲錦随筆』）、濱松歌國（『摂陽奇観』）、根岸鎮衛（『耳嚢』）、津村淙庵（『譚海』）、太田南畝（『石楠堂随筆』）、西澤一鳳（『伝奇作書』『皇都午睡』）。

前稿では、これら姫路・尼ヶ崎・大坂の三ヶ所で発生したお菊虫の外観的特徴を吟味した。その上で、寛政七年のお菊虫に限って言えば、これがジャコウアゲハの蛹に間違いないであろうと結論付けた（補足：『譚海』におけるお菊虫の外観はジャコウアゲハ蛹の特徴を備えるが、逆さまにぶら下がっていたという点に関しては他の蝶類の特徴を示している可能性がある。このようにお菊虫の記録に関しては、伝聞を経て様々な虫類の特徴がごちゃ混ぜになっている場合が多いが、その中心にあるのはジャコウアゲハ蛹の外観的特徴である）。

また、日本において怨念が虫と化した場合、必ずと言っていいほどそれらは虫害を及ぼしているが（実盛虫など）、寛政七年のお菊虫は虫害を及ぼしていない。実盛虫などは虫害への説明として発想されたため、イナゴやウンカなどの害虫をその本体としているのだが、お菊虫はこれらとは異なり、縛られた人間を思わせるジャコウアゲハ蛹の形態から、お菊の怨念に結びつけられたのである。しかもジャコウアゲハは一生を通じて農作物に虫害を及ぼさないため、怨霊譚ではあってもそこには虫害が関わってこないのである。

お菊虫に関して、江戸の物産家はこれを『爾雅』『異苑』などの中国文献に載る「縊女《いつじょ》」と同定（同種と判定）した。縊女とは、くくられた女の姿をした虫のことだという（補足：『爾雅』はこれを「蜆」（ミノムシか）とするが、縊女が実際にどの昆虫を指すのか、また特定の昆虫のみを指す名称なのかは不明である）。枝などから逆さにぶら下がる蝶の蛹（これを垂蛹という）は、逆さ吊りにされた人間の姿を連想させるから、縊女がこれを含む可能性は高い。またジャコウアゲハのように頭を上にし、尾部を固定して糸で胸の辺りを支える蝶の蛹（これを帯蛹という）も、柱などに縛り付けられた人間の姿を連想させるから、縊女はこれらをも包括するかもしれない。さらに言えば、帯蛹は必ずしも頭を上に向けているわけではない。野外の人工物に貼り付いて蛹化する場合、天井部分に逆さに貼り付く個体も珍しくないのである。かように縊女の概念ははっきりせず、したがって、物産家の「お菊虫＝縊女」説も、お菊虫の正体を具体的に示すものではなく、むしろ「お菊虫」発想の由来が縊女にあることを示すものとして捉えたほうがよい。

物産家が「縊女」を知っていたという事実は、逆に言えば次のようなことを示す。つまり、日中の文献に明るかった当時の知識人であれば、「縊女」の情報に容易にコンタクトすることができた。加えてお菊虫騒動は、なぜか三カ所の都市でほぼ同時期に発生している。具体的な仕組みこそ明らかでないものの、これらの事実は、お菊虫騒動発生の背景に知識人の文献知識、またそのネットワークが関与していたことを匂わせている。

お菊虫に類似する話としては、破戒僧の死後、その妄念が虫に変化を遂げたという「ジョウゲンムシ」がある。西村白鳥『煙霞綺談』では浄元虫、山崎美成『三養雑記』では常元虫と書かれるが、これらの記録を見る限り、ジョウゲンムシもジャコウアゲハ蛹をその本体とするようであり、お菊虫との間に強い関連性が認められる。

さらに前稿では、奈良に伝わるお菊虫の伝説についても触れた。寛政七年のお菊虫はジャコウアゲハをその本体としていたが、時代下ってこの話が奈良に伝播すると、お菊虫は大きくその姿を変えることとなる。前稿ではその特徴（川べりに出る・光る・櫛の形をしている）から、奈良のお菊虫はホタルの幼虫であろうと推測した（ゲンジボタル・ヘイケボタルは一生を通じて発光する）。

以上が前稿「お菊虫について」の要約（補足付き）であるが、そこでは、同じくジャコウアゲハの蛹をその本体とするらしきジョウゲンムシとお菊虫との関係や、なぜ寛政七年のお菊虫騒動が姫路・尼ヶ崎・大坂という土地で発生し得たのかなどの問題について、未消化のまま筆を置くこととなった。本稿ではこれらの問題を含めて、「お菊虫」なるものの成立の背景に、さらに深く迫ってみたい。その背景には当然のことながら、「お菊」自体の伝承が関わってくるはずである。

また寛政七年のお菊虫騒動以降も、お菊虫にまつわる話は語り継がれていく。前稿で触れた奈良のお菊虫のように、それらはときに形を変えて別の土地にも伝わることとなるのだが、本稿ではこれらお菊虫伝承の伝播と変容についても考えてみる。

三　小幡氏に伝わる「お菊」と「羊太夫」の伝承

皿屋敷の「お菊さん」にまつわる話は、日本人であれば誰しも一度は耳にしたことがあるだろう。そして、その物語の舞台が播州姫路（現在の兵庫県）・江戸番町の二ヶ所に大別されることも、ある程度は知られているだろう。しかし、お菊にまつわる伝承がそれら以外の土地にもあり、全国各地に散らばっていることは、あまり知られていない。播州に生まれ育った柳田國男はこの点に関し、次のように述べている。[4]

番町の皿屋敷、あれは私などのくにでは播州皿屋敷と謂ひ、現に井戸もありお菊蟲も居る。口拍子が似ているから作者があつて、番町の方へ捲き上げられたものと皆考へて居る。ところが同じ言ひ傳へは土佐の幡多郡にもあり又長州にもある。何れも六部か行脚僧が聴いて還つて、播磨にも江戸にも移植したに相違ないと土地ではいふ。さうすると関東方は頗る歩が悪いやうに思はれるが、何ぞ知らんや上州妙技山麓の小幡氏一族には、ちやんと足利時代からの同種口碑があつて、信州松代藩の小幡家を始め、此一門の移住先では多くその怨霊を祀つて居た

皿屋敷の伝承は東北から九州に至るまで全国各地に伝播しているが、これら日本中に伝わる皿屋敷伝承を歩いて集めた労作としては、伊藤篤『日本の皿屋敷伝説』があげられる。[5] しかし柳田が述べるように、そもそもお菊は足利時代（室町時代）から群馬県の小幡《おばた》氏に代々語り継がれる怨霊であった。そして、その時点でのお菊伝承に

皿は関わっていない。皿にまつわる話（主家に伝わる大切な皿を割った女が殺され、主家に祟る）は、伝播の途中でお菊伝承に組み込まれた別系統の物語なのである（これについて本稿では深入りしない）。

小幡氏に伝わるお菊伝承の話形はひとつではないが、小幡に奉公する「お菊」という名の女が主《あるじ》に残酷な殺され方をして、その怨霊が小幡に祟るという点は共通する。釋泰亮『上毛伝説雑記』（安永三年［一七七四］序）の「小幡伝説」や、本多亀三『群馬県北甘楽郡史』（のち『群馬県甘楽郡史』に改題）に載る話の概略は次のようである。国峰城主、小幡信貞の侍女に菊という美女があった。ある日菊が配膳した信貞の膳に針が混入しており（信貞の菊への寵愛を妬んだ朋輩の仕業という説もあり、また菊の失敗という説もある）、怒った信貞は菊を蛇責めの刑に処した上、宝積寺《ほうしゃくじ》裏山の池へと沈めた。菊の母はこれを知り、小幡に祟るよう菊の霊に祈る。その後、菊の祟りによって小幡は没落の一途を辿り、祟りを恐れた小幡家の者は宝積寺に菊とその家族（全て女）を祀り、五大姉と称した。

以上が小幡氏に伝わるお菊伝承の内、よく知られている話系のあらましである。ほかに佐藤雲外「菊女伝説の再検討」（『毛野』第五巻第三号）によって紹介された『菊女由来伝』（年代未詳、松雫亭なる人物による写本）に載る話系などもある。そこでの菊は、小幡図書之助と小幡信貞との間に起きた同族間抗争に巻き込まれ、図書之助に刺客の役目を負わされる。しかし信貞の愛情を感じて役目を実行できぬ内、督促の密書により計画は暴露。信貞の妻室に蛇責めにされ殺された菊は、怨霊と化して妻室を殺す。さらに、何度後妻を迎えても菊の怨霊に殺されたため、小幡家には正妻を置かぬこととなった。

いずれの話にせよお菊は小幡の人間に殺されて同家に祟るのであるが、小幡氏にとってのお菊は単に物語中の人物にとどまらず、その祟りを鎮めるため丁重に祀られる「氏神」のような存在であった。小幡氏の菩提寺は群馬県甘楽《かんら》郡甘楽町にある宝積寺であるが、ここにはお菊の墓が現存している。また宝積寺裏手の山中には、お菊が投げ込まれたという池もある。

安政五年（一八五八）には、信州松代藩士小幡龍蟄がその墓に添えて碑を建立し、またそれ以降、忍《おし》藩の小幡氏も同様に碑を建立している。信州小幡氏、忍小幡氏ともに、自分たちの遠祖が甘楽小幡氏にあると認識していたことが窺える。お菊とその母の墓は小幡氏歴代の墓とともに祀られており、小幡氏によるその扱いの丁重さが偲ばれるが、それは同時にお菊に対する小幡氏の恐れが切実なものであったことを示している。

そしてその恐れが、甘楽小幡氏滅亡後も小幡氏末流や元家臣など、小幡ゆかりの者が移動した先々にお菊の伝承を伝えることとなる（信州松代、加州金沢、江州彦根、播州姫路、武州忍（現在の行田）など）。しかしお菊の伝承はそのままの形を留めず、主家の皿を割る話など、ほかの伝承と結びついた上で、あたかもそれぞれの土地で発生したかの如き物語に作り変えられていく。その結果、柳田が述べるように各地の人々は己が伝承こそ皿屋敷の、そしてお菊怨霊譚の起源と認識するに至ったのである。

お菊伝承が関西に伝わったのも小幡氏ゆかりの者の移動によると考えられているが、先学によって明らかになったその動きを、全国的な歴史の流れとともに整理すると次のようになる。

天正一八年（一五九〇）、豊臣秀吉は「小田原攻め」を行って関東の後北条氏（小田原北条氏）らを倒し、全国統一を果たす。この際、徳川家康は秀吉方についたため、後北条氏旧領は家康に与えられた。一方、甘楽の国峰城主小幡信実《のぶざね》（信真）は後北条氏に服属していたため、甘楽における小幡氏は事実上滅亡することとなる。しかし信実は生き延びて、信州の真田昌幸のもとに身を寄せる。真田が松代藩に移る際もこれに従ったため、松代にお菊伝承が伝わることとなる。また信実の子、直之は家康の家臣となるが、江戸小幡氏の菩提寺は牛込にあった（江戸の皿屋敷伝承は、元々番町ではなく牛込を舞台としていた）。

小幡氏が小田原で秀吉勢と戦っていた頃、上野の小幡領を守っていたのは小幡彦三郎であった。しかしそこに前田利家の軍勢が攻めてきたため、彦三郎は利家に降伏する。その後彦三郎は加賀前田家に仕えて加賀小幡氏の初代となるが、加賀のお菊伝承はこの時に伝わったものと考えられる。

小田原攻めの後に家康から小幡氏旧領を譲り受けたのが、「家康四天王」のうちの一人、井伊直政である。その後、直政は彦根城主となるが、その際には群馬で小幡の家臣だった者を含む多くの武士を取り立てた。つまり、ここで小幡と彦根とが繋がるのである。取り立てられた武士の中には、小幡氏の家臣だった岡本半介なる人物もいたが、半介はのちに重要な役割を果たすことになる。

この後関ヶ原の合戦（一六〇〇年）が起こり、一六〇三年にはこの戦に勝ち残った徳川家康による江戸幕府が開府される。家康の長女亀姫の子、松平忠明《ただあきら》（家康の養子となり松平を称した）は、寛永一六年（一六三九）に播磨国姫路藩主となる。この時、井伊直政彦根入りの際に召し抱えられた岡本半介が仲介役を果たして、小幡修理《しゆり》が忠明に仕官することになる。こうして小幡と姫路が繋がるのであるが、修理以降も小幡は代々松平に仕え、九代目松平が忍藩に移った際にもこれに付き従う。こうして忍にもお菊伝承が伝わることとなる。

以上のような動きに関連して、彦根・姫路にお菊伝承が伝わったものと考えられているが、彦根・姫路にお菊伝承が伝わってから尼ヶ崎・大坂を含む関西圏内にその伝承が伝播するのには、さして時間はかからなかったものと思われる。そして時代を経るごとに、ほかの土地にもお菊伝承が伝わり、さらにそれぞれの土地に合わせた脚色が加わっていくのであるが、後世になれば、お菊伝承をもとに作られた芝居の筋書きが、伝承そのものにフィードバックしてくることとなる。

こうして、お菊虫発生の下地は整えられた。お菊伝承が伝わるこれらの土地にあっては、「この虫はお菊の怨霊が姿を変えたものだ」と言えば、誰でもその話の背景を想起できるようになっていたのである。

小幡氏と言えばほかに、群馬県各地を中心に伝わる羊太夫伝承との関わりも思い出される。羊太夫（ようだゆう・

ひつじだゆう）とは、古くは『神道集』（南北朝成立とされる）に書かれる伝説上の人物である。羊太夫のキャラクター形成には、多胡《たご》碑の碑文にある「羊」氏（渡来系の集団と考えられている）が関わっているとされる。多胡碑は日本三古碑のひとつで、今も甘楽郡吉井町に保存されている。羊太夫伝承は色々な形を以て伝えられるが、話によっては死後「蝶」に化す。群馬は養蚕の盛んな土地であり、羊太夫が蝶に変化を遂げる話形に関しては、そこに養蚕伝承としての性格を認めることが出来るかもしれない。

『神道集』巻第七ノ四十一「上野国勢多郡鎮守赤城大明神事」においての羊太夫は、群馬の地頭、伊香保太夫の家臣にして多胡庄に基盤を持つ足速の人物として書かれる。しかし下って寛保四年（一七四四）『上野国多胡郡八束山千手観音略縁起』などでは羊太夫が主人となり、足速という性格は「八束の小脛」なる従者（本によっては馬の名）に与えられている。「八束の小脛」を羊太夫の別名として用いる本もあるが、いずれにせよこの名前には、ツチグモと並んで上代のまつろわぬ民を指す言葉として用いられた「八束脛」が影響を与えている（八束脛の伝承は群馬県内にも散在する）。

注目すべきはこの書以降、羊太夫が多く「小幡羊太夫」の名をもって記されるようになる点である。おそらく近世に入って以降のことであろうが、羊太夫は小幡の祖という属性を付加されるようになるのである。さて、ここで羊太夫の伝承をとりあげたのは、そこに含まれる「小幡」と「蝶」というキーワードにからめて「お菊虫」を連想させようという、少々強引な意図にとどまらない。ジョウゲンムシを間に挟むことによって、羊太夫伝承とお菊虫伝承とは、看過できない共通点を示すのである。

四　ジョウゲンムシとお菊虫

前稿「お菊虫について」でも触れたように、お菊虫の形成との間に深い関係を持つと思われる「ジョウゲンムシ」なるものがある。西村白烏『煙霞綺談』（安永二年［一七七三］刊）においては浄元虫、山崎美成『三養雑記』（天保一一年［一八四〇］年三月跋）においては常元虫と表記されるが、悪党が剃髪して名乗ったものなので、読みは音読「ジョウゲン」である。従って本稿の表記も「ジョウゲンムシ」で統一する。

また膳所藩主の命を受けて寒川辰清が享保一九年（一七三四）に記した藩撰地誌『近江国《おうみのくに》與地《よち》志略《しりゃく》』巻之九十七「土産之部」にも、ジョウゲンムシに関する記述があるので、これを以下にあげる[6]。

○浄元虫　別保村大将軍と云田圃の傍、其邊の茶園に多是あり。其形僧の縛らる、體に似たり。髪の毛の如きものにて、首とおほしき所をくゝりて、茶の木の枝等にくゝり付てあり。前に箱の如きものを抱けるがごとし。数日を経て後の方ひらけ、黒色の蝶出去る。其からは蝉脱の如くなれり。土俗云。古別保村に浄元と云僧有。民家に入て箱を盗。土民其不律をにくみ、其箱を抱かしめ縛て土中に埋。彼が怨恨の念虫と化す。故に浄元虫といふと云り。嗚呼天地造化の廣大なる理をしらず、みだりに彼が怨念是が亡恨と云。常にみるをあやしまず、たまくみるを怪しむ。春夏秋冬の時をたがえず。日月星辰の空に明らかなる、目に見てしり、心におもふて口にいふ。皆是を怪しと見、不思議と見るは、怪敷ふしぎなるべし。天地の造化陰陽の理ふしぎにあらず。天地の間斯る氣化風化の事、許多もあるべし。怪む事なかれ

山崎美成『三養雑記』にはジョウゲンムシの詳細な解説が載るが、それを見る限りジョウゲンムシはジャコウアゲハの蛹を指すとしてよい（同書はジョウゲンムシとお菊虫も同じものとしている）。では『近江国與地志略』はどうか。「前に箱の如きものを抱けるがごとし」とあるのは、ジャコウアゲハ蛹の大きな特徴のひとつである、蛇腹

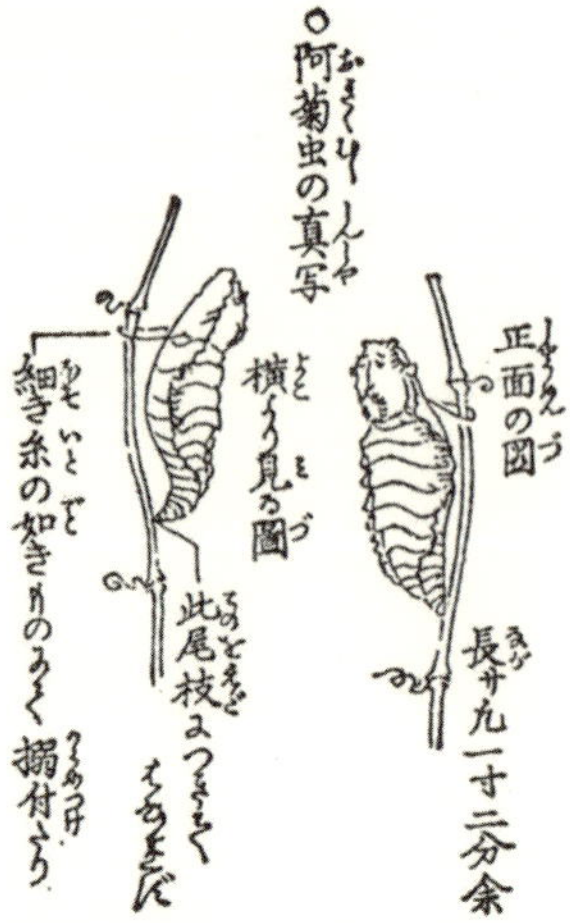

図２　お菊虫の図（『日本随筆大成』第一期第三巻「雲錦随筆」19頁（吉川弘文館、1975年４月））

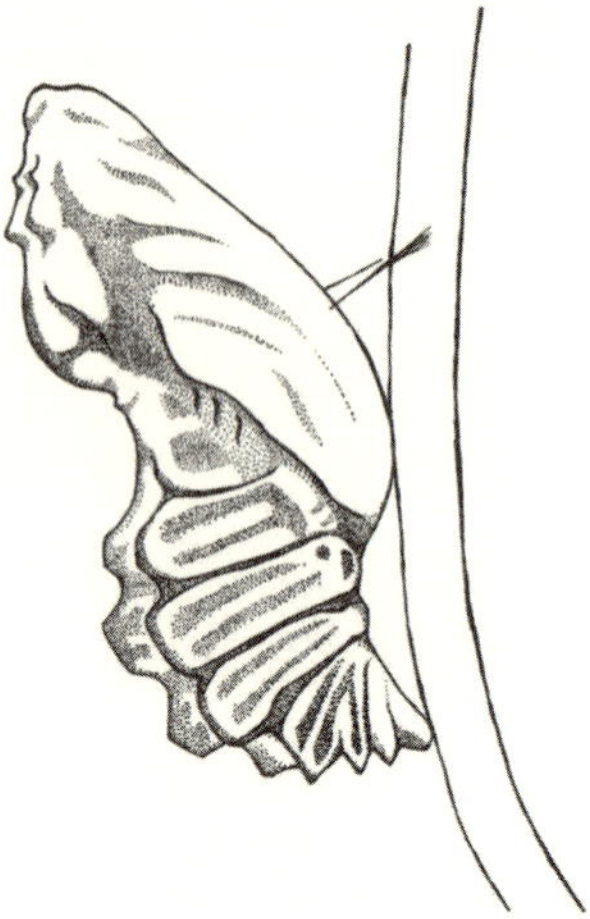

図１　ジャコウアゲハ蛹側面図（筆者作図）

状になった部分を指していると思われる。加えて「数日を経て後の方ひらけ、黒色の蝶出去る」とあるから、これもジャコウアゲハの蛹であると見て間違いないだろう（ジャコウアゲハ成虫のオスは黒、メスは褐色の翅を持つ）。

ジャコウアゲハの蛹は、横から見ると男性的な顔に見える（図１）。ジョウゲンムシにまつわる話はこの「横顔」に影響を受けたものかと思われる。『雲錦随筆』にあるお菊虫の挿絵はこの「横顔」を写したもので、したがってとても女性には見えない姿に描かれている（図２）。また、これは正面図にも横顔の印象が反映している。

一方、ジャコウアゲハ蛹を正面（生物として見た場合は背面に当たる）から見ると、櫛や島田髷、口紅に見立てられる部分が目立ち、いかにも女性的なシルエットとなる（図３）。『摂陽奇観』に貼られた図がこれに当たる（図４）。

またこれらの文献で、ジョウゲンムシが発生したとされるのは別保村であるが、この地名は現在も「滋賀県大津市別保」として残っている。実際に訪ねたところ、浄土宗西念寺も実在の寺で、現存していた。しかし西念寺には、ジョウゲンムシにまつわる話は伝わっていないようであった。

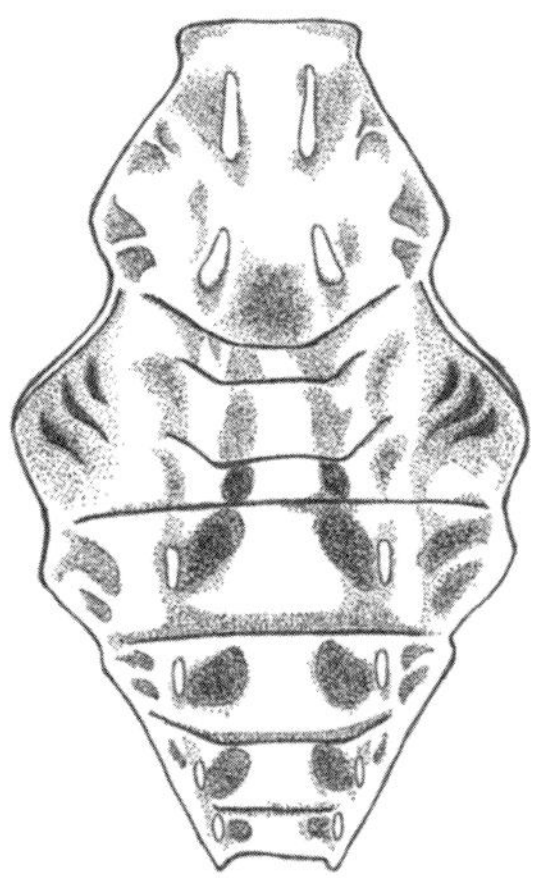

図３　ジャコウアゲハ蛹正面図（筆者作図）

図４　お菊虫の図（船越政一郎編『浪速叢書』第五巻「摂陽奇観　五」192 頁（浪速叢書刊行会　1926 年 12 月初版、名著出版、1977 年 11 月復刻版）））

さて『近江国輿地志略』には「浄元」なる僧の剃髪以前の名前は記されないが、西村白烏『煙霞綺談』、山崎美成『三養雑記』には「ジョウゲン」剃髪以前の名が「南蛇井源太佐衛門」と書かれる。実は、さきほど見た近世の羊太夫伝承において、小幡羊太夫家臣に「南蛇井（なんじゃい）三郎忠綱」なる者が存在するのである（『羊太夫栄枯記』『八束羊太夫記』では忠綱、『羊太夫縁起』では忠吉）。

南蛇井氏は実在の氏であり（のちに相川氏と改称）、史実の上でも小幡の家臣（甘楽小幡氏の寄子《よりこ》）であった。今日も群馬県富岡市には南蛇井という地名が残っており、上信電鉄上信線には南蛇井駅も存在している。この、一度聞いたら忘れることの出来ない「南蛇井」という名前が、上野（現在の群馬）から遠く離れた近江（現在の滋賀）において、在地のジョウゲンムシ伝承に取り込まれているのである。この名が小幡の家臣に与えられた特殊なものである以上、そこに何らかの関連を認めないわけにはいかない。

時代的には、『煙霞綺談』『三養雑記』より『近江国輿地志略』のほうが古いが、『近江国輿地志略』は寛政年間（一七八九―一八〇一）に藩府の民政資料として献呈・流布されるまで、秘書として膳所《ぜぜ》藩庫に眠っていたという歴史を持つ。『三養雑記』の成立はそれより下るが、『煙霞綺談』は一七七三年刊であり、少なくともこちらに載るジョウゲンムシの話に関しては、『近江国與地志略』の記事を参考にした可能性は低い。『煙霞綺談』は、おそらく滋賀在地の伝承を記録している。

以上のことから、ジョウゲンムシ伝承の内容に「南蛇井」姓という要素が追加されたのは、『近江国與地志略』が記録された一七三四年以降、『煙霞綺談』が刊行された一七七三年以前だと考えられる。ただし、この間にどのような経緯を経てジョウゲンムシ伝承が変容したのか、その具体的な背景は分からない。ただ、井伊直政が小幡氏元家臣、岡本半介を召し抱えつつ治めていたのは彦根であった。彦根と別保とは同じ近江国であり、ジョウゲンムシ伝承の変容にも、何らかの形で（おそらく間接的に）小幡氏ゆかりの者の影響があるものと思われる。

では、ジョウゲンムシ伝承とお菊虫伝承は、どちらが先に成立したのだろうか。これらはどちらもジャコウアゲハの蛹をその本体と考えて差し支えなく、また伝承の発生地も近接している。当然のことながら、先に成立したもののほうが後に成立したものに影響を与えた可能性が高い。直接これらの成立時期を調べることは不可能であるが、それぞれの文献初出時期を比較することはできる。この作業を通して、ジョウゲンムシとお菊虫との影響関係について考えてみたい。

濱松歌國『摂陽奇観』巻之四二は、元文六年（一七四一）初演の『播州皿屋舗』にお菊虫の説が出るとするが、実際にはそこにお菊虫に関する記述は見当たらない。[7] お菊虫の記録が現れるのは、お菊虫騒動があった寛政七年（一七九五）に書かれた津村淙庵『譚海』以降である。

ジョウゲンムシが記録された最初のものと思われる『近江国與地志略』の成立は享保一九年（一七三四）であり、お菊虫が最初に記録されるよりも六十年以上古い。またジョウゲンムシ伝承に南蛇井姓が初出する『煙霞綺談』（一七七三年刊）も、寛政七年（一七九五）のお菊虫騒動に先行する。まずはジョウゲンムシの話が作られ、のちにそれとお菊の物語を組み合わせる形で、お菊虫にまつわる世間話が誕生したものと考えられる。

ジャコウアゲハは、言われてみれば確かに縛られた人に見えるが、そういった視点を与えられなければ中々この「見立て」は出てこない。しかも、この見立てに関しては中国の「縊女」が先行しており、さらに江戸の知識人はその縊女情報に容易にコンタクトできる立場にいた（現に、物産家は縊女・お菊虫・ジョウゲンムシの三者を同一視していた）。つまり、ジョウゲンムシの時点で中国の「縊女」がその発想の元となっていた可能性は高い。

しかしジョウゲンムシがお菊虫に先行して作られた話だとすると、次のような点が気になる。すなわち「縊女」とお菊虫がどちらも女性が変化を遂げたものであるのに対し、ジョウゲンムシは僧（男性）が変化を遂げたものであるという点だ。しかしジョウゲンムシの方がお菊虫に先んじて文献に現れている以上、縊女・ジョウゲンムシ・お菊虫の順で影響関係にあると考えるのが最も無難な推理である。

いずれにせよ、小幡家臣である（物語上は羊太夫家臣でもある）南蛇井氏の名前がジョウゲンムシの話に影響を与えていることは間違いない。また、各地に伝わる皿屋敷伝説の主人公、お菊の出所も小幡氏にあった。小幡氏の影響下にあるお菊伝承が、同じく小幡の流れをひく「南蛇井」の名を取り込んだジョウゲンムシの話に結び付き、「お菊虫」誕生と相成ったわけである。

この融合に意図的な操作はないと思われるが、偶然であればそれはそれで非常に興味深い。なぜならば、お菊とジョウゲンムシという二つの物語はそれぞれ、甘楽小幡の没落と、それに伴う末流の移動や家臣達の流出に由来するものだからである。このような人間の移動によって、物語や物語を構成する要素が遠方に運ばれた。そして、やがてそれらが融合する形でお菊虫という現象が結実、寛政七年のお菊虫騒動に繋がるのである。

五　お菊虫伝承の伝播と変容

寛政七年を以て、お菊虫という世間話は一応の完成を見せた。しかし、その後も近代に至るまでお菊虫は語り継がれることになる。さらに寛政七年にお菊虫騒動のあった三カ所から遠い場所では、「お菊虫」の名こそ受け継いでいるものの、その内容が大きく変化した事例も見受けられるようになる。前稿では、このように大きな変化を遂げたお菊虫の事例として、奈良に伝わるお菊虫をあげた。[8]ここでのお菊虫は、ジャコウアゲハの蛹をその本体とするものではない。河原に発生して光を放ち、櫛の形をしているということから、これはゲンジボタルかヘイケボタルの幼虫をその本体としているようである（これらは幼虫も発光する）。

本稿では寛政七年以降独自の変化を遂げた、もうひとつのお菊虫伝承について考えてみたい。歌舞伎役者、三代目仲村仲蔵が書き残した書物に『手前味噌』というものがある。[9]この中で仲蔵は、名古屋へ行く旅の途中で耳にしたお菊虫の話について記している。当該の名古屋行きは、天保三年（一八三二）の正月に行われた。

抑〳〵此八方峠といふ所は、近江と伊勢へ跨りし、打越三里の小山なれども、諸山の中に独立して、峰へ至れば風方角を極めず、八方より吹故、八方峠の名あり、就中雪の節通行すれば、例の吹雪にて、よく往来の人が、斃死する所のよし、夫等ゆゑ近年は、麓より右の方へ新道をつけて、毎年十月よりは、本道へ鹿垣を結ひ、往来を止む程の所なり

因に云ふ此所の地頭は、江戸番町に住むお旗本某にて、例の侍女お菊が、大切な皿を毀したといつて、井戸へ切込し、非道の殿様の末の由、彼の番町皿屋敷一件の跡なれば、其お菊の亡霊、知行所迄へ祟り、或る年代官

所にある、大事の書物を、虫が喰ひ盡したり、又は田畑の作物へも、同じ虫が附て、年貢皆無と成し事あり、是皆お菊が祟り成んとて、菩提所の住持某といふ、道徳の僧、此虫（お菊虫といふ）を悉く取て、此八方峠の絶頂へ、一の堂宇を建立し、其堂の内へ、件の虫を捨て、三七廿一日が間、お経を読誦して、其虫を封じ込しと云ふ、今猶其辻堂あり、遥の星霜を経ても、今に此山へ瀬戸物類を誤つて、所持して通る時は、忽ち山が暴出して、其旅人に急度怪我あり、又此山中にて、脇差を抜ても、同様祟り有と言伝ふ、又此辻堂の後ろに、古池あり、彼の米相場などをやる強欲人は、命懸にて此池の中へ、陶器のこわれ投入れて、一生懸命に麓へ迯帰るが否や、忽ち天気が変り、雨か風になりて、相場を狂はせ、大まうけをした者有りと、所の者の話しを聞し故、記し置く

ここでのお菊虫は、寛政七年に発生したお菊虫などと異なり、農作物を食い荒らして虫害を及ぼしている。前稿「お菊虫について」では、お菊虫は怨念の発現でありながら、虫害を及ぼさない点に特徴があると書いた。すでに述べたように、お菊虫（寛政七年のお菊虫）は、虫害を及ぼさないジャコウアゲハの蛹が、その外見的特徴からお菊の怨霊に見立てられたものである。そのため、お菊虫は虫害とは関わらなかった。

しかし『手前味噌』の記録は奈良でのお菊虫の事例と同じく、寛政七年の「お菊虫」成立後、独自に変化を遂げた伝承となっている。したがってこの例でのお菊虫はジャコウアゲハの蛹をその本体とせず、「お菊虫は怨念の発現でありながら、虫害を及ぼさない」という原則からも外れている。伝承がいったん成立した後、伝播とともにその特徴を変えて展開していくという観点から見たとき、この記録は貴重な価値を持っている。

では、『手前味噌』に記録されたお菊虫の本体は何なのであろうか。書物を食い荒らす虫と言えばシミなどであるが、これは農作物を荒らす虫とは別である。名僧によって八方峠に封じられたという部分からも分かるが、こ

の伝承には様々な物語の要素が詰め込まれており、後世に為された改変の要素が強い。ここでのお菊虫は、お菊の怨念の発現であるということ以外、その本来の属性（寛政七年のお菊虫が持っていた属性）を一切継承していないと言える。その点では、奈良に伝わるお菊虫も共通である。

『手前味噌』文中に記される位置関係から察するに、「近江と伊勢に跨りし」八方峠とは、おそらく現在の三重県にある「八風峠」（標高九七二メートル）を指すものであると思われる。本文中の記述によれば八方峠は諸山から独立して、八方から風が吹き付ける小山であるという。現行の地図上で確認すると、八風峠は確かに日野から名古屋に抜ける際の直線コース上にある。しかし仲蔵がここを越したのは厳寒の一月であり、いかに最短距離とは言え、当時の旅の過酷さを物語る記録である（冬季は吹雪で死者が出るとも書かれている）。

こういった厳しい環境にある八方峠（八風峠）であるから、お菊虫を封じた場所とするには最適だったのであろう。そして、自分たちの生活圏外に害虫を追い出そうとするこのような思想の背景には、実盛虫を村の外に追いやる行事「虫送り」に通じるものが見出せる。この例は、お菊虫に実盛虫などの要素が加わった例として捉えることができよう。

次に近代に入ってからのお菊虫について、現地で調べたことも含めて幾つかの覚え書きを記しておきたい。志賀直哉『暗夜行路』の主人公が旅の途中で買い求めたように、昭和の初め頃まで姫路のお菊神社では土産として「お菊虫」を売っていた。しかし二〇〇六年九月に同神社を訪ねたところ、現在では販売も展示もしていないし、宮司もお菊虫の実物は見たことがないとのことであった。ただ先代から、かつては市川（現、兵庫県神崎郡市川町）までお菊虫を採りに行き、集めた蛹は乾燥させてから箱詰めにして売っていた、という話を聞いたことがあるそうだ。

また姫路市在住の七十代男性によれば、自分の小さい頃には墓石にたくさんぶら下がっている蝶の蛹を「お菊虫」と呼んでいたという。ジャコウアゲハの幼虫は墓石などの石に着いて蛹化することが少なくない。また、蛹化に適した場所においては、複数まとまって発見されることも多い。かつて販売用のお菊虫を採集しに行っていたという市川にも、そのようなジャコウアゲハ蛹の群棲地があったものと思われる。

ところで「オキクムシ」という呼称についてであるが、これはお菊にまつわる物語と結び付いた時にのみ機能する特殊な名称ではない。確かに出発点はそこにあったが、例えば姫路在住の七十代男性が用いていたように、特定の地域においてはジャコウアゲハ蛹を指す一般的な名詞でもある（ただしこの場合、男性はお菊虫がお菊の怨念の発露であるという物語を知っていた）。

お菊の物語とは切り離された場面でジャコウアゲハの幼虫を「オキクムシ」と呼ぶ傾向は、早く幕末の博物図鑑類にも見られた。栗本丹州『千蟲譜』は、ジャコウアゲハ蛹の図に「縊女」「ヲキクムシ」等の名を付す。また、「尾張学派の一人大河内存真（一七九六―一八八三）もシーボルトに寄贈した『蟲類写集』という書籍の中で「ヲハクロテウテウヲキクムシノ化スルモノナリ」と述べている[10]。

「ヲハクロテウテウヲキクムシノ化スルモノナリ」とは「お歯黒蝶々、お菊虫の化するものなり」の意味であり、ここからはかつてジャコウアゲハの成虫が「お歯黒蝶々」と呼ばれていたことが分かる。これはジャコウアゲハのオスが黒いことからつけられた名かもしれないが、ジャコウアゲハ成虫が「山女郎」と呼ばれることとも似る。いずれにせよこの蝶は、一生を通じて女性に擬せられることが多いようだ。

東京大学農学部には、武蔵石寿によって作成された現存日本最古のチョウ類標本コレクションが保存されている。その中には「ヲキクムシ」と書かれたアゲハ蛹の標本および「縊女」と書かれたジャコウアゲハ蛹の標本が含まれている。これらの書付は、江戸末期にジャコウアゲハ以外のチョウをもお菊虫と呼んでいた可能性を示している。しかしながら、このコレクションにおける両者の名称の使い分けが、どのような理由によるものなのかは不明である。また、これらの書付が、いつの時代に付されたものかも分かっていない。[11]

ここで、お菊虫に関する先行研究の誤りを指摘し、錯綜した情報を整理しておきたい。綿谷雪《わたたにきよし》は幼少期を姫路で過ごした際、当時販売されていたお菊虫を見たという。[12]綿谷はその際に見たお菊虫を、綿を敷いた箱に入れられた蟷螂《かまきり》の幼虫だったとするのだが、これは明らかに誤りである。カマキリは不完全変態する昆虫であり、完全変態するチョウとは成長の仕方が異なる。つまり、あまり形を変えずに脱皮を繰り返して成長するので、カマキリの幼虫は卵から孵った時点で、成虫とほぼ同じ形態を備えているのである。おそらく綿谷はカマキリの卵莢《らんきょう》（小さな稲荷寿司のような形をしており、中にたくさんの卵を抱えている）を指して「幼虫」と書いたものと思われるが、それもジャコウアゲハの蛹の見誤りであろう。

宮田登は『妖怪の民俗学』において、ジャコウアゲハを稲の害虫とした。[13]しかし、ジャコウアゲハの幼虫はウマノスズクサ類を食草とする為、これは誤りである（他のアゲハ類も、稲を食べることはない）。この点については前稿でも触れたが、その後、佐藤友之が宮田に先行してお菊虫を稲の害虫とする説を述べていることに気付いた。該当箇所を以下に引用する。「西日本の農村地帯で、稲の害虫として恐れられている「お菊虫」という虫、このかたちが、後手に縛られて逆さ吊りにされた女の姿に酷似しているところから命名された。この虫の正体は、アゲハチョウの一種のサナギだが（以下略）」[14]。

佐藤が何を根拠として以上のような説を述べたのかは不明である。確かに、前出『手前味噌』でのお菊虫は、本来の属性を離れて作物に虫害を及ぼしていた。しかし、そこでのお菊虫はもはや、ジャコウアゲハどころかチョウ類ですらない。稲の害虫になるアゲハ類は存在しない為、佐藤の説には矛盾が生じている。寛政七年以降、独自に変容を遂げたお菊虫の伝承と、ジャコウアゲハ蛹を本体とする本来のお菊虫とを混同したものであろうか。あるいは、お菊虫と実盛虫等の特性を混同した上での記述かもしれない。

また中山太郎「人が蟲になつた話」[15]を初めとして、幾つかの文献には『甲子夜話』にお菊虫の記事が載ると書かれる。しかし筆者が『甲子夜話』正・続・三篇の全ての本文に目を通したところ、同書にはお菊虫に関する記述が無かったことをここに明記しておく。[16]「人が蟲になつた話」に書かれている粗筋は『譚海』所収のお菊虫の話であり、『譚海』と書くべきところを誤って『甲子夜話』としてしまったものと思われる。

ただし、お菊虫とは関連しないが『甲子夜話』には死者と蝶とを結びつけた記述が幾つかある。例えば『甲子夜話続篇』十六巻二一では黒いアゲハを人魂のようだと評し、『甲子夜話三篇』十四巻一二には、新しく死者が出ると黒いアゲハが飛んで来るという説が載っている。

中山の記述にならったものか、ほかにも『甲子夜話』にお菊虫の記述が載るとする文献があるが、全て誤りである。大部の書物ゆえに、直接本文にあたって確認しなかったものと思われるが、『甲子夜話』はそれも致し方ないと思わせる情報量を誇っている。『甲子夜話』正・続・三篇（全二七八巻）における奇事異聞に関しては、拙稿「『甲子夜話』怪異・奇聞一覧（附索引）」[17]および「『甲子夜話』怪異・奇聞の研究」[18]を参照されたい。

最後に、お菊虫研究を巡る近年の急展開に触れて本稿を閉じることにしたい。寛政七年のお菊虫騒動の舞台のひとつであった兵庫県姫路市は、ジャコウアゲハを市蝶としている。そして、姫路市市蝶制定二〇周年となる二〇〇九年、姫路市提案型協働事業の一環として、『ジャコウアゲハ（お菊虫）と播州皿屋敷の民俗文化誌』が刊行された。[19]同書は姫路における文化現象としての「お菊虫」資料を、網羅的にフォローした一冊として評価できる。

付記 本稿は、以下の論文に加筆訂正したものである。今井秀和「お菊虫伝承の成立と伝播」『日本文学論集』三十一号、大東文化大学大学院日本文学専攻院生会、二〇〇七年。

注

1　ブルフィンチ『ギリシア・ローマ神話』野上弥生子訳、岩波書店、一九七八年改版一刷。
2　小島憲之他校注『新編日本古典文学全集　日本書紀③』小学館、一九九八年六月。
3　今井秀和「お菊虫について」『日本文学論集』第二九号、大東文化大学大学院日本文学専攻院生会、二〇〇五年。
4　「傳説」『定本柳田國男集』第五巻、筑摩書房、一九六八年。
5　伊藤篤『日本の皿屋敷伝説』海鳥社、二〇〇二年。
6　葦田伊人編集校訂『大日本地誌体系39　近江国與地志略』第二巻、雄山閣、一九七一年。
7　「播州皿屋舗」向井芳樹校訂『豊竹座浄瑠璃集（二）』国書刊行会、一九九〇年。
8　高田十郎編『大和の伝説（増補版）』大和史蹟研究会、一九六〇年。
9　「手前味噌」『続帝国文庫　校訂俳優全集』博文館、一九〇一年。
10　上田恭一郎「川原慶賀」下中弘編『彩色　江戸博物学集成』平凡社、一九九四年。
11　矢後勝也「日本最古の昆虫標本——東京大学所蔵のチョウ類コレクションから（1）」『昆虫と自然』四〇（二）、ニューサイエンス社、二〇〇五年。
12　綿谷雪『絵入川柳妖異譚』正・続、近世風俗研究会、一九六七年・一九六九年初版、正続を一冊にして『絵入川柳妖異譚』三樹書房、二〇〇五年復刊。
13　宮田登『妖怪の民俗学』岩波書店、一九八五年。
14　佐藤友之『妖怪学入門　オバケロジーに関する12章』ホーチキ商事株式会社出版部、一九七三年。
15　中山太郎「人が蟲になつた話」『信仰と民俗』三笠書房、一九四三年。初出は清水時顕名義で書かれた同名論文『郷土趣味』通巻三八号、郷土趣味社、一九二三年。
16　中村幸彦・中野三敏校訂『甲子夜話』一～六巻、平凡社東洋文庫、一九七七年～一九七八年。同『甲子夜話続篇』一～八巻、一九七九年～一九八一年。同『甲子夜話三篇』一～六巻、一九八二年～一九八三年。
17　今井秀和「『甲子夜話』怪異・奇聞一覧（附索引）」（『日本文学研究誌』第五輯、大東文化大学日本文学専攻、二〇〇七年。
18　今井秀和「『甲子夜話』怪異・奇聞の研究」（大東文化大学大学院二〇〇八年度博士学位論文）。
19　相坂耕作『ジャコウアゲハ（お菊虫）と播州皿屋敷の民俗文化誌』姫路城下町街づくり協議会・お菊楽会、二〇〇九年。

予言獣アマビコ・再考

長野栄俊

一　「予言獣」とは――先行研究の整理

「予言獣」という語は、まだ広く一般に認知された言葉ではない。最初に使われ始めたのは二〇〇一年川崎市市民ミュージアムで開催された企画展「呪《まじな》いと占い」からであろうか。解説図録には、肥後国に出現した「尼彦」を描いた無題資料が「予言獣」と題されて掲載されている。翌年、同館学芸員・湯本豪一が著した二冊の一般向け書籍では、「幻獣」のうち未来を予言するものを「予言獣」と呼んでおり、件《くだん》やアマビコ、アリエなどの事例が紹介されている。[1] その後の湯本の学術論文「予言する幻獣――アマビコを中心に」[2] は、予言獣という語こそ用いていないものの、後に予言獣の語で括られるカテゴリーを明確化し、その代表的な存在としてアマビコを位置づけた点で画期となる論考であった。しかし、その上位概念である「幻獣」の定義も含め、「予言獣」の語が術語化されるのは二〇〇四年川崎市市民ミュージアムにおける企画展「日本の幻獣――未確認生物出現録」の開催および二〇〇五年の湯本豪一『日本幻獣図説』（河出書房新社）の刊行を待たなければならない。

ではここで、その予言獣の定義を確認しておこう。まずは「幽霊」以外の〝何か不可思議な存在〟を広義の「妖怪」と捉えるならば、その中でも河童や人魚のように、多くの人びとが目撃し、記録し、〝生き物〟としてその存在を信じてきたものを特に「幻獣」として位置づけ、文芸や絵画などフィクションの世界に登場する飛頭蛮《ろくろくび》・塗仏《ぬりぼとけ》といった狭義の妖怪とは峻別する。その上でこの幻獣のうち、特に人間に未来を予言し、伝えるものを「予言獣」と定義するのである。

以下、この定義に従って予言獣の語の使用するが、本稿では特に近世後期から明治初期にかけて、かわら版（摺物）や風説留《ふうせつどめ》、新聞記事などの媒体に現れたアマビコという予言獣を主な考察対象としていく。その代表的な事例として「アマビエ」のかわら版を掲げておく。

［資料一］「アマビエ」（京都大学附属図書館蔵）（図1）

肥後国海中え、毎夜光物出ル、所之役人行見るニ、づの如之者現ス、私ハ海中ニ住アマビヱト申者也、當年より六ヶ年之間諸国豊作也、併病流行、早々私シ写シ人々ニ見セ候得と申て海中へ入けり、右ハ写シ役人より江戸え申来ル写也

弘化三午四月中旬

図版を見て明らかなように、本稿で扱う予言獣資料は、口承でのみ話が伝わるわけではなく、文章と図像とが書き記されている点に第一の特徴がある。文章の基本構成は、ある場所に不可思議なものが出現し、それを目撃した人物に予言を行う。疫病流行により人が多く死ぬという悪しき予言だけの場合もあれば、逆に豊作の良き予言を併せて行う場合もある。いずれの場合も予言の直後に、災難を除《よ》けるための手段を教示する。その除災方法とは、予言獣の姿を見る、姿絵を写す、その絵やかわら版自体を家に貼り置く、人びとに話を広める、といった

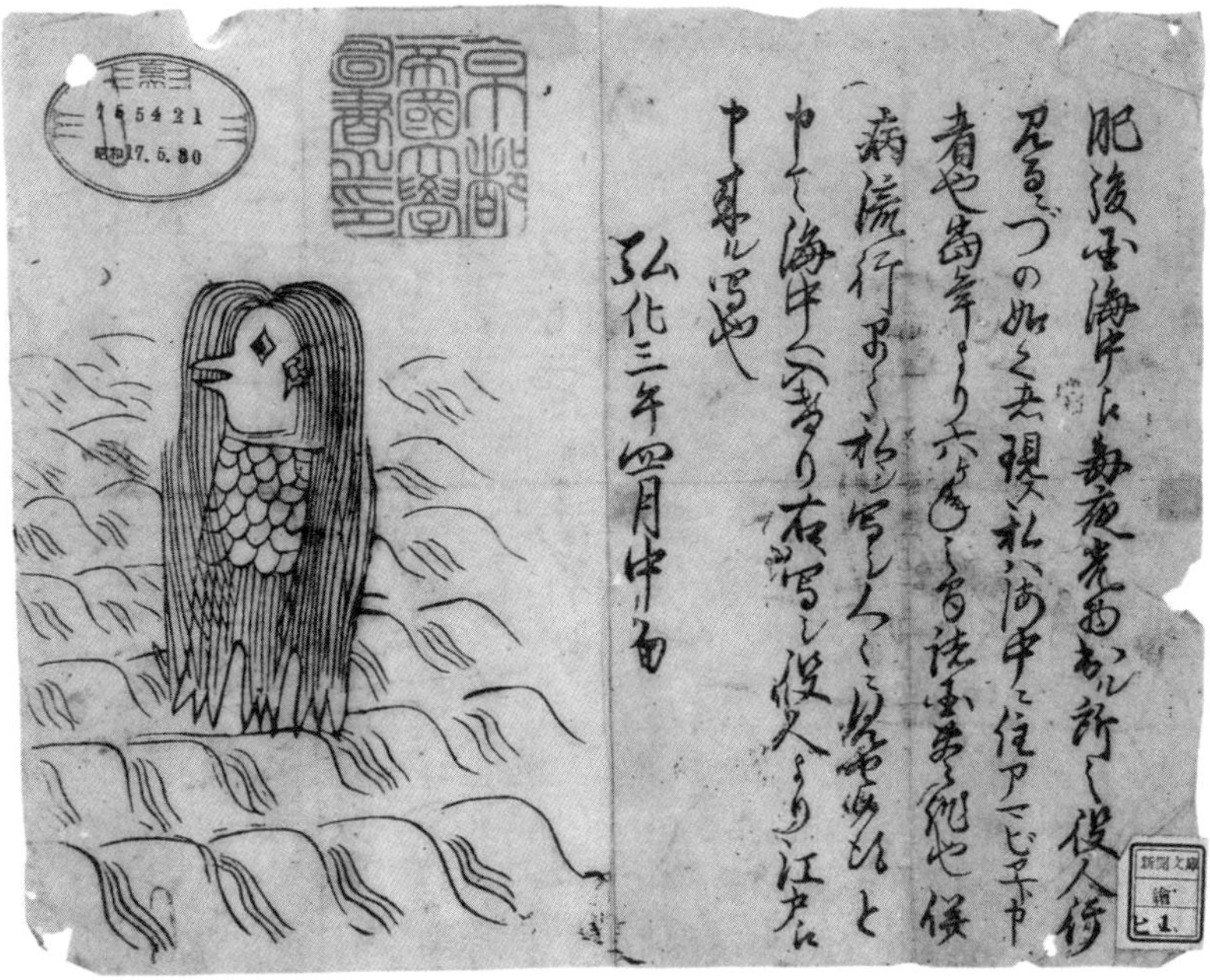

図１　「アマビエ」（京都大学附属図書館蔵）

ものである。予言と除災方法が人語で伝えられる点を、予言獣資料の第二の特徴として挙げておく。

さて、予言獣の語が用いられ始める以前にも、すでにいくつかの研究領域において予言獣の事例は紹介されていた。登場する主な媒体がかわら版であったことから、メディア史の領域においては、とりわけ早くから考察が加えられていた。平井隆太郎は、庶民層にまで広く受け入れられたかわら版の一類型として「俗信的瓦板」を取り上げ、神明もしくはその使いとして託宣（予言）を行う怪物の例があり、そのかわら版自体が除災招福の護符として受け入れられていたことを明らかにしている。そして、かわら版やニュース文書自体を護符視する思想が、近世のある一時期に思いつきで流行したものではなく、古くからの長い伝統を持つものであったことを指摘した。[3] このほかにも、かわら版を図版入りで紹介した書籍の中で取り上げられたことから、予言する不可思議なものの存在が一般にも知られるようになった。[4]

口承文芸研究の領域においては、野村純一が、昭和期に採集された予言する件《くだん》の噂話三例を分析している。野村は、この話の出自が近世文献には求められず、また口承・民俗資料にも類例が見出せないことから、一個の独立した昔話にはなりがたかった一過性の噂話だったと位置づけた。[5] しかし、この昭和の噂話にもまた「赤インキで木版刷りにした紙片」に予言内容と件の図像が書かれているものがあり、近世の予言獣かわら版の流れを継ぐものと見なすことも可能である。[6] この点に関連して常光徹は、江戸で流行した予言する「人面獣」（人魚、神社姫、アマエビ〔ママ〕、件、クダベ、山童）と第二次大戦中に広まったクダンの噂の背景に「共通の心意」を見出している。すなわち疫病流行や戦争といった人びとの不安や危機意識に対抗するために、人の顔に動物の身体を持つ両義的な存在として、強大な霊力を持った人面獣が生み出されたと解釈したのである。[7]

こうした両義性論や社会的不安といった説明を、安易で概括的過ぎるとして疑問視し、予言獣研究に新たな視角を採り入れたのが佐藤健二「クダンの誕生」[8] であった。佐藤は、口承資料や内容分析だけを重視する方法では、話に深く作用しているはずの「時代」や「場」が捉えきれず、また、話を伝えるメディアの問題を無視することにもつながると考えた。そして、クダン誕生の背景には「民俗社会に浸透しはじめた文字や印刷物メディアが深くかかわっている」ことを明らかにしている。

それまでの予言獣研究がクダンの分析に偏りがちであったのに対し、新たに研究の軸としてアマビコをクローズアップしたのが、前掲「予言する幻獣」である。先に湯本は、これまで取り上げられることの少なかった明治初期の新聞記事を手がかりに、正体不明の幻獣アマビエのかわら版が、実はアマビコ（天彦、あま彦）を誤記して板行されたものであることを推断していた。[9] 引き続き尼彦、尼彦入道、天日子尊、天彦といったアマビコ資料を比較分析した結果、その初期の形態的特徴が三本足にあり、棲み処や出現場所によって四足の獣的なものや人間的なものに形態を変質させていくことに着目した。そしてその本質が、天の声を人間に伝えること、すなわち予言と除災方法を人に伝えることにあったため、アマビコは統一的な形態を持つには至らなかったと結論づけたのである。

湯本の一連の論考や著作は、神社姫、人魚、アリエ、山童、亀女などの予言獣諸資料を博捜し、これらの中にアマビコを位置づけて関連性を見出し、予言獣の語で一括りにされる一群を浮き彫りにした点では大きく評価されるものである。しかしその一方で、佐藤がその重要性を指摘した、予言獣が生み出される「場」の問題や、予言獣資料そのものの「形態」の問題などに深くは立ち入っていない。特に明治期の新聞記事分析を主とするところがあるため、予言獣が誕生した近世社会に対する考察が決して十分とは言えなかった。

以上のような先行研究の蓄積を受けて、二〇〇五年、筆者は地方《じかた》文書の中から新たに発見した「海彦《アマヒコ》」を分析した論考「予言獣アマビコ考――『海彦』を手がかりに」[10]を発表した（以下「前稿」）。この時点では、海彦が最も古いアマビコ資料と認められたため、これを分析の軸に据えながら、既に紹介されていた七例のアマビコ資料やその他予言獣資料との再比較を行った。その結果、共通する点も多く見出せたが、海彦にしか認められない特徴も明らかになった。この特徴を手がかりに、文化一一年（一八一四）に流行した「物言う猿」の流言が、アマビコの誕生に何らかの影響を及ぼしたとする仮説を導き出した。また、よく知られた文書群に含まれる資料でもあったことから、在村知識人がどのような動機でアマビコ資料を書き残すに至ったかという点についても考察することができた。

以上、予言獣、特にアマビコの研究については、資料が出そろった感もあり、これ以上新たに付け加えるべきことや再考すべき点はないようにも思えたが、その後、海彦とほぼ同時期の別のアマビコ資料や更に古い資料を新たに見出すことができた。そのため、前稿で示した私見を一部修正する必要が生じ、また新たに採り入れるべき視角も持ち得たため、新出資料の紹介も兼ねて敢えて小稿をなすことにした。前稿で述べたことの繰り返しになる部分もあるが、その点はご海容いただきたい。

二　新出のアマビコ資料

これまで紹介されてきたアマビコ資料は、由緒来歴のわからないものが多い。例えば資料一のかわら版は、どこで板行され、誰がいつ頃購求したものか、またどのような家に伝来してきたものかなど一切が不明である。企画展解説図録『日本の幻獣——未確認生物出現録』にも多くの予言獣かわら版や肉筆で書かれた予言獣の図版が掲載されているが、そのほとんどが蒐集されたコレクションに含まれるものであり、伝来の確かな情報を確認できるものは少ない。それに比べて、以下に紹介する新出のアマビコ資料は、いずれも伝来した地域や年代、書いた人物などを特定または推定できるものである。以下、解題も含めて少し丁寧に紹介してみたい（原資料にはない句点を適宜付した）。

［資料二］「あま彦」『青窓紀聞　二十八』所収（名古屋市蓬左文庫蔵）（図２）

肥後国熊本御領分真寺郡と申所ニ夜な〳〵光物出、猿の聲にて人を呼ふうち、家中柴田五郎左衛門 異本ニ紫田ニ作る 恐らくハ柴田ノ誤ならん と申者見届候処、我ハ海中ニ住あま彦と申者也、當年ゟ六ヶ年之間豊作、しかしなから諸国ニ病多し、人間六分死、しかれ共我姿を書見候者ハ無病長壽なるへし、此《コノ》事を諸国へ早々相觸られ候へと申置、何国とも不知うせにけり

　右天保十四卯八月備中国ゟ申来候付写し置と有之

私ニ云、異本ニ六月十五日山中ゟ出候といへり、いつれハ是なるをしらす

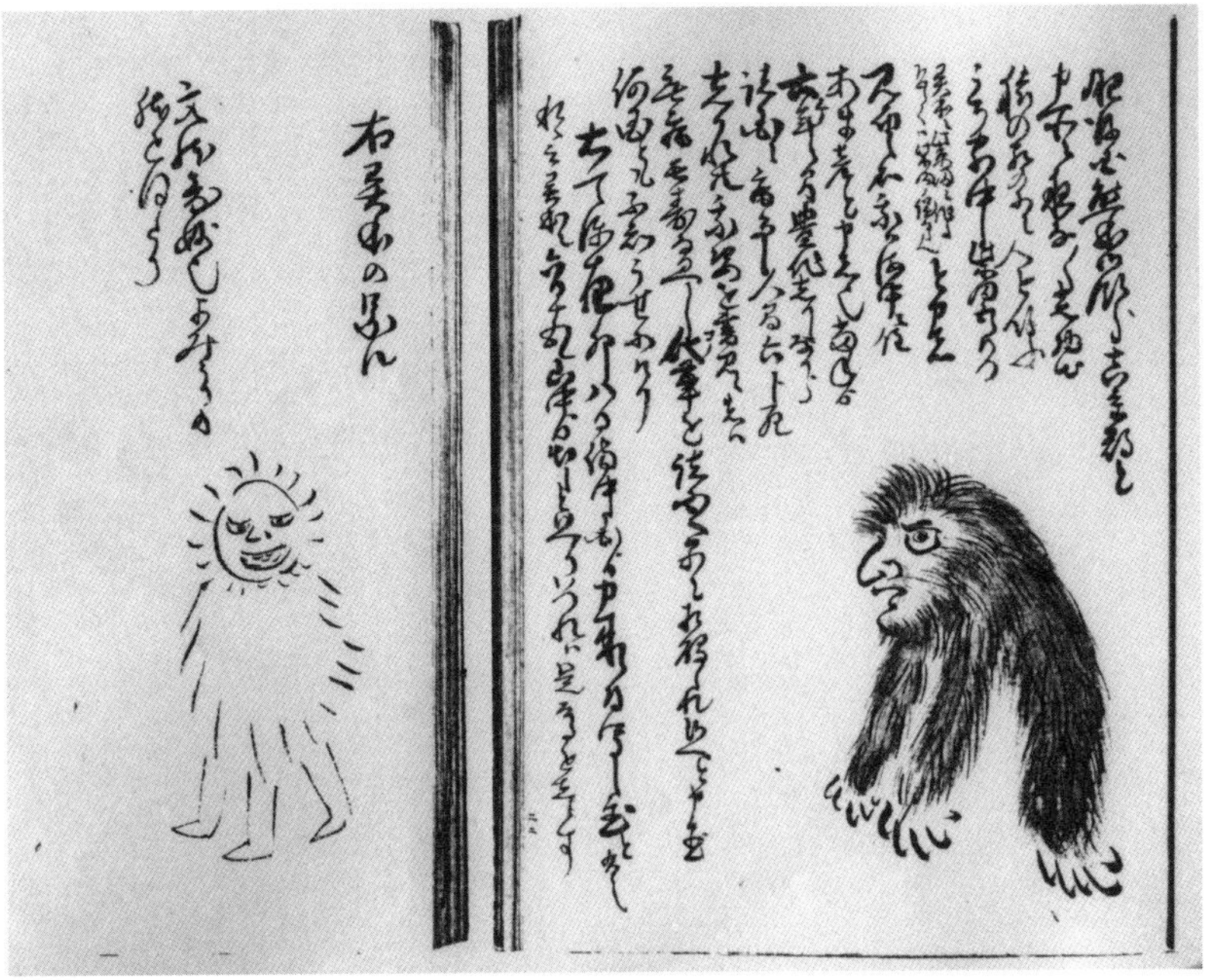

図２「あま彦」『青窓紀聞　二十八』所収（名古屋市蓬左文庫蔵）

（次丁）

右異本の圖に

文躰奇妙也、よみうりの躰を得たり

◇［解題］『青窓紀聞』は、文化一一年（一八一四）〜明治元年（一八六八）の世相に関わる様々な情報を筆写した風説留で、全二〇五冊が現存している。本資料は、表紙に「天保十四癸卯中」と書かれた第二八冊のうち、九月二一日と閏九月七日の記事の間に載せられている。

　書写者の水野正信（一八〇五〜一八六八）は、尾張藩士大道寺家に仕えた微禄の陪臣で、通称を三四郎・三右衛門といい、酔讃堂・對青軒などと号した。主家の大道寺直寅は水野を評して「自壮好読書、読必写之」[11]と記しており、その読書好き、転写好きがうかがわれる。また、藩校明倫堂の典籍・教授を勤めた細野要斎も「正信常に当世の見聞を筆記するを以て楽とし、昼夜筆を把て間断なし。…専ら写字するは夜中に在りといふ。夜半或は早晩の差別もなく、睡眠は少時にして其余は筆を放たず」[12]と述べており、世間の見聞、風聞を寝る間を惜しんで書き写していた姿が伝えられている。水野の自筆による書写本は『資治雑笈』九四冊（政治外交関係の著作）、『青牗叢書』一〇三冊（北方関係の記録）など八〇〇点を超えており、資料の正確さに対する信憑性も高いという。主家が藩の重職にあった関係から、水野も京都や江戸に同行して記録を収集しており、敦賀や箱館からも情報を集めていた。また、後述する小寺玉晁とともに天保末年頃成立の文化サロン「同好会」に入っており、そこでメンバーと月に一回の情報交換をしていた。その具体的な活動の一つが、蔵書を相互に写しあうことにあり、おそらくは本資料もこうしたネットワークを介して転写されたものと見られる[13]。

［資料三］「あま彦」『連城亭随筆　二十五』所収（国立国会図書館蔵）（図3）

肥後国熊本御領分真寺郡と申所に夜ナ〱光リ物出、猿の声にて人をよふうち、家中柴田五郎右衛門異本ニ紫田ニ作る 恐らくハ柴の誤ならん
と申者見届ケ候処、我ハ海中に住あま彦と申者也、當年ゟ六ヶ年之間豊作、しかしなから諸国に病多し、人間
六分死、しかれ共我姿を書見候者ハ無病長壽なるへし、此事を諸国へ早々相觸られ候と申置、何国ともなく不
知うせにけり私云爰之文 躰妙也

天保十四年癸卯八月

備中の国ゟ申来候付写置　私ニ異本ニ六月十五日山中に出たるよしいへり いつれか正しき事をしらす

（次丁）

異本ノ圖

※資料原文は右行から左行の順に読むと意味不明であるが、逆順に読むと文意が通るため、翻刻もこれに従った。

図３「あま彦」『連城亭随筆　二十五』所収（国立国会図書館蔵）

◇［解題］『連城亭随筆』も『青窓紀聞』と同種の風説留で、国立国会図書館に四～一六篇が一〇四冊、早稲田大学図書館に一七篇などが九冊、名古屋市鶴舞図書館に写本一〇冊が収蔵されている。本資料は二五冊目（内題「七編巻之壹」）のうち、天保一四年八月と閏九月二五日の記事の間に載せられている。

書写者の小寺玉晁（一八〇〇～一八七八）もまた、尾張藩士大道寺家に仕えた陪臣の家に生まれている。諱を廣路、通称を九右衛門、号を連城亭・古楽園・珍文館などといい、大道寺家の後に野崎・高橋など尾張藩士諸家に仕えた。幼少から師について素読・書・算術・絵・狂歌・俳諧など諸芸を身につけたが、中でも絵を『尾張名所図会』の挿図を担った森高雅に学んでいる点は注目しておいてよいだろう。親交の深かった細野要斎が、先の水野評に続けて「小寺広路も亦同好にして、少間にも筆を把て休せず、迭に新話を写し示して楽とする故也」と述べたように、小寺もまた水野と同様に紙類を「写蔵」することに生涯を費やした。多数の風説留を含むその膨大な著作群を分析すると、初期には多く見られた珍事・奇談・滑稽談の筆記が、百姓一揆や開国などの社会的政治的な大事件を契機に減少し、次第に政治色の強い内容に変じていったという。[14] 先述の水野とは同好会結成以前にも、その前身となる「耽古連中八天狗」という文化サークルに属しており、ここでもまたメンバーは互いの蔵書を借覧しあっていた。また、小寺は名古屋の貸本屋「大惣」の筆耕内職や、知人の依頼をうけての写本の賃仕事を通じて、自らの蔵書を増やしてもいる。『連城亭随筆』には、こうしたネットワークや内職の中で得られた多くの情報が書き留められており、そのうちの一つが本資料だったわけである。[15]

［資料四］「海彦」坪川武兵衛家文書（福井県立図書館蔵）（図4）

越後国浦辺ニ而海中ゟ出候而、當辰年日本之人七歩通り可死、我か形の繪圖を見たる人ハ死をのかる丶、となん申しき

海彦《アマヒコ》之形

天保十五年辰春

◇［解題］本資料は元は一枚ものとして書かれたと見られるが、「越前国主記」という代々の国主名を列記した書物の写本末尾に、本文とは脈絡なく一緒に綴じ込まれており、書写者の名も明記されてはいない。「越前国主記」本体の部分は、書写奥書から幕末の当主坪川武兵衛の弟仁吉（一八四六〜一九〇八）の手によることが確認でき、製本もまた同人によるものであることが明らかである。しかし、海彦の部分については、仁吉未生の天保一五年（一八四四）の年代記載があるため、他人の手によるものであるか、または後世になってから仁吉が転写したものと推測できる。

坪川家は、福井城下から南西約五キロメートルに位置する越前国足羽《あすわ》郡種池《たないけ》村の豪農で、幕末期の持高一六九石は村高全体の約四割を占めるものであった。仁吉ら兄弟は若くして父を失っており、近在の丹生《にう》郡笹谷村に住む母方の従兄渡部與四郎（一八一九〜一八九五）を頼っていた。與四郎は京都の医師浅井惟良に師事した漢方医で、村では寺子屋も開く典型的な在村知識人であった。坪川兄弟はこの渡部家から数々の書物を借り受けており、特に越前や福井藩関連の地誌・史書の写本を多く作っている。坪川家文書には、こうした写本以外にも明治期の新聞記事や太政官日誌、法令、県報などの多種多様な転写資料が現存しており、中でも注目されるのは「鎌倉英雄鑑」（嘉永五年）や「大日本瀧づくし」（天保一一年）など数十のかわら版を丁寧に転写した帳面を作っていることである。兄弟は、家政や村の様子、政局の伝聞などを書き記した日記も多く残しており、その筆まめぶりがうかがえるが、多様な情報を入手でき、それらを転写する嗜好を持つ階層にあったからこそ、本資料が書き残されたものと言える。[16]

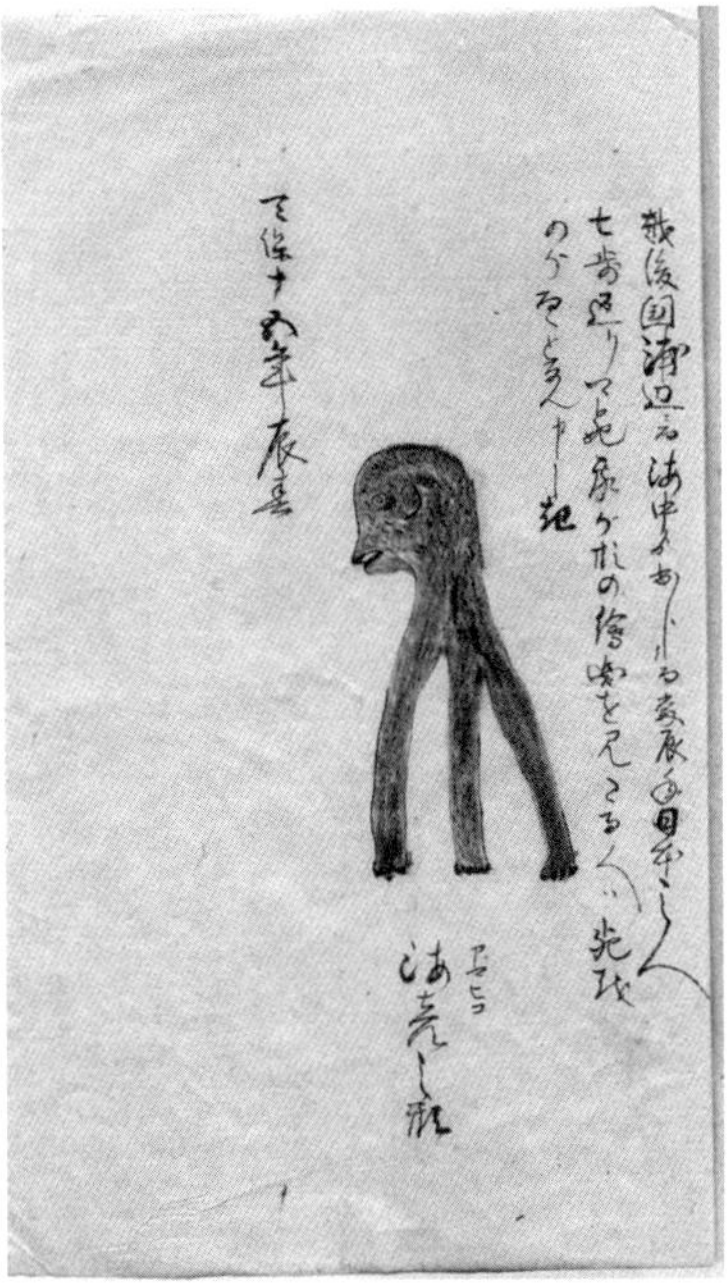
図４「海彦」坪川武兵衛家文書（福井県立図書館蔵）

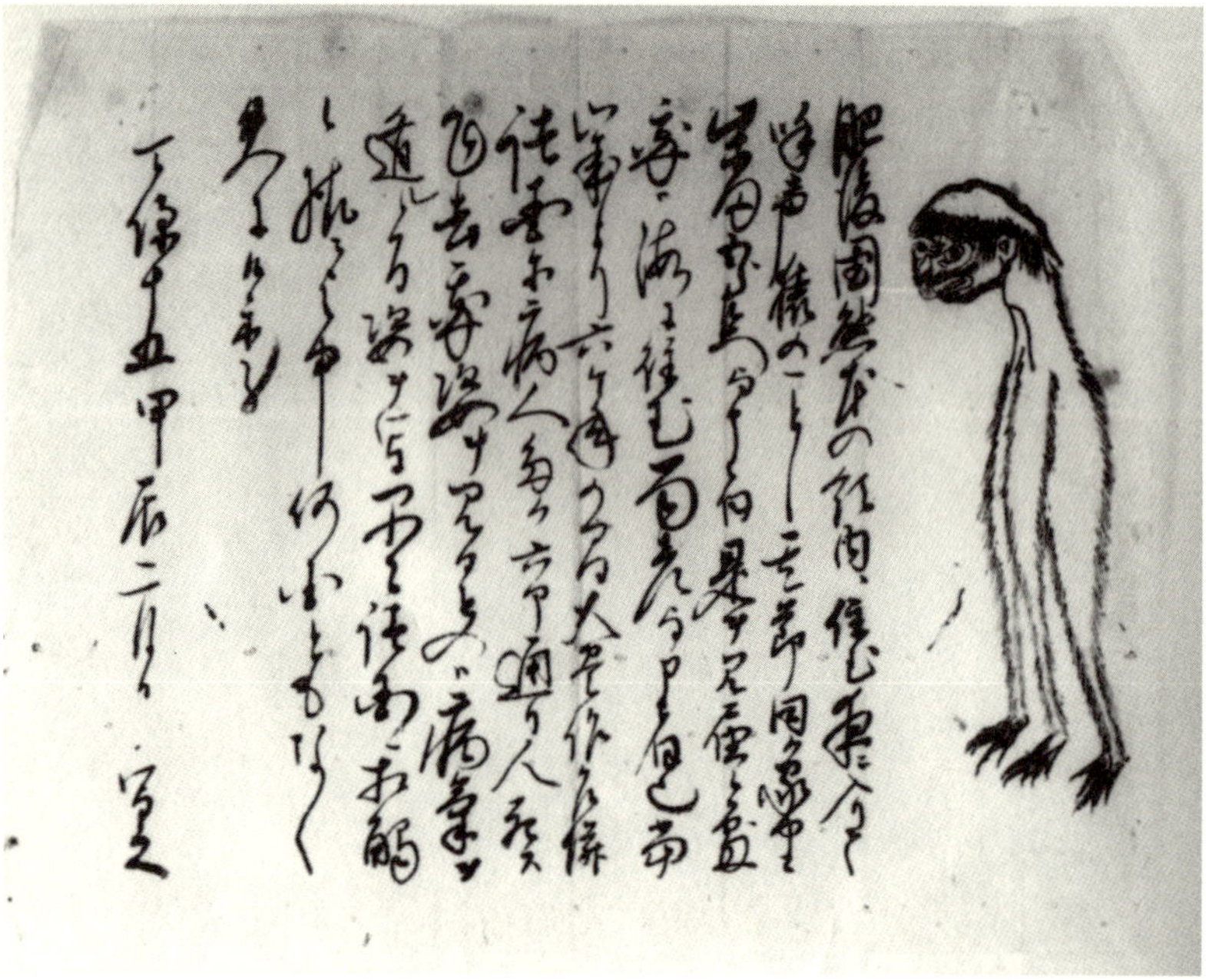

図５「雨彦」津田道弘家文書（写真複製本・福井県文書館蔵）

【資料五】「雨彦」津田道弘家文書（写真複製本・福井県文書館蔵）（図５）

肥後国熊本の領内ニ住む、夜ニ入りて呼声猿のことし、其節同家中ニ柴田五郎左衛門と申者是ヲ見届候處、我ハ海に住む雨彦と申者也、當歳より六ヶ年の間大豊作、乍併諸国に病人多ク六分通り人死ス、乍去我姿ヲ見るものハ病氣ヲ遁レ候間、姿ヲ写早々諸国へ相觸候様ニと申、何国ともなく失にけり

天保十五甲辰二月日　写之

◇［解題］本資料は肉筆で書かれた一枚ものである。書写者の名は見当たらないが、天保一五年に津田家の人間が書いたと見てよいだろう。津田家は越前国今立《いまだて》郡粟田部《あわたべ》村の有力農民で、天保一五年頃の持高はおよそ三四石、これとは別に隣村の越石や預かりの組田を加えると約五〇石を保有する家であった。また、農業のかたわら醸造業や饅頭の製造販売、生糸問屋、薬種商などを多角的に経営しており、覚善、蔦屋の屋号を称した商人と

しての性格も持っていた。

粟田部村は越前国府のあった府中の東方約六キロメートルに位置する交通の要衝で、近在の村々からの物資集散地として、また隣接する越前和紙の産地五箇《ごか》への物資供給地として栄えた在郷町である。幕末には、福井城下以外では唯一例外的に福井藩校明道館の外塾が置かれたことからもうかがえるように、農村というよりは越前地方南部の一都市として位置づけられており、一般の農村に比べると、文化水準も高く、はるかに多くの情報が行き来する土地でもあった。同家文書群には直接に本資料が書かれた経緯を示す資料を見出すことはできないが、同家は商売柄、越前国内はもとより、他国との流通ルートも有しており、こうした物資・情報の往来のなかで、本資料が書き写されたものと考えられる[17]。

三　近世アマビコ資料の分析

これまでに紹介されてきたものに、新出の四例を加えると、現時点では一二例のアマビコ資料が確認できる。このうち明治期の例と見られるものを除くと、本稿で資料一〜五として取り上げた五例が近世の事例ということになる。ここではこれら五例を主な対象にして、いくつかの視点ごとに分析を加え、前稿における私見も含めて、先行研究の成果を検証していきたい。

［**資料の形態**］まずはアマビコが書き記された媒体について目を向けてみよう。資料二・三はそれぞれ風説留の中に転写されたものであり、資料四・五は肉筆の一枚ものである。つまり、いずれも資料一のような印刷物そのものではなく、肉筆で転写されたものである。しかし、資料二には「文躰奇妙也、よみうりの躰を得たり」と注記されているように、元々は読売＝かわら版の情報であった可能性が指摘されている。同様に資料四も、かわら

版またはその転写物がさらに書き写されたとの見方を前稿で示した。これらアマビコ資料については、かわら版として流布したものが、転写によって更なる広がりを見せたという伝播のルートが推定できる。

〔年代〕以前は資料一の弘化三年（一八四六）四月のアマビエのかわら版が、年代が確認できる最も古いものとして分析の軸に位置づけられていた。しかし本稿で紹介する四例のアマビコ資料は、いずれもこれより古いものである。まず、資料四が天保一五年（一八四四）春、資料五も同年二月の記載を持ち、資料一をおよそ二年遡る。次に資料二・三には更にこれを半年ほど遡る天保一四年八月の記載があり、なおかつ同年中に転写されたことが明白なものである。すなわち四例ともが天保期のアマビコ資料ということになり、特に資料二・三は現時点では最も古いものと位置づけられる。資料や情報の発生、伝来、変容の問題を考える上で、年代が明記され、かつそれが古いという点は重要である。

ところで、明治一四年（一八八二）一〇月二〇日付の『東京曙新聞』には、東京府下で「天彦の御影《みえい》」を一枚五銭で頒布してまわった三人組の記事が見える。この天彦を描いた「怪《あや》しき圖《づ》」の説明として次のような記事が載せられている。

…天保年間西海の沖《おき》に毎夜光りを發《はつ》せし異形《いぎやう》の怪物《くわいぶつ》現《あら》ハれ、我ハ海中に住《す》みて天部《てんぶ》の諸神に仕《つか》ゆる天彦《あまひこ》と申すものなり、今より三十餘年の後ち世界消滅《せうめつ》する期にいたり人種悉く天災に罹《かゝ》りて尽《つく》ることあらん、其時我が像を寫《うつ》して軒毎《のきごと》に張り置かば、天災却《かへつ》て安樂長久の基《もと》ゐとならん、努々《ゆめ〳〵》疑ふことなかれ、と誓《ちか》ふて形《かた》ちハ失《う》せたり…

本記事中に天保の年号が登場することについて、湯本は「天保年間に、三十数年後の世界消滅を予言したアマビコが出現したという記録を私は知らない。おそらくは、この三人組がでっちあげた話なのだろう[18]」とし、筆者もまた前稿では、明治一四年に流行した「世界一變」の噂がまず先にあり、ここから逆算して三十余年前にあたる天保年間のアマビコを創出したものと推論した。しかし実際には資料二〜五として示したように、天保期にアマビコの話が広く流布していた事実が見出されることから、明治一四年の天彦とは、天保期のアマビコを核としながらも、別に流行していた「世界転覆」の噂[19]と結び付き、予言内容を悪疫流行による大量死から「世界消滅」に変容させたものと考えられるのである。

［図像］図像を伴う点が予言獣資料の特徴の一つであり、先行研究でも図像は特に重視され、分析の対象とされてきた。資料二・三にはそれぞれ二種の図像があるが、まずは右側の丁から見てみたい。図像は文章の下部に描かれており、顔と足先を除いて全身が毛で覆われている様子は猿そのものである。ただし、猿にしては胴が短く、後足が長いため、顔から直接に長い三本足が生えているようにも見える。

次に前稿で考察した資料四だが、こちらは文章本体と年代記載の間に図像が配置され、「海彦之形《アマヒコ》」とルビが書き添えられている点は他に例を見ない。顔にまで毛が生えている点と絵の完成度は資料二・三と異なるが、猿にも似た顔から直接に長い三本足が生えている点、および足先の指（爪）が書かれている点は一致する。

資料五は、まず図像があり、次に文章が配置されている。頭頂部が無毛で、皿が乗っているようにも見え、嘴のような尖った口も併せて判断するに、猿というよりは河童のような顔立ちである。これもまた胴が短く、首の下から毛の生えた長い三本足が伸びているが、足先には水かきがついているようにも見える。

資料一は、文章と図像とが分かれた形で配置されている。胴体に鱗のようなものがあり、髪が長い。三叉に分かれたヒレのようなものがあり、魚類に近い印象を受け、背景には海中の波も描かれている。資料二〜四とは系統を異にしており、三本足の描かれ方も明らかに異なる。

以上、五例に共通する特徴は三本足という点であるが、最も古い資料二・三が、これまで紹介されてきたアマビコ資料の中では猿に最も近い形態を持ち、「三本足の猿」のキーワードで表現できる点は特に注目すべきである。しかし、三本足で左向きの図像という共通項を除けば、巧拙も含め、描かれ方にはそれぞれかなりの差異が見られる。

次に資料二・三の左側の丁「異本」の図像であるが、こちらは猿似の図像に比べると、絵としての完成度は低い。転写者の技量によるものでなく、稚拙に描かれていた元図像をそのまま転写したものと見てよいだろう。猿というよりは蓑を着た人間、または全身長毛の人間のように見える。怒ったような眼と歯をむきだした口が特徴的であるが、ここでも三本足が明瞭に描かれている。この図像から想起されるのは「アマビコと直接的な接点を持つ幻獣[20]」として紹介された**【資料六】**「山童《ヤマハラハ》」（早稲田大学演劇博物館蔵）（図6）である。山童にはひげがあり、顔の表情も異なるものの、全身が長い毛で覆われており、手が描かれずに、短めの三本足を持つ点はそっくり符合する。

以上、本稿で新たに紹介する全ての例が三本足である点は、湯本が指摘したアマビコの特徴「三本足」説を補強するものであり、山童に似た図像を異本として載せる点も、アマビコ＝山童近似説を補強するものと言える。

【情報量】 筆者は前稿では、天保一五年の海彦（資料四）の情報量が少なく、具体的な地名や人物名を記載していない点を以て「話が発達する前の原初性」が見出せると考えた。湯本もまた、弘化三年のアマビエと明治一五年のあま彦の文章を比較した結果、後者の方が文章が長くなっており、具体的な地名や特定の人物名を記していることから「情報が正確であるかのような印象を与え」るよう、後に情報が加えられたと分析している。しかし、五例の中では最も情報量の多いあま彦（資料二・三）が、最も古い天保一四年のものであるということは、時代が下るに従って情報が書き加えられ、文章が発展するというベクトルだけではなく、逆に情報が間引かれて写されたり、板行されたりする方向性もあると考えるべきであろう。

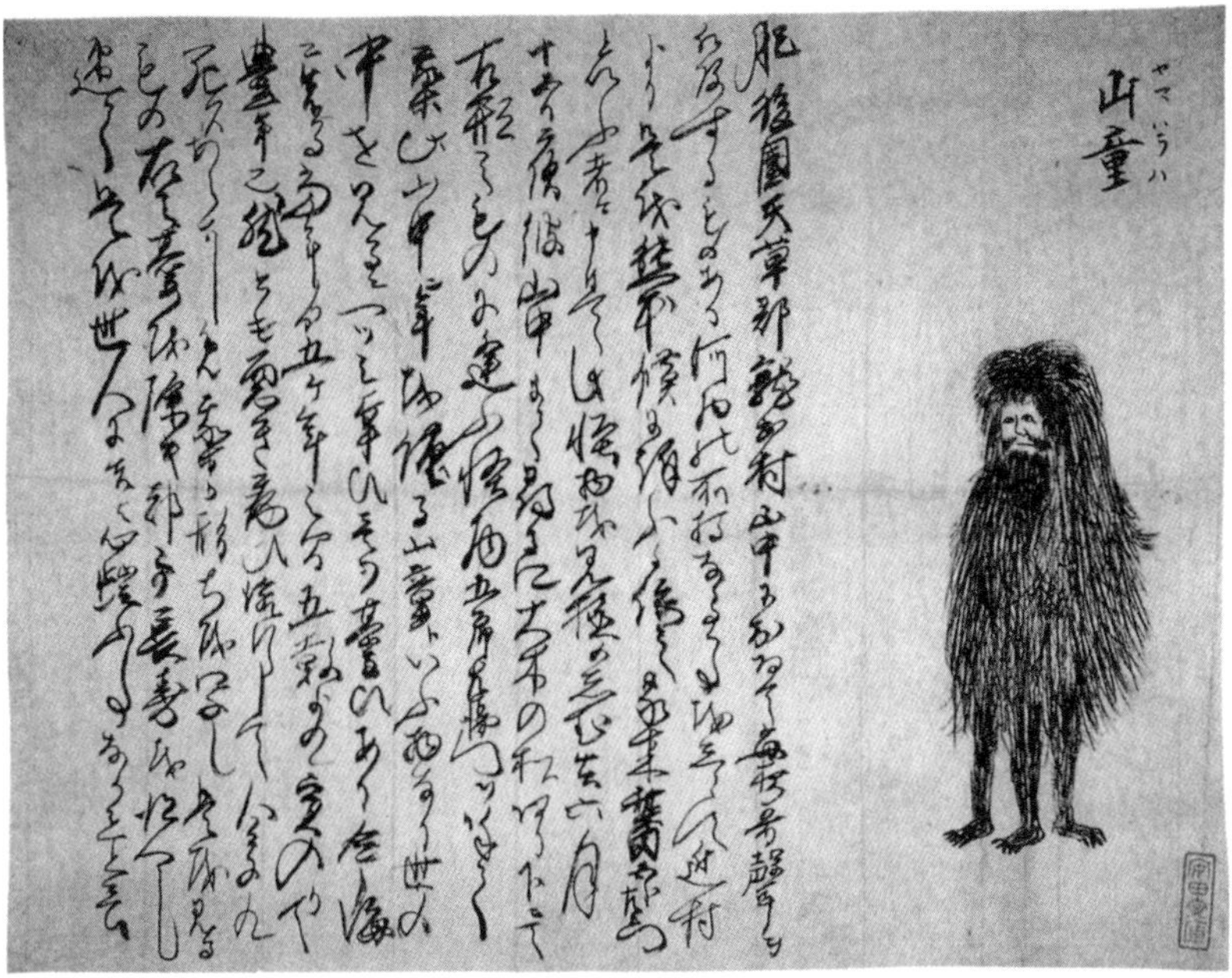

図６「山童」（早稲田大学演劇博物館蔵）

［文章］実は資料二・三は、図像こそ初めて取り上げるものだが、文章については酷似する内容のものが既に紹介されていた。[21]『郵便報知新聞』明治一五年（一八八二）七月一〇日の記事は、東京府下で老婆が近所に「虎列刺除《これらよけ》」の「半紙四切ほどの摺物《すりもの》」を配り歩いていたことを伝えたものである。このコレラ除けとは「下にハ猿《さる》に似たる三本足の怪獣《くわいじう》を描《えが》き其上に平假名《ひらかな》で文章が書かれたもの」であった。記事はこの摺物の「怪獣」の図像を載せていないが、全文にわたって引用する文章が資料二・三とほとんど変わらないのである。資料二・三の図像は先に見たように、まさに「猿に似たる三本足の怪獣」であり、また文章の下に図像が配置されている。すなわち明治一五年の摺物は天保一四年に流布していたものと同一のものと見ることができるのである。また記事は、この明治一五年のコレラ除け摺物が、安政五年（一八五八）に流行したコレラ除けと「文言の一字も相違《さうい》せぬ」ことも伝えている。以上のことから、天保一四年

に流布したものが、安政五年の大流行時にコレラ除けの摺物として販売され、それが更に明治一五年にもコレラ除けとして復刻配布されたことになる。ちなみに明治一五年には、東京市中の絵草紙屋で「三本足《ぼんあし》の猿《さる》の像《ざう》やまたは老人《としより》の面《かほ》に鳥《とり》の足《あし》の付《つ》いたゐたいの分《わか》らぬ繪《ゑ》」がコレラ除けのお守りとして売られていたという記事も見出せる（『読売新聞』同年八月三〇日）。アマビコの摺物やこれを転写した文書が、時間を隔てて、繰返し幾度も幾度も出現し、流布していったことが読み取れる。[22]

次に、天保一五年の資料五の文章だが、資料二・三や明治一五年の新聞記事と比べると、全く同じとは言えないが、出現場所や、予言内容、除災方法など文意は大筋で合致する。これに対し、同じ天保一五年の資料四と弘化三年の資料一は、文章の構成が簡易であり、出現場所、予言内容、除災方法には異なる点も見られる。

〔名称表記〕筆者は前稿において、その時点で最古と見なされた資料四の海彦が「海」[23]の字を用いていることから、「海」こそがアマビコの本来的用字であり、「天」の字をアマビコの本質と捉える見方を疑問視した。しかし、現時点で最古と認められる資料二・三が「あま彦」と平仮名表記していることから、最古という点だけを理由に「海」を本質とする見方は退けなければならない。また、資料五のように「雨彦」とする例や、明治初期の例で「天彦・天日子尊」「尼彦（入道）」の表記も見られることから、アマビコという音は通じながらも、名称に定まった表記を持たない点をアマビコの特徴として新たに指摘しておきたい。この点は、アマビコが統一した形態を持たない点と同一の原因によるものと考える。

〔出現場所〕肥後国（資料一〜三・五）と越後国（資料四）の二通りが見られる。このうち資料一・四・五は具体的な地名を明記しないが、資料二・三には真寺郡という郡名が記載される。しかし、実際には肥後国に真寺郡という郡は存在しておらず、話に信憑性を持たせるためにそれらしい郡名を捏造したか、あるいは転写の際に誤記したかのいずれかであろう。なお、明治期のアマビコ資料では「眞字郡」とする例も見られる。[24]

［対話者名］これまでの研究でも、予言獣とコンタクトを取った人物の多くが、柴田（芝田）某という名であったことがクローズアップされている。資料二・三・五にも柴田が登場するが、五郎左衛門と五郎右衛門の二通りの書かれ方が見られる。ちなみに安政五年（明治一五年）の「あま彦」では柴田五郎右衛門、明治初年のものと見られる肉筆「尼彦」（個人蔵）や前掲「山童」では柴田五郎左衛門となっており、ここでも二通りが見られ、明治期のアマビコ資料では芝田忠太郎と書かれる場合もある。[25]また、後述するように「異本」では「紫田」とするものもあったようで、形態や名称の不統一性と同じく、対話者の名前にも微妙な差違が見られるのである。似通っていながら、細部で違いが生じる点は、アマビコ資料における変容の特徴とも言える。

［予言内容と除災方法］資料一～三・五は向こう六年間の豊作という良き予言をする一方で、病気流行とその結果として六分の人間が大量死するという悪しき予言を行っている（資料一は病気の予言のみ）。これに対し、資料四だけは原因も示さずに「日本之人七歩通り」の死を予言しており、明らかに系統が異なることがうかがえる。また、災難を除ける方法として示される内容についても、資料一～三・五が、アマビコの姿を見て、書き写し、諸国に言いふらしたり、人びとに見せたりする方法を示すのに対し、資料四のみが絵図を見た人だけが死を逃れられるとするのは、販売を目的としたかわら版の文体をより濃く残していると見ることもできる。

［異本］資料二・三にはそれぞれ「異本」の語が三ヶ所ずつ記載されている。以下、資料二に拠って異本情報を確認してみたい。まず一点目は対話者「柴田」について、異本が「紫田」とするのは誤りと推測している。二点目はあま彦が「天保十四卯八月」に「肥後国熊本御領分真寺郡」に出現した点について、異本では「六月十五日山中ら出」とし、どちらが正しいかは分からないとする。そして三点目が先に見た「異本の圖」である。資料六の山童は「肥後國天草郡龍出村山中」に出現し、「六月十五日夜」に「柴田五郎左衛門」によって見極められたと記されている。出現日が一致し、対話者と図像も類似することから、この異本が山童と同系統のものであったと考

えて間違いないだろう。

以上、新出の四資料を中心にしながら、予言獣アマビコを再検証した結果、これまでの研究で謎のまま残されてきたことの何点かが明らかとなった。まず、明治期の新聞で「猿に似たる三本足の怪獣」と表現された「あま彦」の摺物および「天保年間」のアマビコについては、該当する例がこれまでは見出されていなかった。しかし、資料二・三によりその実在が確認でき、あわせて何故アマビコが「猿の声」で人を呼ぶかも理解できた。次に、三本足の特徴を持ち、発見者が柴田五郎左衛門であるという二点から、アマビコとの密接な関係が指摘されてきた山童であるが、天保一四年の段階で当時の人びとにはアマビコの「異本」として捉えられていたことが判明した。また、新たに河童に似た図像を持つ雨彦が見出されたことから、「山にのぼる河童」[26]＝「山童」の図式を踏まえて「アマビコ⇔山童⇔河童」という仮説の検証に移りたいところではあるが、十分な用意もないため、これ以上詳しくは言及しない[27]。ただし、天保一四年〜弘化三年という僅か三年間の五例を見ただけでも、アマビコの文章・図像には、いくつかの写本（印刷）の系統があることが見て取れたであろう。系統樹で示すことはできないが、アマビコが決して単線的に進化していったわけではなく、次章で紹介するような先行する予言獣や流言の影響下に、それぞれ別々の方向に変容し、多様なヴァリエーションを持っていったのである。ここでは、山童や河童も、アマビコの発生と変容に影響を与えた要素の一つだったと推測するにとどめておきたい。

四　予言獣の世紀――一九世紀における怪異情報の受容と広がり

近世社会においては、アマビコ以外にも動物や不可思議なものが、病気流行などの予言をしたという話は何例も見られる。まずは除災方法の内容とメディアの関与について着目しながら、これらの例を確認しておきたい。

元禄六年（一六九三）いわゆる馬の物言い事件の発端は、馬が「ソロリコロリ」という悪疫流行を予言し、その除災方法として南天燭《ナンテンノミ》と梅干を煎じて飲むことを告げたという流言である。あわせて「符籙」や「病ひ除きの方書」も板行されたというが、実際には事前の買占めによる南天・梅干の価格高騰を狙って、浪人筑紫園（團とも）右衛門と八百屋惣右衛門が共謀した狂言であり、二人は厳罰に処せられている。[28] 平井隆太郎はこの一件を「お守りとしてのかわら版」の一種として紹介したが、[29]「符籙（予言書）」の方はともかく「病ひ除きの方書」の内容は、南天・梅干の「薬方」を記した「一小冊」だったわけであり、見たり、転写したり、貼り置けば除災できるという「お守り」のかわら版と見ることはできない。

また、伊勢貞丈『安齋随筆』巻之二〇には「安永の頃流言の事」として、安永七年（一七七八）若狭の人が山で出会った「異僧」が「今歳六七月時疫癘流行天下、民人多死乎、若欲避之、則須転歳月」という予言をしたことを載せている。このとき病除けの方法として示されたのが「転歳月」であり、流言を信じた人びとは五月晦日を「除夜」、六月朔日を「元旦」として正月行事を行ったという。しかし、この例はかわら版などの印刷された（書かれた）メディアが介在した形跡は認められず、「異僧」の図像を伴わない口頭による「流言」であった。

この「転正月」とは、疫病などの災厄を除けるために正月儀礼を重ねて行い、新たに年を取る行為で「再正月・流行正月・取越正月」とも呼ばれた民俗である。平山敏治郎によれば、寛文七年（一六六七）、宝暦九年（一七五九）、明和八年（一七七一）にも流行したというが、近世最後の大流行を見せたのは文化一一年（一八一四）であった。[30] 石塚豊芥子『街談文々集要』巻一二「第十八再正月流言」によると、文化一一年四月上旬の流言は「当年ハ世界七分通り死亡いたし、是を遁れ候ニは、再正月を　祭り候得ば、右病難相除候」というものだった。発端は「川越の近在ニある庚申塚の森に、猿三疋集りて言出」したことだといい、また別の情報では「坂本日吉山王の神猿」

三疋が「当年ハ天下豊年」「然共、人々の死亡多からん」「今年も明ケ新年を改候ハヾ宜しからん」と順々に云ったこととする。[31]猿三疋による予言といえば、三本足の猿が、猿の声で予言をした「あま彦」との関連を推測させるが、この「猿のもの言たる事」についても、現物は伝わらないが「明言神猿記」と題された半紙二枚のかわら版が町中で売り歩かれたという。豊年と疫病流行による具体的な割合を示した大量死の予言は、アマビコの予言とほとんど変わりはないが、除災方法だけが異なっている。まだこの時点では、病を除けるために、図像を見たり、転写したりするという方法が示されていないのである。

では、アマビコのように、図像を伴う形で予言・除災方法がかわら版等のメディアに載り、その図像を見たり、写したりすれば災難を除けられるとする予言獣が流行するのはいつ頃からなのか。現在確認できる最も初期のものは、文政二年（一八一九）四月、肥前国に出現した「神社姫」の事例である。斎藤月岑『武江年表』には「夏より痢病《りびやう》行る。死亡のもの多し（此節の病を俗にコロリと云。これを避《さく》る守り也とて、探幽が戯画、百鬼夜行の内、ぬれ女の図を写し、神社姫と号して流布せしを尊ぶものもありしなり）」との記載が見られる。このコロリ除けの「守り」は、長髪の女の顔を持つ人面魚の図像を載せ、詞書には次のように記されていた。

當四月十八日九州肥前國去る濱邊へ上りしを、獵師八兵衛と云もの見付たり。其時此魚の曰、我は龍宮よりの御使者神社姫といふ物也。當年より七ヶ年豊年也。此節又コロリといふ病流行す。我姿を畫に寫して見せしむべし。其病をまぬかれ長壽ならしむると云々。［加藤曳尾庵『我衣』巻一四］

同年の神社姫の情報は「姫魚」または単に「神」として書き記された三例が他に確認できるが、[32]いずれも文章は二十数年後に登場するアマビコと同様に、対話者に豊年と病気流行の予言を伝え、その除災方法として示すのは、自らの図像を写させ、他人に見せるというものである。敢えて僅かな差異を見出そうとすれば、神社姫の場合は「龍神の使」「龍宮之勅命をうけて」など、神意を受けていわば託宣を下しているのに対し、資料一～五のアマビコの予言に神の関与は認めらない。また、アマビコの悪しき予言においては「人間六分死」（資料二・三）、「日本之人七歩通り可死」（資料四）、「六分通り人死ス」（資料五）のように、具体的にどの程度の人が死ぬかの数字が明言されているのに対し、神社姫の予言にはそれが見られない。曳尾庵によれば、この「守り」は「往々紙に寫して人にもてはや」されたものが、後に「板行にして賈ある」かれたとされており、先に確認したアマビコの例とは逆に「肉筆による転写物→かわら版」という伝播のルートが確認できる。また「いつもあるかく〳〵の事なれども」とあることから、既に同種の怪異情報が別に流布していたことも読み取れる。

次いで文政一〇～一二年（一八二七～一八二九）には、越中国立山に「人獣・どだく・クダベ」といった人面四足の予言獣が出現した事例が見られる。[33] この例でも神社姫と同じく、「我姿絵を常に見る人は、其難、除かん」「我が肖像を図写して、一度これを見ん輩は、必其災難を免るべし」など、絵・肖像を見る、または図写させる除災方法を伝えている。

天保一〇年（一八三九）七月、神社姫と同じ肥前国平戸に出現した「灵《霊》鳥」の資料には、フクロウのような鳥が羽根を広げた図像が描かれている。[34]「神の使」として「七ヶ年豊年相続」と「悪敷病流行して人七分通り死去也」という良悪両方の予言をして、「我が姿を画きてこれを見れバ其病難を除き福壽圓満也」との除災方法を示したという。アマビコ型の予言獣としては、この例が初めて予言に具体的な大量死の割合を示している。

このように動物や不可思議なものが病気の流行を予言する事例が一七～一八世紀には既に確認できるのに対し、病を除けるための手段として、自らの姿絵を見たり、書き写させたりする予言獣が一九世紀になってからしか流行しないというのは、いかなる事情によるのであろうか。

まずは、アマビコ型の予言獣が示す除災方法のうち、予言獣の姿絵を「見る」という行為に着目してみよう。この点に影響を及ぼした要素の一つは、平井が「護符的価値」として注目したいわゆる「眼福」の民俗であろう。近世後期には、象や駱駝などの舶来の珍奇な動物が見世物となり、実際に見物すれば疱瘡麻疹除けや無病延命などの「ご利益《りやく》」に与れることが引札で宣伝された。早い事例では、安永二年（一七七三）大坂道頓堀での山嵐の見世物において、引札そのものにご利益の文章は確認できないが「疫病疫難魔除疱瘡の愁ひを除くといひ傳へて諸人見物群集」（浜松歌国『摂陽奇観』巻之三四）したという。この珍獣見世物の眼福については、ついには現場で動物を実見せずとも、見世物の動物を描いた錦絵・引札を見るだけで眼福があるとされる「ご利益つきのビラ」[35]までが現れることになる。『街談文々集要』巻一一には、文化一〇年（一八一三）長崎に船来したものの、結局は本国に戻されることになった雌象の引札かわら版が転写され、その効能として「其寿数百歳ヲ保ツト云ヘリ、実ニ目出度霊獣也、故ニ常ニ壁間ニ掛テ、旦夕是ヲ愛スレバ、家内和睦シ、寿命長久守タリト云ヘリ」と記されている。また、予言しない幻獣のかわら版として、文化二年（一八〇五）五月の「人魚図《にんぎよのづ》」（早稲田大学演劇博物館蔵）がある。ここにも「此魚を《このうを》一度《ひとたび》見《ミ》る人ハ、壽命長久《じゆめうてうきう》し、悪事災難《あくじさいなん》をのがれ、一生仕合《いつせうしあハせ》よく福徳《ふくとく》幸《さいわい》を得《ゑ》るとなり」との文言が見られ、一九世紀にはかわら版などに描かれた珍獣・幻獣の姿図を「見れば除災招福」という心性が広く浸透していたことが見て取れる。

次にアマビコ型の予言獣が示す除災方法のうち、予言獣の姿図を「写す」という行為から考えてみたい。[36]実際に現存する肉筆の予言獣資料は、その全てが図像だけでなく文章も併せて転写されている。つまり、絵と文とを写すことができる階層の広がりがなければ、こうした除災方法が予言獣によって示されるようになるとは考えにくい。近世社会における情報流通のための主要な手段の一つが、「転写」であったことはつとに指摘されていることである。書籍が写本の形で流布したのと同じく、情報・ニュースもまた文書として転写され、流布していった。

このニュース文書の転写行為は、一七世紀末〜一八世紀前半には既に確立しており、リテラシーの向上につれて漸次一般化していったと見られているが[37]、爆発的な広がりを見せるのは一九世紀に入ってからのことである。宮地正人は、全国市場の形成、文化的ネットワークの形成、権力末端との接触の場の形成という三つの条件が、幕末期に多様な情報を転写した情報記録集（風説留）の全国的な成立をもたらしたと指摘する。そしてこの風説留の担い手として、豪農商や在村知識人および彼らとその文化を共有しうる末端藩士層の存在を挙げたが[38]、これが本稿で取り上げた資料二〜五のアマビコ資料を書き写し、伝えた階層と合致するのである。つまり、政治情報や災害情報、時に怪異情報も含めた多様な情報を、日常的に転写の形で受容し、さらに他者に伝えるような階層が地方にまで広がっている状況が存在してこそ、予言獣の「写す」という除災方法は意味を持ってくるのである。

転写の問題は、文章と図像とで構成される予言獣資料における「不統一性」を考える上でも重要である。アマビコ資料の文章について、アマビコという音のみが通じて、充てられる漢字が異なる点や、対話者の姓名に微妙な差異が生じる点などは、転写時の誤記によるところが大きいと考える。また、転写時に新たな要素が付け加えられ、話が発展する場合もあれば、逆に抄写される場合もあったため、情報量には自ずと差が生じてくる。一方の図像についても、これまでの研究ではアマビコの形態的不統一性や変質の問題を、海生か陸生かといった出現場所に着目するテクスト分析に頼っていたが、実は話は単純で、転写ゆえに図像の質・ディテールが正しく再現できなかっただけと考えるほうが妥当なのではないだろうか。左向きや三本足といった誰もが再現、転写できる要素は保持され続けていくが[39]、転写者（かわら版の板行者も含む）の絵の技量によって、アマビコの姿の細部や全体の雰囲気は変容していく。予言獣の図像の多くが稚拙に感じられるのは、発生からの時間経過や転写者の人数に反比例して図像の質が低下すると考えるべきか、あるいはまた受容のどこかの段階で一人でも絵の下手なものが転写を担った結果によるものとも考えられる。リテラシーを考える際、文字と絵との間には格段の差があるとみてよく、小寺のような絵を習った文人層に受容された際には上手に転写されるし、逆に絵を習得した者があまりいない地方農村部での図像には稚拙さが感じられるのである。佐藤健二も指摘するように、書かれる・印刷される、ということは必ずしも情報が固定化されることを意味するわけではなく、誤写や技量の問題、転写者の思い込みや明白な改変の意思などにより、予言獣の図像と文章は変容させられていったのである。

最後に情報流通の問題と関連して、かわら版というメディアの問題についても考えておきたい。よく知られているように、近世においては出版が厳しい統制を受けており、とりわけ時事報道や妖言に関わるかわら版については寛政改革以後、文化期に至るまで厳しい禁制下に置かれていた。しかし、天保改革の失敗による出版統制の弛緩や災害情報への関心の高まりなどにより、かわら版の板行は一九世紀に入り、特に一八四〇〜五〇年代に急激な増加傾向を見せるという。[40]アマビコの流布もこうした出版状況を反映したものであったに違いない。実際に資料一のアマビエや明治初期の尼彦入道のように、予言獣のかわら版が現存する例があり、また資料二のように読売(かわら版)の情報を転写した可能性が明記される例もある。いずれにせよ、予言獣資料が、必ず図像を伴う形態で流布するものである以上、この情報が口頭で広まる噂や流言として誕生したとは考えにくく、当初から図像を伴う形のかわら版として生み出されたと考えるべきであろう。

以上見てきたように、アマビコ型の予言獣は、まさに一九世紀という時代が生んだ幻獣だったと言うことができる。版本や写本など書籍一冊をまるごと転写する労に比べれば、一枚摺のかわら版やニュース文書は手軽に転写できる。人びとの情報への渇望や情報網の整備に後押しされ、予言獣にまつわる怪異情報は広く各地に流布していった。そしてその過程は、決して正確無比なコピーの過程というわけではなかった。アマビコの場合だけを考えてみても、故意か過失かは判然としないが、例えば名を「アマヒコ」から「アマビヱ」と変えたり、出現地を「肥後」から「越後」に変えたり、また先行する予言獣の部分的な要素を取り入れて形態に変化を持たせたりと、文章や図像を進化させたり退化させたりしているのである。こうした転写による変容で、固定化したイメージを保持しえなかったことも一因なのであろうか、アマビコは二〇世紀末に湯本豪一によって再び見出されるまで、人びとの記憶からは失われてしまっていた。湯本は新聞記事には明治一五年までしかアマビコの記事が見られないことをもって、伝染病の予防法の周知徹底など「科学の発達がアマビコという怪異を絶滅に追いやったのだ」とする。[41] しかし、新聞という新たなメディアの誕生や、人びとが日常的に転写行為をしなくなっていくことも、アマビコを絶滅に追いやった原因と考えるべきではないだろうか。その意味においても、アマビコに代表される予言獣とは、一九世紀にしか生きられなかった幻獣だったと言うことができるであろう。

おわりに――今後の展望

本稿では、新出のアマビコ資料をてがかりに、予言獣とそれを流布させた一九世紀という時代について考察を加えてきた。本来ならば資料二～五の個別事例について、もう少し深く掘り下げた検討ができればよかったのだが、それが叶わなかった。そのため、一体誰が何のために予言獣資料を生み出し、流布させようとしたのか、[42] また何故人びとがこうした怪異情報を好んで買い求め、又は転写していったかという点についてはほとんど言及できていない。

佐藤の先学批判にもあった通り、いつの時代にも社会不安は存在しており、単純に社会不安が予言獣を生み出した、とする図式は確かに安直に過ぎる。しかし、コレラや麻疹の大流行、大地震の頻発や飢饉の発生、西洋諸国による開国要求など、一九世紀の日本社会には特有の「社会不安」が明白に存在していたわけであり、今後はその点を踏まえた議論も必要となるであろう。そして、この問題を考える上では、各地に残された風説留（随筆・

日記も含む）は有効な資料となりうる。かわら版には年代記載のないものも多いが、風説留はたいてい日付順に記載されており、当該地域でいつ頃その予言獣情報が流行したのか、またどのようなネットワークを介して、どのような関心を持つ階層が受容したかを知る手がかりが豊富に残されている。中心となる情報は、あくまで政治情報や災害情報かもしれないが、怪異情報も一緒に書き留めた風説留は多い。活況を呈している近世情報論や災害情報論の議論と関連させて「怪異情報論」を展開していく試みも今後は必要であろう。

資料の問題については、筆者が調査できた越前、名古屋だけで新出資料を四例見出せたことからも推測できるように、現在確認されている例をはるかに上回る種類と量の予言獣資料が現存しているはずである。しかし、従来の自治体史編纂目的による文書群整理では、こうした予言獣資料が目録に採録されたり、撮影されて複製本化されるケースは稀である。また、予言獣資料を転写、貼付した風説留・随筆の類は大部の資料であることが多いため、翻刻刊行もされにくく、資料を実見調査してみないと、予言獣資料を見つけられない場合が多い[43]。今後、天保一四年より前のアマビコや一八世紀のアマビコ型予言獣資料が発見される可能性もあり、またそれによって本稿の論旨が再び変更を余儀なくされる可能性もあると考えている。多くの予言獣資料が見出され、「予言獣」の議論が深まっていくことを期待したい。

注

1 湯本豪一『妖怪と楽しく遊ぶ本――日本人と妖怪の意外な関係を探る』（河出書房新社）、『妖怪あつめ』（角川書店）。
2 小松和彦編『日本妖怪学大全』（小学館、二〇〇三年）に所収。
3 平井隆太郎「二、三の特色ある瓦板類型について」（『Human relations』三集、一九五五年）。
4 小野秀雄『かわら版物語――江戸時代マス・コミの歴史』（雄山閣出版、一九六〇年）、『かわら版・新聞 江戸明治三百事件』シリーズ（平凡社、一九七八年）。

5 野村純一「昔話と民俗社会――世間話から昔話へ」（『昔話と民俗』名著出版、一九八四年）。

6 ただし、この紙片を見たり、写したりすれば除災できるという方法は示されていない。

7 常光徹「人面犬と件（クダン）の予言」（『学校の怪談――口承文芸の展開と諸相』ミネルヴァ書房、一九九三年）。

8 佐藤健二『流言蜚語――うわさ話を読みとく作法』（有信堂高文社、一九九五年）の第四章。

9 湯本豪一「妖怪『アマビエ』の正体――記事から謎を解く」（『明治妖怪新聞』柏書房、一九九九年）。

10 『若越郷土研究』四九の二（福井県郷土誌懇談会、二〇〇五年）。

11 『二夜語』序（『万延元年遣米使節史料集成　第三巻』風間書房、一九六〇年）。

12 細野要斎『感興漫筆』三四（『名古屋叢書　第二十二巻　随筆編（五）』名古屋市教育委員会、一九六二年）。

13 水野正信については、中村保夫「水野三四郎正信について」（『郷土文化』一五巻三号、一九六〇年）、『新修名古屋市史　第四巻』（名古屋市、一九九九年）の第六章第一節「陪臣たち　水野正信と小寺玉晁」などを参照した。

14 市川登紀子「尾張城下の一文人――化政、幕末、明治を生きた小寺玉晁の場合」「同（続）」（『郷土文化』三二巻一号・二号、一九七七〜一九七八年）。

15 小寺玉晁については、市橋鐸「小寺玉晁」（『明治の名古屋人』名古屋市教育委員会、一九六九年）、保谷（熊沢）徹「小寺玉晁の風説留」（『歴史読本』七一四号、一九九九年）などを参照した。

16 坪川武兵衛家については、『福井市史　資料編九』（福井市、一九九四年）八六〇〜八六五頁、渡部與四郎については渡辺紀『笹谷区の歴史』（私家版、一九九七年）を参照した。

17 津田家については『今立町誌　第一巻』（今立町役場、一九八二年）の三五三〜三五四、四六四〜四七二頁を参照した。

18 注1『妖怪と楽しく遊ぶ本』一四九頁。

19 明治一四年一一月一五日から一五日間かけて大洪水、大津波、地震、火山爆発などにより世界が破滅するという「イタリヤ國」の人による予言。同年九月から一〇月にかけて関連の錦絵、書籍など数種が刊行された。

20 湯本豪一「予言する幻獣」一一五頁。

21 湯本豪一、注9。

22 一六世紀頃からのヨーロッパでは、全く同一の話が若干の異同を伴ないつつ繰返し出現することをzeitungsente（[独語]ニュースの鴨）、canard（[仏語]鴨）などといい、虚報の意味に用いられたというが（平井隆太郎「噂の病態――『新聞の鴨』」『月刊百科』二三二号、一九八二年）、この「あま彦」の話もまた、全く同一の情報が、時所を隔てて繰返し出現している（一八四三年名古屋、一八五八年江戸、一八八二年東京）。

23 湯本豪一『日本幻獣図説』七九頁には「天の声を伝える幻獣だからアマビコ（天響）なのである」とある。

24 「あま彦」（「郵便報知新聞」明治一五年七月一〇日）、肉筆「尼彦」（明治初年カ。個人蔵。湯本『日本幻獣図説』口絵七）。

25 明治九年六月二一日「長野新聞」掲載の「尼彦」および摺物「尼彦入道」（明治一五年カ。個人蔵。湯本『日本幻獣図説』七九頁図一一）。

26 奥野広隆「山にのぼる河童」（『季刊人類学』一六巻一号、一九八五年）ほか。

27 アマビコの出現地の多くは肥後国であるが、山童の呼称が九州地方特に肥後国に特有のものであることとの関連性、また、河童・山童と猿との近似性（コルネリウス・アウエハント『鯰絵――民俗的想像力の世界』せりか書房、一九七九年、三〇九～三二八頁）など、別に考察すべき論点も多い。

28 延広真治「舌耕文学――鹿野武左衛門を中心として」（『元禄文学の流れ』勉誠社、一九九二年）を参照。

29 平井隆太郎「かわら版の謎をさぐる」（『かわら版・新聞 江戸明治三百事件 I』平凡社、一九七八年）。

30 平山敏治郎「取越正月――文献と伝承について」（『民間伝承』一三巻一一号、一九四九年）。

31 北慎言『梅園日記』も「文化十一年夏のころ、某の國の某の山にて、猴《サル》人の如くものいひけるやうは、ことし疫病にて人多く死ぬるなり。ことしは過て、來年の正月になりぬるさまに、門松たて、雑煮餅くひなどせば、病をまぬかるべし。といへり…」とし、大和国の「荒蒔村宮座中間年代記」文化一一年の記事（『改訂天理市史 史料編一』天理市役所、一九七七年）も「堺とやらにさるが三疋出申、一疋之申申者荒キ年ト申、又一疋申者人が三合ニ成ルト申、又一疋申候者正月ヲ年ノ内ニすれば能ト云」とし、いずれも猿による予言が発端としている。

32 「姫魚」は、京都の博物研究会での話題を記した水野皓山編『以文会随筆』に所収されており（西尾市岩瀬文庫蔵。『妖怪大集合!!』南丹市立文化博物館、二〇〇八年、六三頁）、高知県でも肉筆の一枚資料が発見されている（個人蔵。『あの世・妖怪・陰陽師』高知県立歴史民俗資料館、二〇〇三年、八三頁）。このほか「神」とだけ表記された同種例として『見聞談叢』所収の肉筆（個人蔵。平井注3論文に文章のみ掲載）が確認できる。

33 「人獣」は『虚実無尽蔵』巻四（宮武外骨『奇態流行史』半狂堂、一九二二年、六五頁）、「どたく」は高力種信『猿猴庵日記』（『日本都市生活史料集成　四』学習研究社、一九七六年、六五二頁）、「クダベ」は大郷信斎『道聴塗説』第二〇編（三田村鳶魚『鼠璞十種　中』中央公論社、一九七八年、三一七頁）を参照。なお、年不詳の「くたべ」のかわら版（大阪府立中之島図書館蔵。『かわら版・新聞　江戸明治三百事件Ⅰ』平凡社、一九七八年、八四頁）や肉筆の「くたへ」（個人蔵。『日本の幻獣』四八頁）も紹介されている。

34 「灵鳥」は信濃松代藩家老の鎌原桐山『朝陽館漫筆』九一巻に所収（真田宝物館蔵。『これなあに⁉江戸時代の好奇心』長野市教育委員会文化財課松代文化施設等管理事務所、二〇〇八年、六九頁）。また、化政期成立と見られる『怪異図』（国立科学博物館蔵）所収の「豊年鳥」も、羽角を持つミミズクが羽根を広げた図像を持ち、同様の予言をしている（『化け物の文化誌――化け物に注がれた科学の目』国立科学博物館、二〇〇六年、二六頁）。なお、明治期のものながら、鳥形の図像を持つアマビコのかわら版「尼彦入道」（注25）も確認されており、「霊鳥・豊年鳥」や疱瘡絵のモチーフとしてのミミズクが、アマビコの図像の変容に与えた影響も考えられる。

35 川添裕『江戸の見世物』（岩波書店、二〇〇〇年）「第三章　珍しい動物のご利益」。

36 ただし明治初期の事例だが、図像の上部に「天日子尊」とだけ書かれ、予言や除災方法の文章が書かれていないアマビコが新聞記事に紹介されている（『東京日日新聞』明治八年八月一四日）。

37 平井隆太郎「江戸時代におけるニュース流布の一様相――ニュース文書の転写について」（『東京大学新聞研究所紀要』二号、一九五三年）。

38 宮地正人「風説留から見た幕末社会の特質――『公論』世界の端緒的成立」（『思想』八三一号、一九九三年）。

39 実は「三本足」という要素も、アマビコの発生時点から既に備わっていたものかどうかは疑わしい。四本足を左側面から描く際、どうしても右後ろ足は明瞭には描けず、三本足に近い絵になりがちである。どの段階かで、たまたま右後ろ足が描かれなくなって以降、「三本足」という再現しやすい要素が、新たに一人歩きして転写されていった可能性も考えられる。

40 北原糸子「江戸時代のメディアかわら版はなにを伝えたか――小野秀雄コレクションを題材に」（『民俗学研究所紀要』二五号、二〇〇一年）。

41 湯本豪一「明治期の新聞にみる怪異記事の動向と諸相」(小松和彦編『日本人の異界観――異界の想像力の根源を探る』せりか書房、二〇〇六年)。

42 平井は憶見としながらも見世物に関わる「香具師の仕業」としている(「かわら版の一類型とその背景――小野秀雄『かわら版物語』をめぐって」『新聞研究』一一五号、一九六一年)。なお、安政五年のコレラ流行時には「何者かゞ此《この》畫像《ぐわぞう》を印刷《いんせつ》して高聲に市街《しがい》を呼歩《よびある》き多くの利《り》を得」たことを『郵便報知新聞』の記事が伝えている。また、明治期以降では「坊主か山伏どもの云ひ出したる事」(『東京日日新聞』明治八年八月一四日)、「三人連《づれ》の男が…一枚五銭の定價…欺き歩行《ある》く」(『東京曙新聞』明治一四年一〇月二〇日)、「伊澤まさといふ後家《ごけ》が…走《はし》り廻《まは》り軒別《けんべつ》に虎列刺《これら》除《よけ》を差上げますと配《くバ》り歩《ある》き」(『郵便報知新聞』明治一五年七月一〇日)とあり、人物像や意図も異なるいくつかの例が新聞記事に紹介されている。

43 『風説留中画像史料一覧(稿)』(東京大学史料編纂所、一九九九年)は、怪異情報も数多く採録しており、本稿執筆に際しても参照した。

[付記]

本稿で新出資料として紹介した資料五「雨彦」(津田道弘家文書)については、福井県文書館の小林啓子氏よりご教示をいただいた。この場を借りて、感謝申し上げたい。

なお、本稿脱稿後、予言獣に関する論考として及川祥平「くだん考―近代『くだん』イメージの再検討」(『世間話研究』一七号、二〇〇七年)、同「近世絵画史料の分析を通してみる『くだん』―『託宣型かわら版』とのかかわりを視座に」(『常民文化』三一号、二〇〇八年)に接した。特に後者は本稿の関心の所在と関わる点も多く、本文内でも言及したかったが、遺憾ながらそれが叶わなかった。別の機会を期したい。

Ⅲ

「わざはひ（禍《わざわい》、災《わざわ》い）」の襲来

徳田和夫

人間の想像力とは、途方もないものだ。例えば、実在しない動物の話題が古今東西にあふれかえっている。動物を神聖視することで、麒麟や龍などの瑞獣を造りだし、また崇敬して畏怖するあまり、いうならば怪獣を生みだしてきた。この幻想の歴史は、妖怪を論じるときに顧みておくべきであろう。道具や器物が化けて付喪神《つくもがみ》になるとする観念と、動物が異形化して怪異を引き起こすとする観想とは隔絶するものではなく、同質の精神営為と考えられる。

想像上の動物のなかで、ひときわ禍々《まがまが》しく人心を震えあがらせるのは、複数の動物の部位を寄せ集めた鵺《ぬえ》のような混成獣や、猛烈な破壊力をもったゴジラのような巨大な体躯のものであろう。これと並べても遜色ない、否、より凶悪な一種がいる。名前からして、すでに奇怪《きっかい》にして恐ろしい。「わざはひ（禍《わざわい》、災《わざわ》い）」[1]である。

「わざはひ」は、凶事、災禍、不幸を生き物としてかたどったものである。四足獣となっており、これが出現すると、世界は破滅するという。その物語とは、次のようなものである。

天竺あるいは唐の国に、無道を尽くし憂えを知らない王や、華奢な生活に飽いた人民がいる。それが驕った挙句、この世に禍《わざわひ》なるものがあるのか、探し出せという。なかなか見つからない。そこに、見知らぬ者が現れ、これこそ「わざはひ」だと連れてくる。犬のような形状である。ただ鉄類を与えておけばよいという。王は、珍しい生き物だと飼うことにする。鉄は始めは少量ですんだ。しかし日に日に増して、「わざはひ」のからだは大きくなる。やがて城、屋敷までを食い尽くす勢いである。困り果てて、火で焼いて殺そうとするが、熔けない。ついには、真っ赤に燃えながら暴れて、人をも食べだし、すべてをこっぱ微塵にする。そこで、王は非道を悔いて、悪事を改めたという。ことわざの「市《いち》に禍を買う」とはこのことである、と。なお別に、国は滅びたとしたり、見知らぬ者や「わざはひ」は、王の心がけを試そうとした帝釈天や天童の化身であったとする所伝もある。

右の「わざはひ」説話は様ざまなことを示唆し、また想起させる。テーマは驕慢の戒めである。栄耀栄華は瞬時についえてしまうのであり、「わざはひ」の成長はすなわち慢心の増大を表しているのであろう。そこからして各地に伝わる長者没落譚《たん》や、成り上がりが元の黙阿弥に帰してしまうという昔話「龍宮童子」「見るなの座敷（鶯の浄土）」の物語が思い浮かぶ。それが怪異説話として語られると、例えば文人紀長谷雄《きのはせお》にまつわる油断失敗譚がある。[2] 鬼と双六をして勝ち、その賭物の人造美女を約束の期日の前に抱いたところ、美女は水となって流れさってしまったという。さらに豪華な庭園を造ったゆえに、死後も執着して祟ったという源融《みなもとのとおる》や玉泉房《ぎょくせんぼう》の悪霊説話もある。[3] そして、仏教説話では、増長のあまり、天狗道に堕ちた僧侶や験者も多い。加えれば、都市や国の滅亡は、旧約聖書の創世記（第十二章）にみる享楽と罪業の都市ソドムとゴムラのそれと同じである。

それにつけても、鉄は武器や建材となり、人間の文明文化を象徴しているとみてよい。それを動物が破却するのである。ここには、アジアにおける動物崇拝と畏怖の営為が映じており、もってして恐怖・怪異説話に成りおおせたといえよう。例えば、狐の変化《へんげ》譚などはその典型である。[4]また、現世の牛馬の姿態を前世での所業による悪果とする説話が、古代中国の『冥報記』を一原拠とする九世紀の『日本霊異記』に載り、以降繰り返されている。これは「もの言う動物」説話としてまとめることができ、[5]民間説話での、事件を予告する件《くだん》も、人の考えを読みとる覚《さとり》（玃《かく》〔大猿〕、山爺《やまじい》）も、[6]その超常性ゆえに幻獣の系譜に連なるものである。また『神道集』「熊野縁起」やお伽草子（室町物語）『熊野の本地』では、嫉妬に狂った女人が赤虫になったと伝えている。[7]さらに動物寓話として、人生の苦難を表わす世界大《ワールド・ワイド》の「月の鼠」説話があり、逃れえぬ死を「羊の歩み」「無常の虎」と喩えている。[8]「わざはひ」を動物の姿に造るのは、こうした一連の物語類と通底しているとしてよい。

そして、「わざはひ」が鉄を好んで食べるとするのは、例えば正徳二年（一七一二）の寺島良安編著『和漢三才図会』の「貘《ばく》」の説明と共通する（巻二八）。いわく、「『本草綱目』に次のようにいう。貘は熊に似ていて、（略）象の鼻、犀の目、牛の尾、虎の足をもち、力は強く、よく銅鉄および竹骨蛇虺《だき》を舐《ねぶ》り食べる。骨節は強直で中はつまっていて髄は少ない。その糞は兵器として切玉（鋭い刀）となりうる。尿は鉄を溶かして水にする。歯骨は極めて堅く、刀・斧で打つと逆に刀・斧が砕け落ちるほどである。火でも焼くことができない。人はこれを手に入れると、仏牙、仏骨と称して俚俗《さとびと》をたぶらかす」と。[9]また同巻には「齧鉄獣《けってつじゅう》」が載り、「（同書に）南方に角・足は大小さまざまで、状《かたち》は水牛のような獣がいる。毛は漆のように黒く、鉄を食べ水を飲む。糞は刀となる。その鋭利なことは鋼のようで、名づけて齧鉄というとある」としている。右の『本草綱目』とは明《みん》の季時珍が編んだもので、奇獣も多く取りあげている。「わざはひ」の仲間である。拠って、「わざはひ」が各種の動物を継ぎあわせたもののともなっていくのは宜《うべ》なるかな。

さて、「わざはひ」襲来の物語は、中国の三国時代、呉の康僧会の漢訳書『旧雑譬喩経《きゅうぞうひゆぎょう》』に始まる（上巻第二二話。大正新収大蔵経4本縁部〔下〕）。「わざはひ」は「禍」と表記され、その「状類ハ猪ノ如シ」とある。それが七世紀後期の『諸経要集《しょぎょうようしゅう》』（巻九「慎禍縁」三）、『法苑珠林《ほうおんじゅりん》』（巻四六「慎禍部」三）に転載されて伝来し、「わざはひ」は日本でも暴れまくり、人をして恐怖に落としいれることになる。

その初出記事は、一二世紀末期の仏教説話集『宝物集《ほうぶつしゅう》』や一三世紀後期の成立とされる『延慶本平家物語《えんぎょうぼんへいけものがたり》』の挿話である。[10]『宝物集』には「猪《い》のやうなるもの」とある（第二種七巻本。新日本古典文学大系『宝物集』）。また『延慶本《えんぎょうぼん》平家物語』のそれは源三位頼政《げんざんみよりまさ》の鵺退治説話に続いて引かれている（第二中、（巻四第廿八））。「小サキ虫」が「次第ニ大キニ成リテ犬程《いぬほど》ニナリ、後ニハ獅子《しし》ナドノ様ニ成」ったとする。加えて、「死シテ後、磁石ト云フ石ニ成《なり》ニケリ。生キテ好ミケル物ナレバ、死シテ石ト成リタレドモ、尚鉄《くろがね》ヲ取ル物ト成タリケルコソ恐ロシケレ。今ノ磁石山《じしゃくせん》、是也《これなり》」とする。[11]同様な伝承は狂言の『磁石』にもみえ、「唐と日本の潮境に磁石山といふ山が有る。其山に住む磁石の精なるが、唐土の鉄を呑み尽くし、日本へ渡り、鉄を呑もう呑もうと思ふところに、」（虎寛本）とある。[12]

ところで、日本での「わざはひ」説話は右の二書で尽きるものではない。以下に、新たに見いだした古文献を掲げておこう。

①天正十三年（一五八五）写『直談因縁集《じきだんいんねんしゅう》』（巻三第二二。廣田哲通・他編、和泉書院）
②寛永元年（一六二四）写『因縁抄《いんねんしょう》』（第七二。阿部泰郎編、古典文庫）
③室町末期写『神道由来事《しんとうゆらいのこと》』（横山重編『神道物語集』古典文庫）
④明和四年（一七六七）刊『新説百物語《しんせつひゃくものがたり》』「針を食ふむしの事」（巻五。叢書江戸文庫27『続百物語怪談集成』国書刊行会）
⑤お伽草子（室町物語）『鶴の草子』（一冊本系＝絵巻系。市古貞次編『未刊中世小説』二（奈良絵本。古典文庫刊）。土佐光信画『鶴草子』絵巻、京都国立博物館蔵。『学叢』5（狩野博幸稿）。他）[13]

⑥滝沢馬琴作、文化四年《(一八〇七)》〜八年刊『椿説弓張月《ちんせつゆみはりづき》』(日本古典文学大系60、61、岩波書店)[14]

右の①と②は、ともに中世後期に隆盛をみた法華経の談義注釈書である。①は、唐土の王のもとに「年二十歟《か》、三十歟ト思《おぼ》シキ人、犬様《さま》ナル物イデ、ワザワイヲイ《(率)》テ参」り、「是ハ若キ故ニ、日ニ一舛宛《ひとます》、針ヲ食ス」という。かくて飼育すると、

(針を)王モ人民モ悉ク大崛ス。時(ニ)是(ワザワイ)、人ヲモ食(ハ)ント趣《おもむく》也。サレバ、鉄ノ縄ニテツナグ。後ハ四方ヨリ火ヲカケテ焼(キ)殺(サ)ントス。時(ニ)ツナヲ引(キ)切リ、人民ヲ多(ク)食(ヒ)殺(ス)。帝王ヲモ食(ヒ)殺(サ)ントス。時(ニ)王、我ハ十善(ノ)位ニ備(ハ)ル。平ニ命ヲ助(ケ)ヨト、云々《しかじか》。時(ニ)、吾是《われこれ》、帝釈也(ト)。汝、アマリニ心ノ任《まま》ニ世ニホコル故《ゆゑ》ト、云々《しかじか》。時(ニ)、後、死(ヌ)ル所ノ人民モ二度生ス。後、王(ハ)、菩提心(ヲ)発シテ、終ニ出離生死(スト)、云々。

とある(引用に当たって私意を加えた)。そして「わざはひ」は、みずからを帝釈天の化身としている。物語は仏教唱導の目処《めど》にそって、王も人民も前非を悔いて、仏道に精進したとなっている。

②も大方は同様である。梵天帝釈が王の無道を試そうとする。「色黒ク痩《ヤセ》タル男」が「禍《ワサワ》イ」だと称して、「何《いか》ニモ痩セタル犬ニ、クサリヲ付(ケ)テ引」いて現れた。「此禍ニ、毎日ニ針ヲ一升ヅツ食物ニ与ヘ玉ヘ。四五年モ過(グ)ルナラバ、日々ニ五升宛《づ》ツノ針ヲカイ《飼》玉ヘ」という。やがて、一年ほどがたつと針がなくなり、「わざはひ」は人を食うようになる。そこで「クサリ七筋」で縛りつないでおく。王や公卿大臣はこれを殺そうとして、「薪ヲ百駄斗《ばかり》積(ミ)テ」燃やすが、鎖を引き切って王に飛びかかる。王が手を合わせて命乞いをすると、「わざはひ」はみずからを帝釈天だ

と名乗り、天に昇っていった。その後、王は無道をやめて、賢王になったという。教えるところは、「わざはひ」は人の邪心が招くものだということであろう。

③は、中世日本紀と呼ばれる、『日本書紀』の神話を室町時代の神道教説によって注釈をほどこした一書である。引用に当たって、仮名遣いは原文のままとし、適宜、漢字と濁点を宛てておいた。

「さくゝの宮《みや》」と申（す）は、用命天皇《やうめいてんわう》の御時《とき》、御門《かど》の宣旨《せんじ》ありけるは、あはれこれより空《そら》に「あくたの虫《むし》」といひて、鉄《くろがね》を食《く》う物にてあり、見ばやと宣旨《せんじ》ありし時《とき》、ほどなく天より虫《むし》一《（ひとつ）》降《くだ》り、帝《みかど》これを御覧《ごらん》じて、我《わ》が願《ねが》ふところの虫《むし》なりとて、飼《か》わせ給ひしかば、初《はじ》めは鉄《くろがね》を食《く》らい、後《のち》は山のごとく成《な》りて、鉄《くろがね》なき時《とき》は人を食《く》うなり結句《けつく》、勅定《ちよくぢやう》にも従《したが》わず、既《すで》に敵をなし申（す）あいだ、彼《かれ》を滅《ほろ》ぼさんと思《おぼ》しめしけれども、鉄《くろがね》を丸《まる》めたる身なれば、太刀《たち》、刀《かたな》も立たざりけり。やるかたなく、天照《てんせう》大《（たい）》神《じん》に申させ給《たま》ふ、あくたの虫《むし》、朝敵《てうてき》となる。天照《てんせう》大神は百王《わう》をだにも滅《ほろ》ぼさんと誓《ちか》ひあり。この虫《むし》を大川《かは》へ入《い》れられしかば、山のごとくに見ゑしかども、つゐに滅《ほろ》びて失《う》せたりけり。海に磁石《ぎしやく》といふ石《いし》は、この虫《むし》の舎利《しやり》の岩《いわ》なり。骨《ほね》までも鉄《くろがね》なり。

「さくゝの宮《みや》」とは「五十鈴宮《いすずのみや》」のことである。「あくたの虫」は「芥の虫」と宛てるのであろうが、「わざはひ」に他ならない。天から降ったものとなっており、また天照大神が駆逐したとしているのは面白い。末尾の磁石山の由来は『延慶本平家物語』の所説と通いあうものである。

④は、京都三条の西に住む貞林という尼が、若いころに備前の国で、虫が針や金具類を食べて異常に成長したのを目撃したとの話である。この虫は暴れまわったとは語られてはいないが、いかにも奇怪である。これに関して想起するのは、マンガ作家の杉浦日向子が著した『百物語』（新潮文庫、一九九六年一一月）での「妖物二話」中

の話（其ノ三十四）である。天狗の弟子と称する少年が語ったものとしている。たまさか山中に生じた虫がいた。始めは山蟻ほどの大きさで、砂鉄を食べている。長ずるに従って、釘、針、火箸など鉄ばかりを食して育った。やがて馬ほどの大きさに達すると、身から自然に火が出て、焼け死んでしまった、と。これは、「わざはひ」説話の一型に取材したものであろう。

⑤の『鶴の草子』には室町末期（一六世紀）の制作の絵巻があり、物語の成立は当然それ以前である。ここに登場する「わざはひ」には①〜③のような教導的性格はなく、ひたすらその恐怖を前面におし立てて造られている。以下にあらすじを掲げる。また土佐光信絵巻から、その登場場面の本文を引用しておく（適宜、句読点および濁点を付けた。また漢字を当て、原文表記をルビとした）。

むかし、近江国《おうみのくに》の伊香郡《いかのこおり》に、妻に先立たれた男がいた。ある日、鶴を捕らえて殺そうとしている猟師に出あい、鶴を着物と交換し、放してやった。三日目の夕暮れ、美女が訪れ、一夜の宿を乞う。やがて、二人は契りを結び、日数を経るほどに、家は豊かになった。そこに地頭の息子が横恋慕し、男に菜種千石《せんごく》を持参せよ、それができなければ妻を差し出せとの難題を課す。男は妻の才覚によって、これを果たす。地頭は次に「わざはひ」を持参せよと言う。男は妻の教えによって、妻の親元に行き、「わざはひ」をもらって、地頭のもとに連れて行く。すると、「わざはひ」は暴れだし、地頭はたまらず、和を乞う。妻は、自分は命を助けられた鶴であると告げて、飛びさって行った。

（地頭）「さらば、わざはひといふ物のあらんずるを、尋ねて参らせよ」と。又、仰せうけたまはりて、（男）「菜種《なたね》は世にあるものなり。わざはひといふものは、世の中《なか》に悪《あ》しきことをこそいへ、姿《すがた》あるものならばこそ了承《りやうじやう》もせめ」と思《おも》ひながら、家《いゑ》に帰《かへ》りて、又、女房《はう》に語《かた》れば、「さる物あり。さらば、親《おや》にてある人のもとへ、この様《やう》を申（し）てみん。この女童《めのわらわ》を具しておはしませ」とて、文《ふみ》、書《か》き取《と》らせぬ。これより丑寅《うしとら》の方《はう》をさして、山

のなかへ行（く）べしと、教《をし》ふるまゝに行くほどに、…。（豪華な屋敷にての遊宴）

（妻の親）「御なごりこそ惜《お》しく思《おも》ひ奉《たてまつ》れども、さらば、とく帰《かへ》り給《たま》ふべし」とて、侍《さぶらひ》ども呼《よ》びいだして、「世《よ》のわざはひ、具《ぐ》して参《まゐ》れ」といへば、「承《うけたまは》る」とて、狼《おほかみ》のごとくなる、恐《おそ》ろしげなる物の、牛《うし》の背《せい》なるが、角《つの》、振《ふ》りたてゝ、鈴《すゞ》つけたるを、からめ具《ぐ》して出《（いで）》きつゝ、「やれ、わざはひ」といへば、鈴《すゞ》つけたる頭《かしら》をさし上《あ》げて振《ふ》りぬ。「かまへて、この殿の仰《おほ》せのまゝに振舞《ふるま》へ」といへば、又、かくと打《う》ちうなづく。…。

すなはち、これ（わざはひ）を具《ぐ》して、地頭《ぢとう》のもとへ参《まい》り、「仰《おほ》せし、わざはひ、具《ぐ》して参《まゐ》りてん。汝《なんぢ》、能《のふ》を尽《つ》くせ」と申（し）ければ、角《つの》、二振《ふ》り、三振《ふ》りうち振《ふ》るとも見えし（に）、俄《には》かに空《そら》かき曇《くも》り、風《かぜ》おびたゞしく吹《ふ》きて、蔀格子《しとみかうし》、みな吹《ふ》きやりぬ。さるほどに、四方《はう》へ走《はし》り廻《まは》り、まづ犬《いぬ》のありけるを少《すこ》しもとゞこほらず、噛《か》み食《く》らふ。その後《ち》、下郎《げらう》より始《はじ》めて、舎人《とねり》、雑仕《ざうし》（奈良絵本「雑色《ざうしき》」）、水仕《みづし》の女房《ばう》ども、うち倒《たを》し食《く》らふに、とゞこほりなく走《はし》り廻《まは》ること、雷《いかづち》のごとし。上下男女《なんによ》、興《けう》をさまして落《お》ち惑《まど》ふこと限《かぎ》りなし。次第《しだい》に座敷《ざしき》へ攻《せ》めのぼるに、地頭騒《ぢとうさは》ぎ惑《まど》ひて、「かゝる由《よし》なき事言《い》ひ出《（いで）》て、憂《う》き目《め》を見《み》ること、いかゞすべき。あれ、鎮《しづ》めなんや」といふに、この男《おのこ》、「わざはひ、今《いま》は鎮《しづ》まれ」と斎《いは》れて、かの男《おのこ》のそばにからまりゐたり。

男は、丑寅（北東）の方角の山中に立ち入って、「わざはひ」を連れてくる。丑寅は陰陽道で鬼が出入りするという鬼門とされ、まさに異界からの襲来である。それは、鉄を食べるとはないが、獰猛な巨大獣である。なおまた、物語構成は、前掲の説話と一致する。権力をかさに着た地頭（＝王）が「わざはひ」を欲するのであり、それが凶暴となり家・屋敷を破壊し、番犬を噛み殺し、人を食べて、さらに地頭を襲おうとする。ついに、地頭は助けを乞うのである。

また「わざはひ」は狼のように恐ろしく、牛ほどの大きさで、角を付けている。ここに室町人の「わざはひ」

図1

観がうかがえる。すなわち、大形の牛のごときものとの認識である。また、首には鈴を付けていた。異界では、飼犬のようにあつかわれているというわけである。その絵では、全体に茶色で、獅子のような体躯となっている。脇腹から背には筋肉あるいは骨の太い筋が浮きでている。大きな頭部には長い二本の角があり、豊かなたてがみ、大きく見開いた目、長い口髭、鋭い牙をたくわえている（図1）。

「わざはひ」は、この近江国伊香郡での出没以降、しばらく消息を絶ってしまう。その噂すらとどめられることはなかった。ところが、である。一九世紀のなかば頃に、またもや暴れだした。⑥の馬琴作、長編読本《よみほん》『椿説《ちんせつ》弓張月《ゆみはりづき》』では、凶暴性は倍加している。かくて、剛力とされた英雄源為朝《みなもとのためとも》の冒険・苦難の物語を彩るのである。「わざはひ」は琉球王国に襲来した。ちなみに作品の始まりでは、九州に落ちのびた為朝が、かつて八幡太郎義家が解き放った鶴を救って逃がしたとある。為朝はこの鶴を追い求めて、琉球に渡っていくのである。この展開は『鶴の草子』の物語に着想したのではないだろうか。

琉球王朝の当代、尚寧王《しょうねいおう》の治世は評判が悪かった。愚かな王を追い落とそうとする企みが起き、そこに妖術を使う僧曚雲《もううん》が暗躍する。「わざはひ」は曚雲によって甦ったのである（続篇巻之六）。その場面の本文を抜粋しながら引いておく。

且《しばらく》して、尚寧王《せいねいわう》は又《また》、曚雲《もううん》に対《むか》ひ、「国師《こくし》、年来《としごろ》、国《くに》の為《ため》に禍福吉凶《くわふくきつきやう》を説示《ときしめ》すに、一点《つゆ》違《たが》うことなし。われおもふに、名《な》あれば必形《かならずかたち》あり。夫《それ》、名《な》あつて形《かたち》なきものは、禍《わざはひ》と福《さいはひ》とのみ。国師《こくし》の神術《しんじゆつ》に因《よつ》て、その形《かたち》を見《み》ることを得《え》つべき歟《か》」と微笑《ほうえみ》て問給《とひ》へば、曚雲《もううん》、回答《いらへ》て、…。（以下、曚雲による「福」の形と名前の説明）

「亦《また》、禍《わざはひ》は、その形《かたち》、牛《うし》に似《に》て、頭《かしら》は虎《とら》のごとし。これを鬼門《きもん》と号《なづ》く。…

「抑《そもそも》、福《さいはひ》は来《きた》しかたくして、禍《わざはひ》は招《まね》き易し。殿下《でんか》まづ、いづれの形《かたち》をかみそなはする。仰《おふ》せの随《まま》にこれを致《いた》すべし」、…。（王）「国師《こくし》かくのごとく、博識微妙《はくしきみみやう》の神術《しんじゆつ》あり。われその難《かた》きを後《のち》にして、易《やす》きを先《さき》にせん。速《すみやか》に禍《わざはひ》の形状《かたち》を見《み》せ候へ」と宣《のたま》へば、曚雲《もううん》「いと易《やす》き事《こと》也」と応《いらへ》つゝ、口《くち》に呪文《じゆもん》を唱《とな》へ、印相《いんさう》して眼《まなこ》を閉《とぢ》、しばしありて外面《とのかた》をさし招《まね》くに、忽地筑登之等《たちまちちくとしら》五七人、怪《あやし》き獣《けもの》を鉄《くろかね》の鎖《くさり》もて繋《つなぎ》つゝ、牽《ひい》て庭上《ていしよう》に参《まゐ》れり、…。君臣斉《くんしんひと》しくこれを見るに、形《かたち》は牛《うし》に似《に》て、頭《かしら》は虎《とら》に類《るい》せり。當下《そのとき》、尚寧王《せいねいわう》は曚雲《もううん》を見《み》かへりて、「国師《こくし》、この獣《けもの》はわが国《くに》に未曾有《みそうう》のもの也。その名《な》をしらし候へ。」と仰《おふす》れば、曚雲《もううん》うけ給はり、「これ則問《すなはちとは》し給へる禍《わざはひ》なり。」とまうす、…。

王《わう》、又曚雲《またもううん》に対《むか》ひ、国師《こくし》の神術《しんじゆつ》に依《よつ》て、われ目前《まのあたり》に禍《わざはひ》の形状《かたち》を見《み》ることを得《え》たり。そもこの獣《けもの》に、何《なに》の能《のう》かある。」と問給《とひ》へば、曚雲莞然《もううんにつこ》として、「殿下《でんか》、彼常言《かのことわざ》を聞《き》ゝ給はずや。禍福《くわふく》に門《もん》なし。只人《たゞひと》の招《まね》く処《ところ》に来《きた》る、といへり。国君無道《こくくんぶどう》なれば、その国《くに》を滅《ほろぼ》さし、按主無道《あんずぶどう》なれば、その城《しろ》を喪《うしな》はし、士庶人無道《ししよじんぶどう》なれば、その身《み》を保《たもた》ざらしむ。これ此獣《このけもの》の能《のう》り。」とまうすを、尚寧王聞《せいねいわうき》ゝもあへず爪弾《つまはぢき》して、「さては畜狎《かひなつ》くるものにあらず。とく〳〵牽退《ひきしりぞけ》よ」と仰《おふ》すれば、曚雲《もううん》つと身《み》を起《おこ》して冷笑《あざわら》ひ、「暗君《あんくん》みづから禍《わざはひ》を招《まね》くこと久《ひさ》し。彼《かれ》、いかでか退《しりぞ》くべき。…。こゝをもて国民《こくみん》歯《は》を切り、按司黄帽《あんずくわうばう》恨《うらみ》を含《ふくむ》もの多し。既《すで》にその禍《わざはひ》を来《き》たして、これを退《しりぞく》ることやはある」といふ。

図2

その言葉《ことば》いまだ訖《をは》らず、いと軟弱《なよなよ》と見《み》えたる怪獣《くわいじう》、奮然《ふんぜん》として怒《いか》れる形勢《ありさま》、眼《まなこ》は百練《ひやくれん》の鏡《かゞみ》に朱《しゆ》を沃《そゝげ》るごとく、牙《きば》は千口《せんこう》の劔《つるぎ》を逆《さかさま》に栽《うへ》たるごとく、一声《ひとこえ》哮《たけ》りて、忽地《たちまち》鎖《くさり》を引断離《ひきちぎり》、玉坐《ぎよくざ》に閃《ひら》りと跳《おどり》あがりて、尚寧王《せいねいわう》に飛《とび》かゝれば、王《わう》は愕然《がくぜん》と駭《おどろ》き、怕《おそ》れ、撲地《はた》と仆《たふ》れて縡切《こときれ》給ひぬ、…。禍獣《わざはひ》はます〳〵狂《くる》ひて、欄干《おばしま》を突毀《つきやぶ》り、飛鳥《ひちやう》のごとく追《お》ひ逼《せま》りて、…。

まさに馬琴の筆力は面目躍如にして、「わざはひ」の現れるところ、驚天動地の騒動がこと細かに語られる。かくて愚王は助からず、あえなく最期を遂げる。この「わざはひ」を「鬼門《きもん》と号《なづ》く」とし、また、王がそれを「何《なに》の能《のう》かある」と尋ねるところなどは、やはり『鶴の草子』の叙述からの案出であろう。

そうであるならば、挿絵の「わざはひ」も検しておきたい。葛飾北斎が描くそれは、まさに二本の角を具えた特大の黒獣であり、四肢に蹄《ひづめ》があるとしている。牛の姿形に着想したとみてよいだろう（図2、3）。それも、例えば宇和島市でおこなわれている闘牛用の牛をふた回りほど大

図3

きくした体である。そして、頭部は虎であり、猛り狂ったその咆哮は地を揺るがすかのごとくである。まさに丑（牛）寅（虎）である。ちなみに、『鶴の草子』絵巻の「わざはひ」には蹄はなく、頭部は虎というより獅子に近い。いずれにしろ、「名よりも見るは恐し」（『枕草子』日本古典文学大系本・第一五三段）とされ、「毛ノ黒ク生《はえ》タル」手に指三本があり、「長《たけ》二丈《ぢやう》（約六メートル）許《ばかり》」（『太平記』巻三二）という「牛《うし》鬼《おに》」とは、このようなものをいうのであろうか。ちなみに、鳥山石燕の描く「牛鬼」は、北斎の「わざはひ」とよく似ている[15]（安永五年［一七七六年］刊『画図百鬼夜行前編』）。

さて、矇雲は為朝によって討たれる。為朝は、神仙の教えで作った桃の矢に、鶴に付いていた義家の牌《ふだ》をそえて射るのである。矇雲の屍骸は巨大な虬《みずち》となり、「わざはひ」もそこで消滅する（残篇巻之四）。

それかあらぬか、「わざはひ」は説話史上、二度と現れない。近代以降はもはや「わざはひ」をイメージするいとまがなくなってしまったようである。人間の驕りはいつの世にもあるだろうに、現代は「わざはひ」をしのぐ大規模な戦争、災害、事故が続けざまに起きていて、「わざはひ」の出番はない。しかしまた、その幻想は映像の世界で復活し、ゴジラのごとき怪獣に置き換えられて生きながらえている。[16]以上は、特に動物妖怪の変化《へんげ》史を構築する上で見逃せないものである。

注

1 この「わざはひ」のように、不安、畏怖、猜疑、嫉妬、吝嗇などの心理・感情や、無知・不分明などの欠損状態を怪物・妖怪化し、その命名に類義の語を用いた例としては、古代中国の神話における「混沌《こんとん》」「盤古《ばんこ》」「先通《せんつう》」があり、日本では「以津真天《いつまで》」（『太平記』巻十二「広有、怪鳥ヲ射ル事」）や民間説話の「覚《さとり》の怪」等がある。ちなみに、ドイツの児童文学作家ミヒャエル・エンデの『ネバーエンディング・ストーリィ（はてしない物語）』（一九八二年、岩波書店）での、ファンタージェン国を侵す妖異「虚無」は人心の荒廃をかたどったものである。また、アメリカのSF映画『禁断の惑星』（一九五六年製作・公開）での「イドの怪物」は自我、無意識がかたち取ったものとの設定である。総じて、怪異や見えないモノを動植物、器物等と結びつけて形象化し、また命名するという妖怪造形のプロセスを考える際に参考となる。

2 徳田和夫「『長谷雄草紙』絵巻と昔話『鼻高扇』――〈視る昔話〉の一端」（『昔話――研究と資料』19、日本昔話学会、発行・三弥井書店、一九九一年六月）。

3 徳田「『三国伝記』の歌徳説話――古今序注との関わりから」（『国語国文論集』12、一九八三年三月）、「四方四季の風流」（『お伽草子研究』三弥井書店、一九八八年一二月）にて取り上げ、論じた。

4 徳田「翻刻・釈文『変化《へんげ》あらそひ』」（『学習院女子大学紀要』7、二〇〇五年三月）。「伝承文芸と図像――中世説話、お伽草子、近世絵画」（『伝承文化の展望――日本の民俗、古典、芸能』三弥井書店、二〇〇〇年一月）。小松和彦・徳田和夫「〈対談〉室町の妖怪――付喪神、鬼、天狗、狐と狸」（『国文学・解釈と教材の研究』50巻10号、二〇〇五年一〇月）。また、中村禎里氏の一連の著作参照のこと。

5 徳田「鳥獣草木譚の中世――〈もの言う動物〉説話とお伽草子『横座房物語』」（講座日本の伝承文学10『口頭伝承〈ヨミ・カタリ・ハナシ〉の世界』三弥井書店、二〇〇四年八月）。

6　徳田「中世の民間説話と『蛙の草紙絵巻』」（『学習院女子大学紀要』3、二〇〇二年三月）にて、中世後期から近世にかけての「覚《さとり》」を論じた。

7　徳田「南会津の『熊野の本地』絵巻 附・翻刻」（『伝承文学研究』54、二〇〇四年二月）、「名取の老女、和泉式部、御衰殿——女性の参詣説話と流離苦難の物語」（国文学解釈と鑑賞別冊『熊野——その信仰と文学・美術・自然』二〇〇七年一月）。

8　徳田「文学メディアとしての『十界図屏風』と『箕面寺秘密縁起絵巻』」（中世文学会編『中世文学研究は日本文化を解明できるか』笠間書院、二〇〇六年一〇月）。

9　平凡社・東洋文庫本の現代語訳に拠った。以下、同じ。

10　高橋俊夫「延慶本平家物語説話攷——宝物集との関係をめぐって（中）」（『國學院雑誌』77巻7号、一九七六年七月）に詳しい。関連論文に、稲田秀雄「『ワザハヒ』説話私注——磁石・貘のことに及ぶ」『延慶本平家物語考証』四、新典社、一九九七年五月）がある。

11　北原保雄・小川栄一編『延慶本平家物語 本文篇（上）』（勉誠社、一九九〇年六月）に拠った。

12　岩波文庫本『能狂言』に拠った。

13　他に、江戸初期絵巻（フリア美術館蔵、辻英子編『在外日本絵巻の研究と資料』笠間書院）、江戸後期模本絵巻（海の見える杜美術館蔵、『物語絵——奈良絵本と絵巻に見る古人《いにしえびと》のこころ』）がある。なお、奈良絵本と絵巻とは、本文に小異がある。

14　これについては高田衛氏に御教示を賜った。

15　なお、宇和島市を中心とした南予地方では、秋祭りに「牛鬼」と称する作り物が登場する。全体に黒く、巨大な胴体で、長い首には獰猛な鬼面を付け、尻尾は剣となっている。これを大勢の若者がかついで練り廻すのである。「わざはひ」を思わせるその姿は興味深い。

16　北朝鮮の怪獣映画『プルガサリ——伝説の大怪獣』（一九八五年製作、日本公開一九九八年）の素材は、高麗王朝を滅ぼした食鉄の怪物プルガサリ（漢字表記「不可殺」）伝説である。その物語および伝承については、中村亮平編『朝鮮の神話伝説』（世界神話伝説体系12、一九二九年一月初版、一九七九年一二月改訂、名著普及会）の「6不可説と不可殺」、および松谷みよ子・瀬川拓男編『朝鮮の民話』（一九七三年一月、太平出版社）の「鉄を食う化けもの」等を参照されたい。

また類話が日本の民間説話にもある。題して「唐のカンニュウ卿」である（鈴木棠三編『佐渡昔話集』一九三九年八月、民間伝承の会。日本昔話記録5『新潟県佐渡昔話集』一九七三年、三省堂）。これについては、「古典説話と昔話」（日本口承文芸学会編・ことばの世界2『かたる』二〇〇八年一月、三弥井書店）にて詳しく取り上げた。

親鸞と蛇体の女

仏教説話から民談への軌跡

堤　邦彦

はじめに

「怪異・妖怪伝承データベース」とは国際日本文化研究センターが公開するデータベースのひとつであり、二〇〇二年六月に第一版が公開された。

そこに含まれる情報には、時として宗教者の関与をおもわせる説話記事の混在がみとめられる。たとえば「蛇」と「女」に関する語彙をデータベース上に検索してみた場合、

蛇＋女　／　一〇九件

大蛇＋女　／　七〇件

の用例を得ることになるのだが、これに「僧」と「寺」「蛇体」などの宗教語彙を加えてみると、数は少ないながらも

寺＋蛇＋女　／　一三件

蛇体《じゃたい》＋女　／　四件

などの用例に到達する。

しかしながら、考えなければならない問題は用例の内容にある。データベース作成のもとになった文献資料は、多くの場合、近現代の民話・伝説集、市町村史の「民俗篇」や個人研究者の論著に片寄っており、そのため唱導資料にみるような、〈あからさまな説話の目的性〉を除外した用例に限定される傾向がいなめない。仮にデータベースの対象に、寺社縁起や仏教諸宗の史伝、寺誌を翻刻した叢書（たとえば『浄土宗全書』、『曹洞宗全書』等）を加え、僧伝・略縁起の霊験譚や妖魔邪霊の鎮圧譚を広義の怪異伝承に位置づけたなら、よりいっそう広い範囲の用例が検索可能になるのではないだろうか。

現在、データベース上に公開されている用例をもとに、この点を確かめてみよう。次の記事は「大蛇」の語で検索して得られる『旅と伝説』通巻六八号（昭和八年八月）の「蛇の話（栃木県）」と題するもので、話者は「新里宝三」とある（資料番号１２３０１８７）。いまその要約部分を左に示す。

建保年間にある男の妻が妾を食い殺そうとしたが、夫に遮られたために夫の咽喉に食いつき、妾をも噛み殺した。全身鱗が逆立って、口は裂け、大蛇の姿になった。この世の女すべてを吸うようになって、入水したといわれる。水に沈んだ女の一念が大蛇になって人々を困らせるので、毎年九月八日の夜に犠牲を捧げた。親鸞が大蛇を退治したとのことである。

これとほぼ同内容の話がデータベース上の資料番号０７０００４３６の高谷重夫「竜女成仏譚」（『近畿民俗』通巻四九号、昭和四五年三月）にみえ、伝承地の詳細を栃木県下都賀郡「国部《ママ》寺村」に特定しているのがわかる。いずれも話の結末に「親鸞」の大蛇退治をしるすところから、もとは真宗系の信仰伝承であったのではないかと推定されるが、やはりこれだけの情報量では、奇譚の宗教的背景を明確にとらえることは難しい。

一方、国立国会図書館蔵の略縁起『花見岡蛇身成仏由来』（明治二四年刊、銅版絵入）によれば、この話は栃木県南部の下都賀郡国分寺町花見岡（現下野市）を舞台とする親鸞の女人救済説話であり、常陸国鹿島郡鳥栖《とす》（現茨城県鉾田市）の産女済度とともに、宗祖関東廻国の折の霊験教化譚であることが知られる。

一三世紀の初頭、北関東に巡錫した親鸞は、浮かばれぬ女霊を化導し、女人往生の地に真宗寺院を建立した。鳥栖の産女済度が、「女人成仏御縁起」で知られる茨城県鉾田市・無量寿寺の因縁（幽霊塚）として縁起化したことは、これらの話の宗教色を如実に物語る。ちなみにデータベースでは『茨城の民話』所収の「安鬼」の項（番号０１８００１４）に鬼の角の生えた妬婦が親鸞の読経により救われ「安塚」に埋葬された口碑を載せる。原拠は常陸太田市谷河原の西光寺（二十四輩寺院）に伝わる鬼女成仏縁起であろう。当寺には「鬼女の角」と双幅の絵伝が所蔵されている。ただし、このケースの場合も、データベースの資料だけでは説話成立の歴史的な経緯や宗教情報を探り得ない。民俗資料の限界点があらわになるのである。

「怪異・妖怪データベース」は調査の入り口で指針を示してくれる有益な情報に相違ない。しかしそれで十分とはいえない。次の段階として、得られた資料のさらなる追跡と検証を要する点も現状といわざるを得ないからだ。では、データベース上の奇譚情報の補足調査はどのようになされるべきか。とりわけ仏教と怪異の関わりをめぐる比較的未開拓の分野では、引用資料の多角的な吟味が不可欠となる。この点に関して、ここでは花見岡の大蛇済度を中心に、真宗高僧伝をめぐる民談化のメカニズムに論究してみたいと思う。

一　「正しい」親鸞伝とは――本願寺と高田派

一般に、真宗教団の手により宗祖親鸞の伝記が編まれたのは、曽孫にあたる覚如（一二七〇～一三五一）の撰述した『親鸞上人絵伝』にはじまる。本願寺の創建者でもある覚如は、永仁三年（一二九五）、宗祖一代の偉業を上下二巻の絵巻物にまとめ、宗門の聖典と定めた。「伝絵《でんね》」（親鸞伝絵）とも呼ばれたこの伝記絵巻は、早い時期から詞書きのみの「御伝鈔」と絵相部分を掛幅にした「御絵伝」とに分けられ、やがて時代が下がるにつれて、本願寺から「御伝鈔」「御絵伝」を下付された有力寺院によって一一月の報恩講の折に宗祖伝の拝読、絵解きが行われるようになった。

ことに「伝絵」を集大成した康永本（一三四二）の成立以後、本願寺はこれを親鸞伝記の決定版と定め、絵所で一括して制作した「伝絵」を末寺に下付し、異説の入り込む余地のないように統一化をはかった。

しかしながら、実際のところ本願寺の目指す「正しい親鸞伝」は一九世紀になっても確立しきれず、関東系の高田派に顕著な民俗信仰にも似た親鸞伝説が、本山の統制の外部で公然と行われていたことも事実であった。[1] 下野、常陸の真宗寺院に散在する「幽霊済度」「産女の経塚」「大蛇済度」などの旧蹟は、その典型とみてよい。

本願寺の主導する俗説の排除は、それではなぜに徹底され得なかったのであろうか。そこには、神秘と霊異に充ちた親鸞伝説の世界に心惹かれることで信仰を自認した一般門徒の視線《まなざし》や、あるいは世俗の求める超越した救済者としての親鸞像を許容し、地方民衆の土着的な崇信の琴線に触れる神異僧「シンラン」の伝奇説話を是認した布法現場のありようが想察されるだろう。

近世における本願寺と地方寺院・門徒衆の間の「正しい親鸞伝」に対する認識の落差をめぐって、塩谷菊美はこう指摘する。[2]

近世文学は「考証の季節」にあるといわれる。元禄・享保頃からは、文献を用いて世間に流布する俗説の是非を論ずることが一般化し、「偽作」「偽説」「妄説」「虚説」は否定されるようになった。（中略）「考証の季節」

> の到来を、本願寺は十分に認識していた。異説を排し、正しい親鸞伝を確定しようとする際の判断基準には、「本願寺に伝わる伝承か否か」ということとともに、合理的・実証的な思考法が採用されるようになっていった。
>
> ところが、十八世紀後半になっても、「御伝鈔」の聴き手たちは「奇怪の説」を好んだらしい。（中略）荒唐無稽な伝説は宗祖の名を汚しかねないのに、その危険性を理解しない一般の門徒衆は、「座」で語られる奇怪な異説に魅きつけられていたのである。

純粋に学問的な視野から、宗祖の史伝と思想を正しく伝えようと努める中央教団の原理に反して、現実に門徒の信仰心を喚起して止まなかったのは、「三度栗」「川越の名号」のごとき物語的な想像力をかきたてるエピソードであり、それ故に地方末寺の親鸞伝説は神異僧の法力譚へと傾斜しがちであったわけである。

ところで、本願寺の忌避する奇怪の説をむしろ積極的に民衆教化のてだてに援用した勢力として、北関東に教線をひろげた高田派の門流が思いうかぶ。

高田派は真宗十流のひとつで、親鸞が下野国高田に布教所として開いた如来堂を起源とする専修寺《せんじゅじ》（栃木県真岡市二宮町）を拠点に、主に北関東の真宗寺院を管営した。初期の高田派は念仏聖的な性格をもつ集団とみられ、善光寺如来信仰、聖徳太子伝などの布宣を特色としていた。のちに本願寺の教勢が伸張するにつれて、高田門徒は京都の中央教団との対立を深めるようになる。すなわち文明年間（一四六九〜八七）、十世真慧のころに専修寺を伊勢の一身田に移して自派の優位性を説き、反本願寺の立場を鮮明にするに至る。室町末期の一向一揆に際して、反本願寺側に加担したのはそのあらわれであった。

宗門史のうえのこのような確執を歴史背景に、本願寺非公認の高田系〈親鸞伝〉が生み出され、関東の地に信仰圏をひろげて行く。江戸期になると、それらの諸伝承を宗祖一代記にまとめようとする気運の高まりを受け、五天良空（一六六九〜一七三三）の編述によって『高田開山親鸞聖人正統伝』（享保二年・一七一七刊）、『親鸞聖人正明伝』（同一八年刊）の二著が刊行された。

一方、関東諸寺院を通覧すると、そこには『正統伝』にさえ載らない民間伝承的な救済説話が散見し、「幽霊済度」「大蛇済度」のような民俗の色合いの濃い霊験譚や、個々の寺院の宝物にまつわる縁起伝承を積極的に取り込む地元密着型の宗祖信仰に大きく傾斜しているのがわかる。『正統伝』、『正明伝』の成立した一八世紀初頭は、「二十四輩」の名で知られる親鸞門弟二四人の旧蹟寺院が定められ（実際には百ケ所を越える）、由緒寺院を訪ねて霊宝・聖跡を巡る順拝ルートが確立した時代であった。宝永八年（一七一一）刊『遺徳法輪集』、享保一二年（一七二七）刊『二十四輩巡詣記』のあいつぐ発行は関東の親鸞旧蹟に対する関心の高まりをあらわす現象といっても差し支えないだろう。後に述べることになるが、享和三年（一八〇三）に竹原春泉斎の挿絵を加えた『二十四輩順拝図会』が刊行され、伝奇性、物語性の濃厚な聖跡案内記が巷間に四散するに至ったのは、『正統伝』、『正明伝』にはじまる宗祖伝の神秘化傾向を先駆《さきがけ》とするものであった。

もっとも、本山側の「学問」重視の原理からみれば、俗間の親鸞伝説はやはり史的根拠の乏しい空言にすぎず、さらに高田派の『正統伝』『正明伝』に至っては、門徒を惑わす虚妄に充ちあふれた通俗本とみなされ、論難の対象になるのが常だった。本願寺派の広智による『非正統伝』（天明四年・一七八四写）はその典型といえるだろう。

一方、今日の真宗研究において、総じて軽視の傾向にある『正統伝』『正明伝』の親鸞伝説について、吉本隆明、佐々木正らはこれを真宗の「物語」として再評価し、あえて奇怪の説に光をあてる視角を示した。[3]佐々木は『正統伝』『正明伝』に記述された産女幽霊の鎮魂や、後述の花見岡縁起が語る蛇身の妬婦の教化譚をとりあげ、かような伝承の深部に、近代の理性からは判断のつかない秘められた人間真理の潜在を見出し、物語が発する宗教的感銘の多大なる影響力に着目して、こう述べている。[4]

近代の知性は、最近までこのような伝承を「迷信」や「偽作」の言葉で包み込み、黙殺してきたと言ってよいだろう。肯定的に受けとめられた場合でも、民話的ファンタジーとして取り扱われてきたにすぎない。理性信仰に犯された近代人の性癖に影響を受けて、『正明伝』も正当な場所から、遠く追いやられてしまったのかもしれない。

けれども（中略）物語として造型された説話が、歴史の底に地下水のように流れる人類の〈普遍的真実〉を伝えてきたことは、今日の民俗学や文化人類学の功績によって、すでに公認されていると言ってよいだろう。

人の心意に直接訴えかける「物語」の近傍に身を置くことは、幾百の教義説法に優るとも劣らぬ説得力をもって、門徒衆を霊妙なる親鸞思想の世界へと誘《いざな》ったわけである。

そうした地方寺院周辺の状況は、一面において仏教説話としての高僧伝と在地伝説の間の境目をかぎりなく混沌とさせて行く。村里をさまよう産女の怪とその鎮魂、あるいは水底に沈んだ蛇身の女の解脱《げだつ》といった高田派掌中の親鸞伝説は、宗祖の関東布教を歴史的にものがたる宗教英雄の伝記群であると同時に、話の古層に小農民の日々の生活と縁の深い産育民俗や、村里に豊穣と祟禍をもたらした水精信仰の記憶を内包している。

中央教団の認めない異形の宗祖伝があれほどまでに門徒のこころをとらえて離さず、まるで妖魔退治の呪的民談にも似た土着の親鸞伝説に人々の関心が向けられた真の理由とは何であったのか。この点を『正統伝』『正明伝』の「物語」にそって具体化し、説話享受の実状を書かれた文献の解析にとどまることなく、いったんは北関東の諸寺に展開した布教の現場に立ち戻り、個々の略縁起、宝物と開帳、絵解き説法、伝承遺跡の変遷などの事柄を丹念に精査してみる必要があるように思えてならない。ものごとの本質を読み解くカギはフィールドに散在するのではあるまいか。
以上の視点に立脚しながら、主に二十四輩寺院を縁起語りの拠点とした大蛇済度譚の生成と流伝のメカニズム、そして民談化へのプロセスを検証してみることにしよう。

三　花見岡の大蛇済度

下野国花見岡（現栃木県下野市）の大蛇済度をはじめて文献上に記載したのは、おそらく『正統伝』の親鸞四三歳の条であろう。
関東を廻国の親鸞は、室の八島の神官・大沢掃部頭《かもんのかみ》友宗の懇請を受け、生け贄を求めて村民に苦難を与える「沢ノ神」の鎮圧におもむく。三日三晩、経文を唱え池のほとりで説法する聖人の前に蛇身の女が姿をあらわす。

池水忽ニ涌キカヘリ、波間ヨリヒトリノ女人出タリ。友宗ヲ始トシテ、諸人驚嘆ス。婦人、聖人ヲ礼シ、涕泣シテ云ク、「ワレハ前世富家ノ妻ニ侍リキ。嫉妬フカクシテ婢妾《ヒシヨウ》ヲ殺シ、造悪ハナハダ多シ。其《ソノ》瞋恚ノ報ニ依テ、今大蛇ノ身ヲ受ケタリ。瞋火身ヲ焼テ苦痛タトヘヲ取ルニ物ナシ。然ルニ、日者《コノゴロ》導師ノ法雨我身ニソソギ。三熱ノ焔ヤヤ消ヌ。願《ネガハ》クハ、師ノ法力イマ三日ヲ累《ワヅ》ラサバ、我レ天ニノボリ、妙華ヲ雨シテ、真応ヲ供養セン」ト。

前世に裕福な家の女房でありながら、生来の嫉妬深い性格から夫の妾を殺害し、悪報を受けて蛇身となったいきさつを告白する妬女。『正統伝』は、このあと蛇身が宗祖の法力に助けられ、異香立ち籠め天の華の降りそそぐなかで往生を遂げるまでの奇跡をしるし、さらに章末に其ヨリ此池ヲ呼テ華見岡《ハナミノオカ》ト云フ。亦《マタ》、彼《カノ》池沢ヲ親鸞池ト名ク。

との地名起源を付け加えるのであった。

一方、「伝絵」等の宗祖伝はもとより、『正統伝』と同時代の二十四輩案内記にすら、花見岡の大蛇の故事は取りあげられていない。たとえば、祖跡巡歴の実見をまとめたという宗誓の『遺徳法輪集』をひもとくと、巻六に「下野国都賀華見岡」の条を設けてはいるものの、『正統伝』のごとき法力譚への言及は見られない。すなわち本文は、

聖人御経廻ノ砌リ、室ノ八島ノホトリニ思ヒ河トイフヲ東ニ越テ大高寺村ノ領内ニ華見岡トイヘル丸山アリ、コノ処ニシバラク居シタマヘルトイヘリ。ソノ辺ニ大ナル池アリ、聖人コノ池ノ水ヲ用ヒタマフトイヘリ云云。

として、宗祖ゆかりの「池」を紹介するにとどまるのであった。大蛇済度の霊験に筆をさかなかったのは、「正しい親鸞伝」のスタンスにあい通ずる書きぶりともいえるだろう。先啓の『大谷遺跡録』（明和八年・一七七一）などの一部の順拝記を除いて、ほとんどの本願寺系宗祖伝が親鸞を験者化して描く花見岡の大蛇済度に言及しなかったのは、異説を忌避する本山の宗是からみて、しごく当然の帰結であったろう。

もっとも、これとは対照的に、親鸞の蛇身教化は江戸後期に刊行された図会物高僧伝にしばしば引かれており、伝奇的霊験譚の世界に不可欠の題材となっていた。たとえば『二十四輩順拝図会』や、幕末の万延元年（一八六〇）に出版された『親鸞聖人御一代記図絵』は、いずれも大蛇済度の「物語」を宗祖伝のクライマックスに据えてい

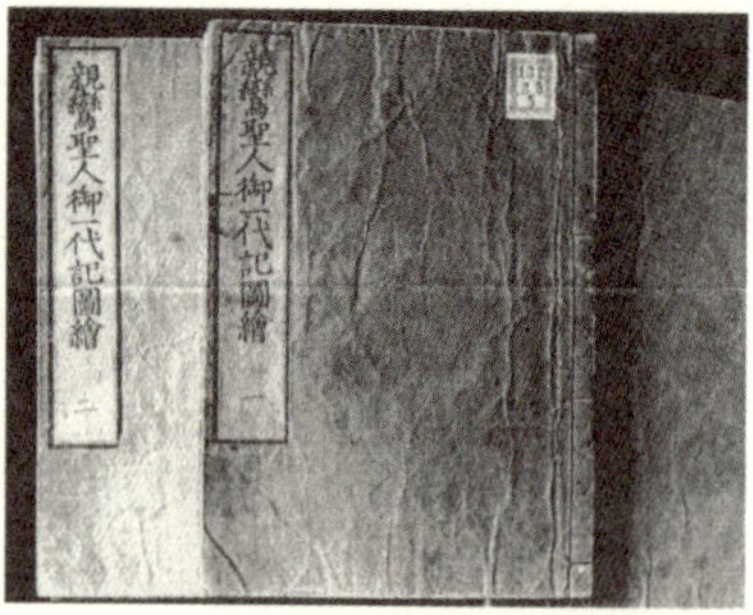

図1　『親鸞聖人御一代記図絵』（慶応大学図書館蔵）

る。前者は絵図を援用した霊場めぐり物の流行を受けて成立し、また後者の刊行も天保の改革以降にあいついで編まれた高僧一代記のひとつと考えてよい。ともに当時の出版界の動向と無縁ではなかったわけである。

一九世紀の江戸、上方では、宗祖一代記の様式を具備した各宗派の高僧伝が編述され、絵入刊本となって一般社会に普及した。江戸版の『日蓮上人一代図会』（安政五年・一八五八刊）などは、寺院主導の出版物でありながら、作者に中村経年（戯作者の松亭金水）を起用し、挿絵は葛飾為斎に画かせるといったぐあいに、形態上は図会物の「読本」に近似の宗教読みものとなっている。[5]戯作を娯楽読み物の主流とする江戸末期の文芸環境のなかで絵入刊本型の親鸞伝が編まれ、本願寺お墨付きの厳格な宗祖伝にはみえない大衆好みの超人的神異僧の活躍が表現の迫真性、描写力に充ちた文飾などの要素をともないながら市井に流伝したことは、紛れもない事実であった。その際、幻妖な大蛇済度の霊験が好個の題材として顧みられたのは、しごく自然の趨勢とみてよかろう。

具体例をあげてみよう。『二十四輩順拝図会』後編巻之四にみえる「花見岡　親鸞池」の条には、夫と妾を喰い殺す妬婦の血生臭い復讐譚が、酸鼻な絵画表現とともに物語風の筆致で描き出されているのがわかる。[6]親鸞の眼前に化現した大蛇は、かつて人であった自分が人血で咽をうるおす池の妖魔に化身してしまった理由《わけ》を一部始終告白し懺悔する。美貌の妾に対する妬み心に苛《さいな》まれながら、一度は夫のつれない振る舞いを我慢する家婦であったが、やがて忍耐も限界となり、哀しい憤怒の念が人の姿を悪鬼蛇身に変えてしまう。やや長文におよぶ蛇身の独白に耳を傾けてみよう。

されども生質《せいしつ》のしつと去らざればとやせん、かくやと心ひとつにせまりきてたちまち狂乱し、今は人目も慙《はぢ》をもしらず、ただ一念の怒気凝《どきこ》りて鬼ともなり、蛇《じや》ともなれ、いかにもして彼の女をとりころし、胸の焦熱をやすめんと直《ただ》ちに側室《そくしつ》に至つて、彼の女を見るよりも鬼一口に喰《く》はんとせしを、夫《つま》はかたへにありあはせ、これを支《ささ》へとどめんとす。人のつらさもいつまでぞおもひしらせまゐらせんと、そのまま夫《つま》の咽《のんど》に喰ひ尽きてにぐる女を打ちたほし、思ひのままにくひ裂《さ》きしかば、同じまくらに夫《つま》も女も死したるありさま、少《すこ》し心も行《ゆ》くばかりうれしかりしが、俄《にはか》かに惣身もゆるがごとく、大焦熱の苦《くる》しみ逼転煩悶《ひつてんはんもん》して、暫し人事《にんじ》も忘ぜしと覚《おぼ》えしが、ありし姿に引きかへてたちまち蛇形《じやぎやう》のよそほひとなり、我が身ながらもおそろしくはぢがはしく、これなる九尋無庭《きゆうじんむてい》の淵《ふち》にとび入り再び人にまみえじとちかひしも、蛇身の業火《ごうか》三熱の炎日夜たへがたく、心狂じて人を取りくらふに鮮血咽《のんど》をうるほせば、ふしぎや暫時の苦悩をまぬがるるに似たれば、つみもむくひもわすれはて、これまで数多《あまた》の人民《にんみん》を悩ましつみに罪をかさねつつ、うかむ瀬もなき我が身なるに、頃日《このごろ》尊き聖人の読経《どくきやう》称名微妙の御声《みこゑ》水面にひびき、清涼として頓《とみ》に我が身の焦熱をさまし、苦悩を忘れ、身心《しんじん》全く安きがごとし。しかのみならず、聞法の利益《りやく》浅からず、貪乱《どんらん》の心たちまちに翻り、菩提を求むる事さらに切《せつ》なり。これを宿因《しゆくいん》の善根とし、仰《あふ》ぎねがはくは聖人大慈悲をたれたまひ、今よりさらに三日の間梵音《ぼんいん》たえさせたまふ事なくんば、その功徳をもってすなはち蛇身を解脱《げだつ》し、生を転ずるに至るべし。

図２『二十四輩順拝図会』後編巻之四

『正統伝』に記述された高田派の親鸞伝説が一九世紀にいたり、当時流行の一代記図会の様式をとりいれることで寺坊の外部に享受層を拡大し、芝居がかった怪奇趣味の香気さえ漂わせる絵入刊本系の宗教物語に変遷して行く。そのありさまを、『二十四輩巡拝図会』の大蛇済度の段は如実にものがたるのである。花見岡の霊跡由来が、世間の耳目に触れやすい刊本に取り込まれることにより、土地の伝承の枠組みを越えてひろく巷間に流布した点は、近世仏教と文芸世界の連関を明らかにする視点からも見逃せないことがらといえるだろう。

四　二十四輩寺院・安養寺の動向

一方、都市の出版文化の影響を受けた図会物の盛行とは別に、いまひとつ注目しておかなければならないのは、近世後期から近現代の北関東に繰りひろげられた真宗寺院の唱導活動が、土地の親鸞伝説といかなる関係性を持ち、民談への変容を果たしたのかという観点であろう。いまこころみに花見岡縁起とその類型を含め、親鸞の大蛇済度譚を伝承するこの地方の真宗寺院に視点をしぼり、所蔵を確認できる略縁起、絵解き図、宝物、ならびに付近の伝承碑等を略記すれば、およそ以下のようになる。

A　安養寺（栃木県宇都宮市、二十四輩寺院）

1　『花見岡縁起』
刊年不明の絵入略縁起、『略縁起集成』2に翻刻

2　『花見岡縁起』
文政九年刊

3　『花見岡縁起』
昭和一〇年刊、凸版複製本（図3）

4　『花見岡大蛇済度絵伝』
双幅、現在所在不明（図5）

5　大蛇爪、六字名号石（図6）

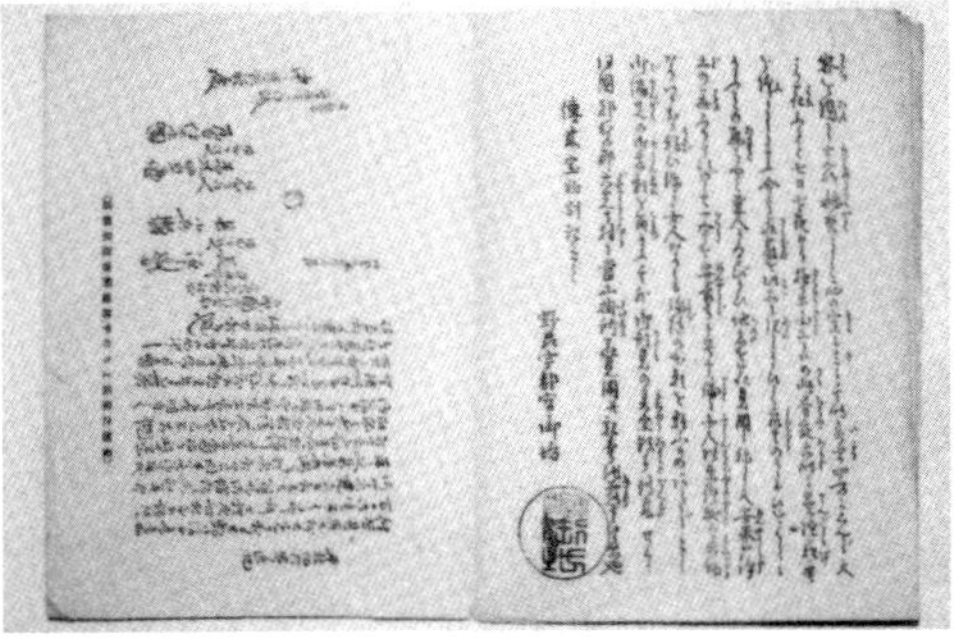
図3　安養寺・昭和10年版『花見岡縁起』（A - 3）巻末部分

B　蓮華寺（栃木県下野市国分寺町）

1　『親鸞聖人花見ケ岡大蛇済度縁起』
四幅、江戸後期成立

2　蛇骨塚、大蛇済度の池

C　紫雲寺（栃木県小山市）

1　蛇骨経塚

D　弘徳寺（茨城県八千代町新地、二十四輩寺院）

1　『親鸞聖人花見ケ岡大蛇御済度ノ縁記』
現代版活字本

2　『花見岡蛇骨図』
近代成立の金属製原版

E　光明寺（茨城県下妻市）

1　生蓮花

F　大覚寺（茨城県石岡市大増）

1　『大蛇済度縁記』

宝暦一〇年以後刊行の略縁起、『寺社略縁起類聚』に翻刻

2　『板敷山大覚寺縁起』

稲垣泰一蔵の略縁起、原本未見

3　蛇塚、人喰橋

※この他、関連する近代版略縁起に国会図書館蔵・明治二四年刊の銅版絵入本『花見岡蛇身成仏由来』（京都・松田甚兵衛編）がある。大要は安養寺の略縁起に同じ。ただし結末は「花見岡親鸞池」の由来を示すのみで安養寺の建立に関する記事を欠く。また、明治二一年刊の銅版略縁起『親鸞聖人御伝絵略解』（竹内新助編）は、安養寺等の特定寺院に触れないかたちで花見岡の大蛇済度を紹介。

これらの諸寺院のなかでも、とりわけ精力的に略縁起の発刊を行ったのはAの安養寺である。当寺の開基は天仁元年（一二二四）、親鸞が国分寺村惣社の花見岡に寺を建て、直弟二十四輩の第三番・順信坊に譲って安養寺と名付けたことにはじまる。以来、「花見岡の故地」として知られた安養寺であったが、永享年間（一四二九～四一）の結城の乱を避けて奥州米沢に移り、近世に入って下野に戻るものの、故地とは別の塩谷郡土屋山田村（現矢板市）、

宇都宮二里山と寺地を変え、正保年間（一六四四～四八）に現在の場所（宇都宮市）に寺領を得ている。花見岡の故地を離れて流転せざるを得なかった寺の歴史が安養寺の縁起布宣を活性化させる遠因となったこと、そしてさらには、のちに花見岡の旧境内地に建立された蓮華寺との確執が安養寺系『花見岡縁起』の生成に拍車をかけた事実は、後に詳しく考究するとおり、親鸞伝説の流布と地域宗門史の不即不離の関係性をあらわしている。ことの全体像を鳥瞰するに先立って、ひとまず安養寺版略縁起の内容を吟味してみよう。

安養寺の『花見岡縁起』には大別して三種の伝本がみとめられる。すなわち最も古い成立とみられる刊年不明の略縁起、「文政九戌初新調　諦観」の刊記をもつもの、そして昭和一〇年に文政版を複製し巻末に室の八島草庵跡の土地が安養寺の寺領であることをしるした証書の写し（図３）を載せる近代版の三種である。もっとも、大蛇済度の内容じたいは字句に小異のある程度でほとんど差がなく、元仁二年の建立につづけて物語の発端を次のようにしるす。領民を苦しめる魔性の妬婦のいわれから筆を起こす略縁起の本文を『略縁起集成』所収本より引いてみよう。

その濫觴《らんせう》を尋るに、同国都賀郡《つがごふり》思ひ川の辺《ほと》り何某が妻、嫉妬の悪念によりて彼《かの》黒川に身を沈め大蛇となる。これより此川を今におもひ川と云。また大蛇のすがたをうつし見たる川をすがた川といふ。かの毒蛇は大光寺の池にすみて、国中の女人を取くらふ事其数《かず》をしらず。

嫉妬深い女が淵瀬に身を沈め、蛇体《じゃたい》と化したおのれの悪相を水面にうつし見る。業婦の聴くも哀れな因縁を、郷内を流れる「思川」「姿川」の地名起源にひきつけて語る略縁起の導入部には、霊験のリアリティを支える在地伝承の色合いがにじみ出ている。花見岡の小丘が二つの川の合流点を遠く望める場所に位置する点から考えても、安養寺略縁起の親鸞伝説はこの土地に暮らす門徒農民の風土感覚に密着したものとみてよかろう。

話を略縁起の記述に戻す。思川に巣くう大蛇の災禍を怖れた村人は、それからというもの、毎年室の八島の神託によって籤を引き一四歳になる娘を生け贄にささげるようになった。この地を訪れた親鸞は、一人娘を差し出さねばならなくなって嘆き悲しむ神官「大沢掃部頭友宗《かもんのかみともむね》」の願いを聞き容れ、念仏の功力で大蛇を退ける。このあたりの説話展開は、あるいは『まつら長者』『さよひめ』などの中世小説、古浄瑠璃に想を得たものかもしれない。[7]

さて、弥陀の本願を信じて命拾いした娘は聖人の法弟となり、草庵は道声を耳にした人々であふれた。教化を求める群衆に混ざって老翁に姿を変えた室の八島の明神が示現し、大蛇を救済し万民の憂いを除いてもらいたいと告げる。親鸞は川のほとりに赴き、

思ひ川深き淵瀬にしづむ身の
　　かかる誓ひのありともしらずや

の詠歌を与えて百日間の教化を行い、大蛇身の業婦を済度する。いまは人の姿に立ち戻った女は聖人の前に跪き、往生の法悦に感涙しながら拝謝の言葉を口にするのであった。縁起後半の本文はこうつづく。

知識の御教化弥陀の本願力によりて、ありがたや大蛇の苦患《くげん》をまぬがれて、かくのごとく人間の姿となり、是より直に安養の往生を遂《とげ》たてまるつ事の難《ありがた》きや〲と、なみだと共に御礼申上、それに付《つき》ても女人の身ハ、私《わたくし》はじめうたがひ深きならひなれバ、末《すへ》の代の女人にもうたがひをはらさせたまへとて、尖《とが》れる己《おの》が爪をくひきり、我往生《わがわうじやう》の証拠《しやうこ》なりと聖人に捧《さゝげ》たてまつる。此大蛇の爪今に伝来せり。時にふしぎや西方より紫雲た

なびき、忽《たちまち》ぼさつの容《かたち》を現《あらハ》し、光明赫奕《くわうめうかくやく》として西の空に去る。其時異香四方にくんじ、天より花ふること七日七夜なり。極楽国土にハ如此昼夜六時《かくちうやろくじ》に曼荼羅華《まんだらげ》を降らしたまふ。今其荘厳を此処《こゝ》に現し給ひて、衆生《しゆじやう》のうたがひをはらし給ふことの難有《ありがた》やと、聖人よろこび給ひ地名を花見岡と称し、又安養浄土《あんやうじやうど》の華《はな》ふりけれバとて一宇《いちう》を安養寺《あんやうじ》と号す。誠に女人往生証拠の霊場なり。いかなる疑ひ深き女人なりとも弥陀の本願を疑ふものあらじとて、御満足の御真影《ごしんゑい》を留《とゞめ》給ふ。其外御形見《かたミ》の霊宝数多伝来《れいほうあまたでんらい》せり。同国都賀郡大光寺《だいくわうじ》村に当山掛所《かけしよ》花見岡并親鸞池所持せしむる者也。

伝来宝物別記有之

野洲宇都宮御坊　　知事

図4『花見岡縁起』（A－1）挿絵

女は菩薩身に変じて西の空に去る。七日七夜にわたり安養浄土の天華が降りそそいだので、ここを「花見岡」と呼び、「安養寺」を開いて末長く「女人往生證拠の霊場」に定めた、というのである。

略縁起の末尾に安養寺が女人救済の霊地となった由来を明かし、霊験譚の証拠物である「大蛇爪」に言い及ぶばかりか、「当山掛所花見岡并親鸞池」の「所持」をわざわざ誇示したのは、この寺の政治的な立場をじつによくあらわす書きぶりとみてよい。

図5～7に示した昭和一〇年版の安養寺発行絵葉書には、所伝の宝物「大蛇爪」や双幅の「花見岡大蛇済度絵伝」が載っており、こうした証拠

物を開帳し、絵解きを行う立体的な布法が行われたことを示唆する。大蛇の爪、絵解き図はともに現在行方がわからなくなっているが、野上尊博の報告によれば、一九八〇年代後半ごろまで双幅の掛図が寺に伝存し、明治初年には浄財を集めるための絵解きを行っていたらしい。[8] また図7は昭和九年一〇月に室の八島近傍の親鸞草庵跡に建てられた記念碑の写真であり、昭和一〇年版の『花見岡縁起』の巻末（前掲図3）に建碑のいきさつが詳しく述べてある。そこには、もともとこの土地が安養寺の所有であることを証する文書の複製まで印刷されており、いささか特殊な事情をほのめかす略縁起の形態である点はいなめない。

略縁起の成立した近世後期から昭和の時代にいたるおよそ二〇〇年ほどの間、宇都宮の安養寺が花見岡の縁起を語ることに、これほどまでに熱心であった背景には、じつは宗祖聖跡としての由緒をめぐるこの地方の真宗寺

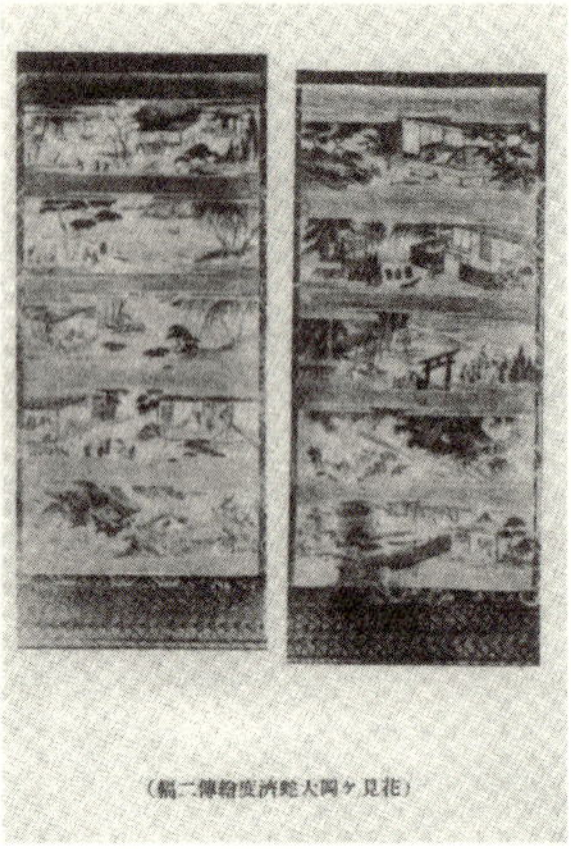

図5 安養寺・絵葉書『花見ヶ岡大蛇済度絵伝』

図6 同。左下に「大蛇爪」

図7 同。室の八島。右は親鸞草庵跡の記念碑

院間の、教勢争いにも似た正統性の主張が根深くからんでいたようだ。すなわち前掲B、Cの蓮華寺、紫雲寺は近世後期になって花見岡に移転してきた新興寺院にもかかわらず、絵解き説法を駆使した大蛇済度譚の布宣を積極的に行い、宗祖聖跡のひとつに数えられるまでになった。二十四輩の由緒正しい寺格をもつ宇都宮の安養寺にしてみれば、それはとうてい許容しがたい異端の親鸞伝説に映じた筈である。そこには、京都の中央教団と高田派の間に生じた教義・学問上の対立とはやや次元の異なる局地的だが根の深い内争の構図が見え隠れする。

聖跡寺院としての正統性は、北関東の門徒衆のみならず、二十四輩の順拝にこの地を訪れる信徒の崇敬を得るためにも必要不可欠の要素であった。女人往生の霊場であることこそは、時として寺に大きな経済効果をもたらす。それ故に、いまは花見岡の故知を遠く離れた立地条件の安養寺としては、非二十四輩の新興勢力の派手な絵解き説法に対抗せざるを得ない現実に直面していたのであろう。

花見岡の大蛇済度をめぐり、安養寺側の危機意識を呼び起こした蓮華寺、紫雲寺の唱導活動とは、いったいどのようなものであったのか。ひとまず両寺建立の経緯とその後の縁起布宣を検証してみよう。

五　絵解き説法と霊跡化

Bの蓮華寺（現本願寺派）の開創について詳しくは分からない。『国分寺町史・民俗編』（二〇〇一）によれば、関東の農村復興のため、江戸時代に日本海側の越中、越後から入植した門徒農民といっしょに花見岡に移って来た寺とされている。安養寺二十五世の洪範が室の八島の草庵跡に宗祖生誕八〇〇年を記念して建てた碑文（一九七三）をみると、天保二年（一八三一）三月四日、蓮華寺の開創にあたり安養寺より花見岡の寺地五〇〇坪のうち一〇〇坪を「寄進」したいきさつがあるという。この記述を信ずるなら、蓮華寺の建立はおそらく一九世紀前半の

図８　蓮花寺の絵解き図に描かれた蛇塚供養の景（第四幅）（『国分寺町史』所収）

頃であり、入植門徒の檀那寺としてこの地に教線を延ばしたと考えてよいだろう。

ちなみに洪範の碑文は、明治初年まで安養寺の所有であった残り四〇〇坪が管理役の名主神戸家の「策謀および没落破産」により「蓮華寺有となったようである」と追記しており、近代以後の蓮華寺との係争を暗ににおわせる筆調となっている。親鸞伝説の流伝に際して、地域の寺院運営をめぐる極めて現実的な寺坊の思わくが交錯したことを想察させる事例であろう。こうした事情はおそらく蓮華寺の開かれた近世末においても、そう変わらなかったのではないだろうか。

他国から来た門徒の関わりが明白な点は、蓮華寺から一キロ程南の紫雲寺も同様の開創事情をもつ。寺誌をしるした境内の碑文によると、寛政元年（一七八九）九月、二十四輩の順拝の旅途に花見岡の「蛇骨経塚」に詣でた尾張国佐織村の「お以呂」なる女性門徒が、宗祖旧跡の荒れ果てたありさまを哀しみ、領主に懇請して寺を建て、越後の国府より篤信の農夫を迎えて第二世住職・大暢法師とした。[9] 北関東と遠国を結ぶ聖跡めぐりの順拝ネットワークが、花見岡縁起の幅広い伝承圏を生み出し、さらに在地への浸透を可能にする一因となったわけである。

さて、蓮華寺、紫雲寺が親鸞の関東巡錫からはるかに時代の下る近世後期になって、かなり人為的な事情で開山した新興寺院であることは間違いない。にもかかわらず、両寺が花見岡・大蛇済度の霊場とみなされるに至ったのは、ひとつには絵解き説法を縦横に駆使した俗耳に入り易い宗祖伝の布宣によるところが少なくない。

　蓮華寺に現在する絵解き図は四幅の掛図で、一幅（縦一二〇センチメートル×横六〇・五センチメートル）を五段に分けた全二〇景の縁起絵である。『国分寺町史』（二〇〇三）に紹介されて図様、内容の全貌が明らかになっている。制作年代は未詳ながら、蓮華寺発行の『親鸞聖人花見ケ岡大蛇済度之縁起』を台本に用いた絵解きが戦前まで行われていたという。[10]ことに明治八年生まれの藤本ヨシノ（～一九六二）の絵解きは有名で、二十四輩寺院はもとより、広く全国を巡廻して大蛇済度の縁起絵を語り歩いた。寺僧の手を離れた親鸞伝説が芸能文化的な側面を肥大化させて行くさまを教える近・現代の事例といえるだろう。

図９　蓮華寺

図10　蓮華寺蛇骨経塚

　明治から昭和にかけて蓮華寺の絵解き唱導が隆盛するにつれ、非二十四輩のこの寺を宗祖霊跡のひとつとみなす信仰伝承が土地の人々や二十四輩廻りの徒の間に認知されて行ったことは十分に想像がつく。

　大正九年、思川に面した蓮華寺裏手の一画に「親鸞聖人大蛇済度之池」と刻んだ塔碑が建てられたのは、この寺を聖地とする親鸞伝説の周知度を示すものにほかならない。

また、碑のすぐ近くの「蛇骨経塚」（済度の折の経石を埋めた塚ともいう）は、側面に寄進者とみられる「大坂江戸堀／釈真□」の法名を刻んでおり、関西方面の門徒の信仰をあつめていた状況が推察される。絵解き説法の強い伝播力と、それを布法のてだてに援用することを躊躇《いと》わない末端の唱導の場を媒体として、花見岡の大蛇済度は一地方の俗説とはいい難い親鸞一生涯の霊験譚に創り変えられて行った。むろんそれは、本山側の忌避を招きかねない「誤った宗祖伝」に違いないわけなのだが。

ところで、蓮華寺の縁起絵は、大筋では『正統伝』以来の大蛇済度譚を踏襲しながらも、叙述表現の細部に踏み込んで比べてみると、古態の花見岡縁起には見出せない描写、設定の具体性や凝った文飾にいろどられた独自の物語世界を主張しているのがわかる。

救済の対象となる大蛇の前身について「大光寺村川井兵部の妻」という固有の村落名、姓名を与えたのは、因縁咄の信憑性にこだわる説教の場の雰囲気を反映したものであろう。

縁起絵のはなつ物語のリアリティと迫真性はこれにとどまらず、兵部と妻そして美貌の妾者をめぐる三角関係の人間模様を軸として、蛇にならざるを得なかった女の偏愛と葛藤を親鸞伝の一頁に書き加えて行く。そのような虚構のドラマ志向は、近世後期に盛行した図会物の高僧伝、一代記図会などの叙述方法に近い語り口とみてよかろう。

たとえば、嫉妬に狂う兵部の妻が、自分より若くて綺麗な妾の殺害を企てる場面（第一幅）は、『二十四輩順拝図会』などの近世高僧伝に顕著な劇的描写をかなり意識した筆法であった。『栃木県史』所収の「布施本」（原本未見）により、縁起絵冒頭部分に相当する本文を示そう。

抑花見岡の由来を尋るに、人皇八十四代順徳院の御宇、健保年間に一つの深淵あり。大蛇栖をなして人民の愁大方ならず。其故は大光寺村川井兵部の妻、嫉妬ふかき性質慳貪邪見にして、兵部是にあぐみ、家に妾を囲ひおき、此婦容貌うるはしく心も直なれば寵愛日夜かよへり。妻早く悟り、胸の炎やむまなく、彼の隠し妻を害せんと浅き女の企も自然と色にあらはれ、夫は疎み、或夜強く打擲せしが、忽ち怒気凝り胸の焦熱やるかたなく、彼の女を喰ひ殺さんと妾の所へ駆行き、只一ト思ひと取付クを、兵部なん《ママ》とせしが、夫の咽に喰付き、逃る女を打倒し、思ひしれよと喰裂けば、二人は死したり。さも嬉しげなる中よりも、総身焼立つ如く、ここかしこと奔走し、黒川をはね越へ、二十丁許り行しが、苦しみ耐えかね有合ふ流れを呑まんと立寄れば、こはいかに、頂に角顕はれ、口は耳ぎは迄裂け、鱗逆立ち、我ながらも恐ろしき貌と成る。其の流を今は姿川と云ふ。又も黒川へ立戻り、碧藍たる淵に向へ、世に女あるゆへ嫉妬も起る、爰に身を沈めあらゆる女を取殺し、憤をはらさんと取入し故に、思ひ川と名けたり。

蛇身成仏譚の発端に川井兵部と妻、妾のドメスティックな男と女の懊悩を長々と述べ、さらには肌に鱗を生じて鬼女の醜貌に変じた妬婦が「姿川」におのれの悪相を映し視る〈姿見の場〉に筆をついやす。蓮華寺布施本の語り口は、絵解きの法会につどう参詣人の情感に直接訴えかける唱導の物語の劇的魅力をそこここに漂わせている。とくに姿川の地名由来となる奥方の悪相自認は、浄瑠璃の『道成寺現在鱗』（享保二年・一七四二初演）で有名な「姿見の清姫」の趣向を連想させるものであった。[11] 花見岡の親鸞伝説が、道成寺物の芸能に表現の到達点をみせた〈蛇身の女〉の文芸類型にかぎりなく近付き融合して行く道筋は、仏教唱導と当代文芸の、まるで地続きかと見まごう連関性を示唆するのではあるまいか。

一八世紀以降の寺院開帳、法会は、それまでの高座説教とは一風毛色の異なる大衆娯楽の色彩に充ちていた。

都市の開帳場には、見世物まがいの珍宝、奇宝が開陳され、略縁起の配布と縁起講釈が活況を呈した。[12] そのような仏教文化全体の変遷の渦中にあって、絵解きもまた芸能化の道をたどりながら、寺社の境内、堂宇の余間を舞台とする新たな口演体図像文芸の流行をもたらしたわけである。

蓮華寺の縁起絵が物語の香気につつまれているのは、大局的にみれば唱導界の大衆化現象と無縁ではないだろう。講談調ともいえる布施本の文飾表現は、宗祖ゆかりの大蛇済度の因縁が聴衆好みの高僧一代記の世界に変容して行ったことをものがたる。あるいはそれは、本来の仏教説話に内在していた物語性の復権を意味するのかもしれない。

さて、このあと縁起絵の後半部は、安養寺の縁起とほぼ同内容の展開を見せ、親鸞の大蛇教化に言いおよびながら寺院建立の大団円へと向かう。もちろんこの場合には、〈花見岡の聖跡〉は「蓮華寺」となるわけである。もともと歴史的にはまったく信憑性を持ち得ない当寺の開基と親鸞伝説の結び付きが公に地歩を固めるに至った理由として、絵解きを援用した宗教物語の力が大いに機能した点は、かさねて顧慮すべきであろう。

六　僧伝と民談のあいだ

蓮華寺より発信された川井兵部の妻の蛇身往生譚は、想像を超える伝播力をもって今日の北関東に花見岡の伝承を根付かせていた。Dにあげた茨城県八千代町新地の弘徳寺〈現大谷派〉の現代版縁起にその一例がみてとれる。結論を急いでいうなら、近世の弘徳寺関連資料にいっさい記載のない宗祖の大蛇済度がこの寺の宝物由来となって縁起伝承化したのは、ひとえに蓮花寺系の花見岡説話の影響とみてよい。

弘徳寺は二十四輩第五番の寺格をもつ古刹で、開基は下総国の太守であった相馬三郎義清、のちの信楽《しんぎょう》房である。信楽房は親鸞の法弟になった後、自義を唱えて一度は真宗を離脱するが、覚如（一二七〇～一三五一）の時代に許されて本願寺へ帰参がかなったという。もともと、修験道の影響の強い北関東に教線を伸ばした原始真宗の宗風をしのばせるエピソードである。

ともあれ、本願寺復帰後の弘徳寺は蓮如（一四一五～一四九九）の法灯に信順し、近世には大谷派に移り、二十四輩寺院のひとつとして栄えた。寺宝も非常に多く、親鸞作の「阿弥陀如来像」、覚如筆「二十四輩連座」などを所蔵する。そうした什宝のなかにあって、ひときわ異彩をはなつのが、女人往生の証《あかし》を示す「大蛇の頭骨」である。寺には蛇骨の模写図に花見岡の宗祖伝承の名場面を加えた一枚刷り縁起絵（図12）の金属製原版が伝存し、かつては宝物の由来を説く絵図の印刷配布が行われていたことを裏付ける。また、先代住職の時代（昭和中期）には

図11　弘徳寺の蛇骨

図12　弘徳寺略縁起の蛇骨図

宝物の読み縁起も存在したという。

縁起の内容について興味深いのは、一枚刷り縁起絵の右上部に、

宗祖聖人╱花見ヶ岡ニテ御済度╱女人変化大蛇の下あご╱河合兵部の妻

とあるとおり、河合（川井）兵部の妻にまつわる蓮華寺系の縁起伝承を継承している点にある。いま試みに現行の由緒書『親鸞聖人花見ヶ岡大蛇御済度ノ縁記』（活版印刷によるパンフレット）により、縁起の冒頭部分を示すなら、前掲の蓮華寺布施本との近似に気付かされるだろう。

抑《そもそ》も當寺伝来の蛇骨は、人皇《じんこう》八十四代順徳院の御宇建保年間親鸞聖人下野国花見ケ岡に於て済度《さいど》し玉いし大蛇の頭骨なり。其《そ》の由来を尋ぬれば、先《ま》づ高田専修寺に伝わる御絵伝《ごえでん》には花見ケ岡大蛇御済度の御絵相に出てあり。抑も其《その》大蛇済度の旧縁を尋ぬるに下野国都賀郡《しもづけのくにつがごおり》大光寺村に川合兵部と云う者住めり、その妻嫉妬の念ふかくして或夜《あるよる》妾の宅にしのびこみ、夫兵部に喰い付《つき》妾に喰い付、夫や妾《めかけ》を殺《ころ》し嬉《うれし》びけるに総身《そうみ》もい立如《たつごと》く苦熱に耐《たい》かね有合《ありあ》う流れの水をのまんと立寄《たちよ》れば、こわいかに頂《いただき》に二本の角現《つのあらわ》れ口は耳元まで裂けて鱗逆立《うろこさかだ》ち我《われ》ながら恐しき容貌となれり。其流《そのながれ》を今に姿川と云う。此の世に女ある故に嫉妬も起《おこ》るなり茲《ここ》に身を沈め、あらゆる女を取殺《とりころ》し憤《いきどお》りをさけんと飛入りし故《ゆい》、此川《このかわ》を思川《おもいかわ》と名づけたり。

本文は、この後、関東入国の親鸞と生け贄の娘の救命、そして蛇身の済度から往生までを説く花見岡伝承の定型をつづる。ただし話の結末は、昇天した蛇の遺骨が弘徳寺の信楽房の手にわたり、「悪人女人往生の鏡」をあら

わす霊宝として崇敬されたことを述べ、末尾に、

恐ろしき大蛇も今は弥陀たのむ
　末の女子《おなご》も御名をとなえよ

の道歌一首を掲げて諸人に極楽往生を勧めるといった、弘徳寺独自の縁起伝承に改変している。

図13　『親鸞聖人絵詞伝』巻二、花見岡の大蛇昇天の景

さて、弘徳寺縁起本文の発端部分についてもう少し詳しくみて行きたい。冒頭に高田専修寺の「御絵伝」をあげて大蛇済度の絵相ありとしたのは、常にこの種の話の源泉に、『正統伝』以来の高田派の親鸞伝説が意識されていたことを教える書きぶりであろう。専修寺の絵伝に関しては未詳ながら、享和元年（一八〇一）刊の高田系宗祖伝・『親鸞聖人絵詞伝』[13]をひもとくと、巻二に『正統伝』をもとにした花見岡の霊験が略述されているのがわかる。こうした絵入版本型図会物の普及は、親鸞伝説の俗世間的な認知度を高める一助となったのであろう。

一方、そのあとにつづく大光寺村川合兵部の話は、『正統伝』系の花見岡伝承というよりも、むしろ直接には蓮華寺の縁起絵を念頭に置いた宝物由来とみてよい。新興寺院である蓮華寺の所伝が二十四輩格の弘徳寺に継承されていることは、北関東の親鸞伝説をめぐる伝播経路の多様な

有り方を示すのではないだろうか。

じつは、蓮華寺の大蛇済度譚が本末関係をもたない隣国結城郡（花見岡より南へ約二五キロ）の弘徳寺に流入した背景には、近世後期の弘徳寺が真宗門徒の入百姓を招致する「わらじぬぎの寺」[14]であったことと少なからず関係している。

鬼怒川と思川にはさまれた下都賀・結城の一帯は、沼沢、河流の散在する湿潤な地理特性のため、耕作に不向きな土地柄であった。享保期（一七一六〜三五）の菅沼、太田沼開発がはじまると、幕府は農村復興の政策をおしすすめ、北陸（越後）の門徒農民を入植させて湿性地の開拓にあたらせた。その際、厳しい自然環境のなかで荒地を耕す門徒衆の信仰の拠り所となったのが、花見岡の蓮華寺であり、結城郡の弘徳寺だったわけである。そこには、二十四輩格にこだわる教団のヒエラルキーとは別の、風土的な民衆信仰の価値感が見え隠れしている。北関東の親鸞伝説に顕著な民俗性とは、案外そうした生活現場のリアリティに左右された結果なのかもしれない。

ちなみにEの下妻市・光明寺には、大蛇昇天の折に空より降りそそいだ「生蓮華」が今も所蔵され、門徒の崇敬をあつめている。つねに親鸞伝説を際立たせる霊験の実在感は、北関東の信仰環境を抜きにしては考えにくいのではないだろうか。

さて、地域の宗教文化や風土条件を背景に、諸寺の親鸞伝説は時として、仏教布宣の意図をもたない土地の民談や故事由来に融化して語られる場合が少なくなかった。仏教説話であるか否かの峻別をつけにくい状況が、まさに起こるべくして起こったのである。

Fに掲げた板敷山の大覚寺は、山伏・弁円と親鸞の出会いの地に建てられた由緒をもつ寺院である。伝道を妨害しようとした弁円は、宗祖の威光にうたれ、髪を下ろして明法房となる。一方、関東巡錫の名場面として知られる弁円改宗の因縁のほかに、大覚寺にはもうひとつの信仰伝承が伝わっている。

『略縁起集成』第四巻に載る『大蛇御済度縁起』は、板敷山を通りかかった親鸞が蛇道に堕ちて三熱の苦しみを受ける妬婦を教化する話である。大蛇は頭上に六字の名号を戴いたままの姿で往生をとげる。村人の手により大覚寺の近傍に「蛇塚」が築かれ、盛大な供養が行われた。時に承久三年（一二二一）三月。そののち名号は大覚寺の宝物に加えられ、今に往時の霊験を伝えている。

この縁起の出典についていうなら、末尾の注記に、

此大蛇済度之事は正明伝ニ委シ。今大略記之。

とあるように、『正明伝』巻三の下の「大増村」の項を下敷きにして記述されたとみてよい。[15]

これに対して、稲垣泰一所蔵の略縁起『板敷山大覚寺縁起』では、「蛇塚」とともに大蛇が人を食った「人喰橋」の伝承をしるすなど、しだいに在地の口碑が略縁起に書き加えられて宗教名所的な色彩を強めていくさまが明らかになる。

さらにまた一九八〇年発行の『八郷町誌』は、町内に伝わる「大蛇の伝説」のひとつに「板敷山の蛇塚」をとりあげる。そこには、口碑化のすすんだ親鸞伝説が以下のように採録されている。

大覚寺の門前から福原街道に出る所に小さな橋があるが、昔はこの橋を中にして大きな沼があった。恋瀬川もこの辺が水源地であり、嶮しい山々が三方をめぐっているので、とおる人も駈け足で行くような淋しい場所で、そればかりでなく、この沼に大蛇がいて、橋を渡る人を沼へ引き込んでしまうというので、橋の名を人食橋と呼んで恐しがった。たまたま、親鸞聖人がこの橋を通りかかると、がばっと音を立て大蛇が現われた。聖

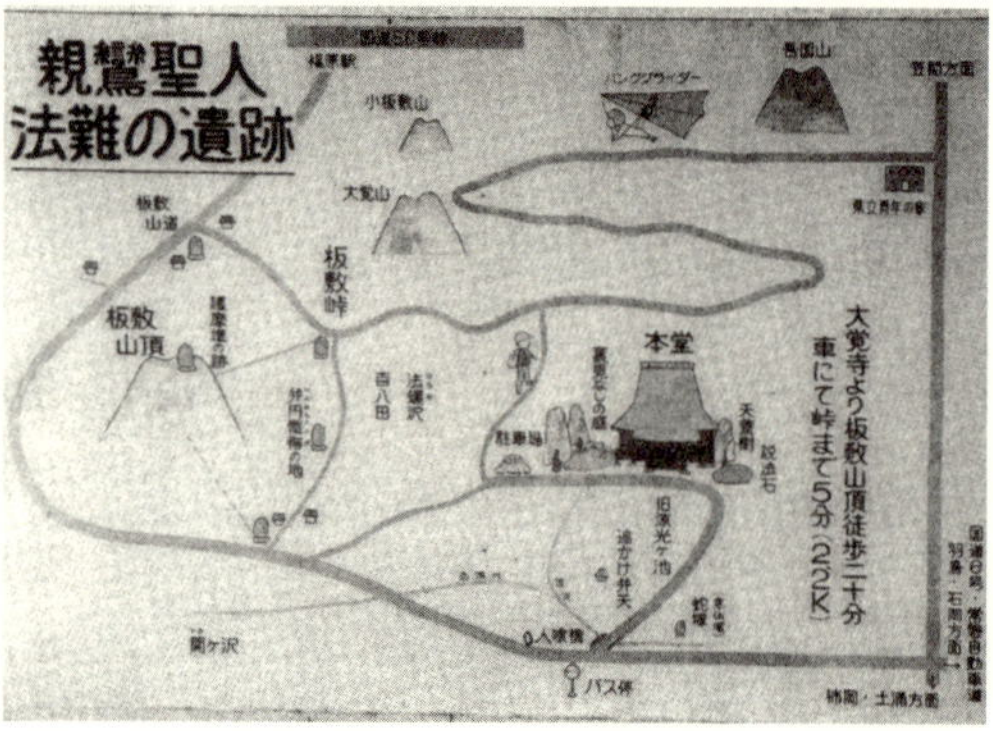

図 14　大覚寺周辺図。中央下方に「人喰橋」「蛇塚」「涼光が池」の地名。

人は大蛇を見て静かに問うた。「そちはわれらを害せんとして現われたのではあるまい。仏縁を結びたくて現われたのであろう。もしそうとすると蛇身であっては叶わないから、夜分身をあらためて草庵にくるがよい」とさとして立ち帰った。その夜になると、案の如く稲田の草庵に一人の女性が現われ、聖人の前にぬかづいた。「われらは下野の国猿子村某の女房であったが、生前邪見であったその仏罰で、死んでから蛇身に陥り人の血を吸わなくてはいられない。苦患さへなかったならどうして人血を好みましょうか、聖人の功徳を以てこの苦患を救わせ給え」というので、聖人は、尊い阿弥陀の称号を唱え、その上「涼光」の法名を授けて女を帰した。ところがその翌日の朝、この沼に大蛇の死骸が浮かんでいるのを見つけた。村人はおそるおそる引き寄せて見ると、涼光と書いてある紙を口にくわえていた。それ以後、この沼を「涼光が池」と名づけ、大蛇の死骸を近所の丘に葬って、之を蛇塚と称え、後々まで供養したという。

住民の怖れる人食橋の魔所を通る親鸞の前に蛇身が現れる。仏罰を受けて人血をすする蛇となった女房は、懺悔と救済の結果、宗祖の与えた「涼光」の法号を口にくわえて往生する。それ以来、寺の前の池を「涼光が池」と名付け、丘の上に「蛇塚」を築いて蛇身を弔った。町誌所収の口碑が地名起源に結び付く法号の授与を新たに付け加えたのは、唱導説話としての本質を無化する内容にほかならない。なぜなら、大覚寺縁起の目的は、現に寺の霊宝となっている「六字の名号」を説話の核心モティーフにすえて宗祖の法徳を称えるところにあったからだ。

荒ぶる蛇霊を救済するのは寺宝の名号でなければならない。大覚寺の唱導活動にそって考えれば、略縁起の叙述が自寺所蔵の証拠の品々に連結するのはしごく当然といえるだろう。

一方、現行の「板敷山の蛇塚」は個別の寺院より発信された真宗の親鸞伝説とは明らかに性格の異なる〈民談の発想〉に支えられている。すなわち、寺宝の伝存にいっさい触れず、「人食橋」「涼光が池」の地名起源を話の中心点にすえることにより、宗教伝承から口碑・伝説世界へのドラスティックな転換が成立するのである。

七　思川のほとりで

ひとたび寺坊の外部に放たれた親鸞伝説は、本来の真宗高僧伝の枠組みを脱化して、世俗の共感を呼び起こす民談に姿を変えて行く。そのような変遷の実例として、本稿の最後に、現今の花見岡周辺に口承されている一組の夫婦の哀話をとりあげてみたい。小林晨悟編『下野の昔噺』第二集（一九五四、橡の実社）に次のような採話が見える。

下都賀郡国分寺村花見ヶ岡にある紫雲山蓮華寺は、親鸞聖人の遺跡として知られた寺である。今は、荒れはて丶いるが、寺の裏の竹藪の中に、親鸞の池があり、聖人がその庭園を愛して静かに住まれた庵の跡であるという。（中略）

昔、此の蓮華寺の近くに、非常な豪家があり、その家で、一人娘に聟を迎えた。夫婦の仲のよさを琴瑟和合《きんひつわごう》とか、鴛鴦《おしどり》のようだとかいうが、此の若夫婦はそれ以上のむつまじさで、両親夫婦共に、家の中は常に春風の吹くように暖かくなごやかで、両親は、此の幸福の上に、早く孫が生まれてくれ丶ばよいがと思いながら、それは恵まれずに相次いで世を去ってしまった。

民談集の冒頭は蓮華寺の親鸞池の故事から筆を起こす。これをみれば、この話が花見岡の親鸞伝説を下敷きにした口碑である点は明らかであろう。しかしながら、そこに登場する人物造型は、蓮華寺の縁起絵とはまったく違って、仲睦まじく暮らす若夫婦の物語に置き換えられている。邪見な妬婦と妾を囲う夫といった縁起伝承本来の愛憎の構図が、今日の民間口碑の世界ではいっさい捨象され、人もうらやむ鴛鴦夫婦の幸せな家庭生活を、以下につづくもの悲しい出来事の出発点とするのであった。二人の愛情の深さが、じつは口碑の悲劇的展開に不可欠な伏線であることを、我々はすぐに思い知らされる。

両親が亡くなると親おもいの妻は病の床に臥してしまう。夫は必死になって看病し、名医よ神薬よと八方手を尽くしたが、何のききめもない。もはや神仙に頼るしかないと悟り、毎晩姿川を越え思川を渡って川向こうの明神様に丑の刻参りの願掛けをした。看護の疲れも忘れて川を越え、一心に祈りを捧げ、朝がきて妻の眠りのさめる前に急いで家に帰る。愛妻へのおもいが男の献身的なふるまいを支えたのである。一方、病床の妻は、夜中にいなくなる夫の行動をいぶかしく思う。きっと体の弱い自分を捨てて他の女の所へ忍ぶのであろう——。不貞の行いと誤解した病婦は、ある晩よろめきながら男の跡を追う。姿川を渡るころには、水に映る面相はまるで般若の面のように変わり果て、思川のほとりまで来るうちに夫を恋う心がかえって底深い恨みとなる。「蛇になっても泳ぎ渡る」と決心して川の波頭に飛び込んだまま、女は姿を消してしまった。

しかもこの話は、さらに救いのない男女の恋の結末へと突きすすんで行く。民談集の本文はこうつづくのであった。

姿を映したことから姿川、夫を思う心から思川という川になったというが、川から這い上がって河原に待っていた大蛇は、それとは知らずに祈願を終えて戻って来る夫を他にはやらじと、一と口に呑んでしまい、花見ヶ岡の池に住んで、人を恨んで害し、殊に女を啖って呑んでいたという。

すれ違う夫婦の思いは、人間と異類の添うに添われぬ宿命を負わされ、やがて怖ろしくも哀しい幕切れを迎えなければならなくなる。川辺の境界にへだてられた二人の間柄が、危害を加える邪悪な深淵の魔性と、災禍を受ける人間の男の関係性に転換するさまを、我々は目のあたりにするのである。

口碑は、このあと室の八島の草庵に仮寓の親鸞が、人を喰う蛇身と化した女の身の上を哀れみ、六字の名号をしるした経石の功徳によって救済したことをつづる。後半部の済度・往生譚が蓮華寺縁起の翻案である点はいうまでもない。

一方、仲睦まじい夫婦のすれ違いに瞠目し、運命のいたずらを哀れむ筆致で姿川・思川の地名由来に言い及ぶ叙述には、古い宗教伝承とは明らかに性格の異なる現代の物語観、人間観が見え隠れするのではないだろうか。戦後間もないころに編まれた『下都賀の昔噺』所収の右の口碑は、やがて一九六三年版の『小山の伝説』（小山市教育委員会）や一九八〇年刊『栃木の民話』（階成社）にいたり、愛妻家の市太郎と夫おもいの妻・おみわを主人公とする「あわれな話、かなしい話」（後者）にまとめられ、この地方の古い民談として認知されるのであった。ともに宗教伝承の色合いは希薄で、話の末尾に親鸞の大蛇済度に関するごく簡単な故事を添えるにすぎない。前者の場合では、夫を呑んでしまった蛇身の妻の末路をしるした次の一文に、わずかに親鸞伝説の残滓をとどめるのみであった。

お三輪の大蛇は、その後《のち》花見岡の池にすんで女の人に害をなしたが、親鸞上人の祈祷によって昇天した、と伝える。

さらにまた、尾島利雄編『下野の伝説』（一九七四、第一法規）の採話例にいたっては、親鸞の事跡も、花見岡に建立された寺の名も、いっさいが省かれ、純粋な地名由来譚に変容しているのがよくわかる。

昔、このあたりに仲のよい若夫婦が住んでいた。ところが幸福な生活も長くはつづかず、妻が病気になると、夫が夜というと外出しはじめた。病身の己を捨て他の女のところへ走ったのではないかと疑った若妻は、ひそかに夫の後をつけて行く途中、川の淵に来て水を飲もうとすると、嫉妬に狂った自分の姿が大蛇と化していた。あまりのみにくさに思い沈んだ妻は、ややしばらく土手の道をさまよい、川に投身自殺した。以来、女が姿をうつした川の周辺を姿川、思い沈んだ周辺の川を思川と呼ぶようになった。

民談集はこの話の題名を「思川」とする。大蛇昇天の故事にちなむ親鸞ゆかりの「花見岡」でない点に、口碑の性格が色濃くうかがえるのではあるまいか。

現代という時代――とりわけ高度成長期以降の時代の人間洞察の目線《まなざし》は、仏教の説くステレオタイプの妬婦、悪妻、淫女よりも、むしろ何の落ち度もない〈情の深い夫婦〉の瞬時の崩壊に、よりいっそう深い哀しみに充ちた女人蛇体の物語を見出し、土地の伝説として受けとめ、語り伝えたのであろう。

仏教唱導と民談の相互の関係性、そして物語の解釈をめぐる時代相の差違と変遷に広く目を向けることによって、蛇になる女の救済譚は、はじめて我々の前に全体像をあらわすのではないだろうか。

注

1　塩谷菊美『真宗寺院由緒書と親鸞伝』（法蔵館、二〇〇四年）。
2　注1に同じ。
3　吉本隆明『最後の親鸞』（春秋社、一九七六年）、佐々木正『親鸞始記――隠された真実を読み解く』（筑摩書房、一九九七年）。
4　注3佐々木論考に同じ。
5　横山邦治『読本の研究――江戸と上方と』（風間書房、一九七四年）第三章第四節「図会ものの詳細」。
6　堤邦彦『女人蛇体――偏愛の江戸怪談史』（角川書店、二〇〇六年）第一章Ⅱ「愛欲の蛇の発見」。
7　注6に同じ。
8　野上尊博「親鸞伝にみる鹿島神人」（『伝承文学研究』三六、一九八九年・五月）。
9　紫雲寺の開創年次について『栃木県史』（一九三四年）は「文政二年、僧道林」の開山という異説を併記する。
10　注8に同じ。
11　堤『女人蛇体』第四章Ⅱ「自戒する蛇身」。
12　福原敏男「戯《おど》け開帳と縁起講釈」（堤邦彦、徳田和夫編『寺社縁起の文化学』所収、森話社、二〇〇五年）。
13　三巻三冊、京都・丁字屋九郎左衛門版。巻三の奥付に「一身田侍臣　河辺縫殿源隆為画」、見返しに「高田山御坊御蔵版」。
14　『八千代町史』（一九八七年）、および佐久間好雄『結城・真壁・下館・下妻の歴史』（郷土出版、二〇〇四年）。
15　『正明伝』所収の大覚寺の蛇婦に相当する記事は『正統伝』にみえない。一方、明和八年刊『大谷遺跡録』や『二十四輩順拝図会』は「大覚寺」の項に同じ話を載せている。
16　稲垣泰一『寺社略縁起類聚』（勉誠社、一九九八年）解題八一頁。

琵琶をめぐる怪異の物語

小松和彦

一　琵琶の伝来とその師脈

琵琶という楽器には、他の楽器に比べてことのほか不思議な逸話がたくさん伝えられているようである。その理由は定かではない。稀代の名器と称されるものが多かったためともいえるし、その奏者に名人と称される者が輩出したためともいえるし、琵琶という楽器や曲目それ自体に神秘性を見出していたためともいえるかもしれない。以下では、琵琶をめぐる不思議な逸話や伝承のいくつかを紹介しながら、そうした伝承を紡ぎ出してきた日本人の幻想的想像力をかいま見ることにしよう。

琵琶とその演奏法は、平安時代の中頃に伝来した。すなわち、仁明《にんみょう》天皇の時代、承和五年（八三八）に、第十二次の遣唐使として中国に渡った藤原貞敏が、琵琶博士廉承武《れんしょうぶ》という名人について琵琶を短期間で習得し賀殿《かてん》などの秘曲の伝授を受けるとともに、箏《そう》の名人であったその娘と結婚して箏も習い覚え、翌年の帰国の折りには、琵琶の名器「玄象《げんじょう》」（玄上とも書く）・「青山《せいざん》」の二面を持ち帰ったことに始まるという（『教訓抄』『文机談《ぶんきだん》』など）。

しかしながら、正倉院に琵琶が収蔵されているので、史実としての琵琶の伝来は、遅くとも奈良時代まで遡ることになるだろう。したがって、上述の伝承は、平安貴族たちの間に広まっていた琵琶が、藤原貞敏の伝えた楽器と演奏に由来するものであるということを物語っている、と考えるべきであろう。

実際、貞敏が伝えた賀殿は宮廷儀式において重用され、また貞敏は清和天皇の第四皇子・貞保親王をはじめとして多くの門弟を育成し、後世において琵琶の祖として尊敬された。『琵琶血脈』も、大唐の琵琶博士廉承武を大祖として、その弟子・藤原貞敏を日本での琵琶の始祖としている。

『琵琶血脈』にふれたので、簡単にその系譜をたどっておくのも無駄ではなかろう。藤原貞敏の琵琶を継承したのが、貞保親王である。それを継承したのが源修、それを継承したのが源博雅、その後、源信明、源資通、源基綱、源信綱、さらにそれを継いだのが、妙音院と称された太政大臣源師長、その弟子の藤原孝道や藤原定輔である。琵琶の怪異譚、玄象の怪異譚に登場する名人たちは、おおむねここに挙げた人びとである。読者の間で、その名が知られているのは、おそらく源博雅であろう。夢枕漠が小説『陰陽師』で、主人公の安倍晴明の親友として登場させたからだ。

二　廉承武の霊、琵琶の名人の前に示現する

藤原貞敏の一番弟子と目されていたのは、貞保親王である。この貞保親王にまつわる琵琶の伝承として、鎌倉時代に著された『古今著聞集』巻第六に、次のような話が載っている。

貞保親王が桂川の山荘でくつろいでいたときのことです。五常楽《ごしょうらく》（雅楽の曲目名）を琵琶の演奏で舞わせたところ、明かりの向こう側に、舞人と同じ天冠をつけた者の影がすーっと現れました。人びとが怖れおののいて

おりますと、その影はみずから、「わたしは唐の廉承武の霊である。五常楽が急に及ぶときには、必ず示現する」と語って、掻き消すように姿が見えなくなりました。

廉承武とは、すでに述べたように、貞保親王の師・藤原貞敏が唐で琵琶を学んだときの師である。五常楽は唐の太宗の作と伝える雅楽で、急とは曲を構成する序・破・急の三つの楽章のうちの最後の第三楽章のことであって、この楽章では拍子が早くなる。したがって、五常楽がクライマックスになったときに廉承武の霊が示現するというのだ。廉承武の霊はここでは、「五常楽が急に及ぶときには、必ず示現する」、と語っている。だが、これは疑わしい。下手くそな演奏や舞ではおそらく廉承武の霊は出現しないだろう。琵琶の演奏や舞がことのほか優れていたときにこそ、廉承武の霊がそれに感動して示現してくるのだろう。

『古今著聞集』とほぼ同時期に成立した『十訓抄』には、村上天皇が琵琶の名器「玄象」（玄上）を弾いたときに、廉承武が示現して秘曲を伝授したという次のような話が載っている。

明月の夜、天皇が清涼殿にお座りになって、水牛の角でできた撥でもって、玄象を弾いておりました。すると、影のようなものが空より現れて庇のあたりにいるので、「お前は何者か」と問われると、「わたしは大唐の琵琶博士で、名を劉次郎廉承武というものでございます。たったいま空を飛んでおりましたところ、琵琶の撥音の素晴らしさに惹かれてこうして舞い降りてきたのでございます。わたしが貞敏に授けた曲を、おそらくあなたは伝授されたのでしょう」と答えました。天皇はおおいに感じ入って、琵琶をその者に差し出されたところ、その者は「これはわたしの琵琶である。貞敏に伝えた秘事の一つである」と申されました。お二人は夜が明けるまで語り合い、天皇はその者から、上玄・石上という二曲を教え授かりました。

西宮左大臣源高明（醍醐天皇皇子）公も、月夜に琵琶を弾いておられたとき、廉承武の霊がやって来て、小女に憑いて、秘曲を授けられた、と言い伝えられております。とはいうものの、彼の霊が再びやって来るかどうかは定かではありません。

こうした話を照らし合わせると、どうやら廉承武の霊は琵琶の守護神とみなされていたらしい。そして琵琶の優れた奏者の前にときどき示現した。

ここに語られている「玄象」とは、藤原貞敏が唐から持ち伝えたとされる琵琶の名器で、たとえば、『枕草子』第九十三段に、「御前にさぶらふものは、御琴も御笛も、みなめずらしき名つきでぞある。玄象、牧馬、井出、滑橋、無名など」とあるように、たしかにある時期、皇室の重要な宝物として、実際に宮中において秘蔵されていたものである。

三　琵琶の名器・玄象の霊異、あるいは玄象の精の示現

もちろん、上述の話では、貞保親王の演奏した琵琶が玄象であったとは語られていないし、源高明の用いた琵琶も玄象とはいっていない。しかし、村上天皇が玄象を用いて廉承武の霊を招き寄せたところをみると、ひょっとしたら、かれらも玄象を弾いたのではないか、と想像したくなる。ようするに、琵琶の名人が琵琶の名器を用いて弾いたときに、神秘・怪異が起こることがある、と考えられていたのであった。

玄象が名器ならば、拙い者でもそれを弾けば聴くに堪えるものになるのではないか。そう思っても不思議はない。しかしながら、じつはこの名器のほうも人を選んだ。下手くそな奏者がこれを用いると音が出なかったとい

う。また、大切に管理されていないときも音を出さなかったという。たとえば、『今昔物語集』巻第二十四第二十四の玄象をめぐる逸話のなかで、次のように語られるようになっていた。

玄象はまるで生き物のようであって、下手な者が弾いて弾きこなせないときは腹を立てて鳴りません。また、塵がついたときにそれを拭き清めないときは、これまた腹を立てて鳴りません。その機嫌の良し悪しがはっきり見えるのです。いつのことでしたか、内裏が焼けたときにも、それを誰も取り出さなかったのですが、玄象はいつの間にか庭に出ていました。いずれも不思議なことだ、と語り伝えております。

これに関連した話として思い出されるのは、『文机談』巻第二に見える話である。

この玄象という琵琶は天下第一の霊物であり、国に並び無き大切な宝物です。玄象は琵琶の演奏家の上手下手を見抜き、また手入れをする者がそれにふさわしい者であるかを選びました。(中略)このような霊異神変を示すものは、他にはありません。そのために、玄象の機嫌をうまくとることができるような奏者は、あまりおいでになりませんでした。(中略)源資通卿は、琵琶の名人として名高いお方でしたが、これを弾かれたところ、その音色が優れなかったので、資通卿は「玄象が腹を立てておられる」と申して、宴の場の筵の上に置かれました。また、その孫弟子の源基綱卿が鳥羽殿の朝覲行幸に参上して、楽屋でそれを弾かれた時には、天幕が崩れ落ちんばかりに鳴ったそうです。

琵琶の守護霊ともいえる廉承武の示現譚は、玄象という名器それ自体の怪異というよりも、琵琶の演奏や琵琶の名人がもたらす怪異であった。ところが、『今昔物語集』や『文机談』などには、玄象という琵琶それ自体が引き起こした不思議を語っているのである。すなわち、この玄象は人間と同様に意思をもち、人間と同様の喜怒哀楽を示したというのだ。当然のことであるが、このアニミズム的な思想その延長上には、琵琶という器物それぞれにその個体の〈生命〉を司る精霊が宿っているという観念が生まれてくることになる。「琵琶の精」さらには「玄象の精」である。

そこで、そうした観念を物語る琵琶の怪異譚がないものかと探していたところ、『文机談』巻第二のなかに、「玄象の精」が出現するという、まことに興味深い話が載っているのに気づいた。

順徳院は、正月十九日の朝覲行幸に用いるため、父である後鳥羽上皇が秘蔵する御琵琶・玄上を、琵琶の名人である藤原孝道に手入れをするように命じました。孝道はそれはそれは懇切丁寧にその手入れをしました。その間は精進潔斎をし、手入れの場には荒菰を敷き、注連縄を引き回しました。

琵琶に弦をかけそれを支える柱をつけて演奏の準備が万端整うと、孝道が翌日の宴までこれを預かることになり、東の対の管弦の具の置き場で、寒さのために異常が生じないように、玄象を抱え暖めておられました。

夜も更け人気もほとんど無くなった時分のことでした。孝道が「南無玄上、南無玄上」と数百回唱えて、つぶった目を開けたところ、目の前に、老翁が座っておりました。孝道は「誰だろう。こんな時分にこのような者がここにいるのは合点がいかない」と思い、この老翁を見ますと、衣服は直衣（平常衣）でした。烏帽子をしっかり身につけておらず、髪の毛の前もきちんと切り揃っておらず、下半身ははっきり見えませんでした。眼がとくにきらめいておりました。また、髪や髭が長く帯のあたりまで伸びておりました。「何者だろうか」とさらによく観察していると、火の明かりのなかにその姿は掻き消えてしまいました。「玄上の精が姿を現したのではなかろうか」と不思議に思った孝道は、起請文を添えて、院にことの子細をご報告されました。
このような玄上を、藤原定輔卿（この当時の琵琶の名人の一人）が五度までも弾かれたということも不思議なことであります。

「琵琶（玄象）の精」の示現を物語る話は、神秘的伝承として特異な話であったわけではないようである。むしろ、こうした神秘思想は、琵琶に限ったことではなく、当時の諸芸・諸道に一般的に見出されるものであった。芸能を重んじ、その秘説・秘技あるいは秘曲を習得し、その堪能の極致に至ったときには鬼神の心も動かす。当時の貴族たちはそう考えていたのである。
たとえば、『古今著聞集』巻第十一にみえる、蹴鞠の名人・藤原成通のもとに「蹴鞠の精」が示現した話も、そうした思想を物語っている。

侍従大納言藤原成通卿は、とても蹴鞠を好み、七千日も練習しました。そのうちの二千日は一日も休むことなく毎日おこないました。病のときには床に伏しながらも、雨のときは大極殿で鞠を蹴りました。千日目にあたる日、三百回ほど一度も落とさずに蹴ったあと、自分でその鞠を取り、棚を二つ設けて、その一つには鞠を置き、もう一つの棚には一本の幣を立ててさまざまな供物を供えて、お祭りをおこないました。祭りも終わり、人びとが帰ったあと、棚から鞠が転び落ちたので、成通卿が不思議に思ったところ、そこにどこから現れたのか、三、四歳と思われる、顔は人間で手足や体は猿の格好をした、三人の子どもが立っていました。成通卿が、「何者か」と尋ねると、その子どもは「鞠の精である」と答えました。その三人の額にはそれぞれ春陽花・夏安林・秋園という金色の文字が刻まれていました。その子どもは「鞠を好む世は国が栄え、才ある人が官職に就き、長生きできるでしょう。これからは私たちがあなたの鞠の守護をいたしましょう」といった旨の話を告げ消え去りました。それ以後、たとえば、成通卿がおおきな盤の上で靴を履いて鞠を蹴っても大盤の上に靴があたる音がせず、鞠を蹴る音ばかりがした等々、この成通卿の鞠には不思議なことが起こりました。

怪異・妖怪研究者であるわたしは、この人格化された特性をもった琵琶や鞠の精の姿のなかに、中世以降急速に流布していく古道具の化け物「つくも神」の先駆を見出す。こうした琵琶や鞠が無造作に捨てられたならば、それらはおそらく捨てた者に対して祟りをなしたのではなかろうか。そのような話があっても不思議ではないはずである。古い器物が捨てられて人間に怨みを抱いたときに、「つくも神」は発生してくる。

もっとも、皇室の宝とされた玄象や成通卿愛用の鞠ならば無造作に捨てられることなどなく、したがってつくも神ともならずに、いまは行方知れずであるが、どこかで大切に秘蔵されていることであろう。

四　羅城門の鬼が、内裏から盗まれた玄象を返却する

ところで、玄象をめぐる怪異譚としてもっとも人口に膾炙しているのは、何者かに盗まれた玄象を羅城門（もしくは朱雀門）に棲む鬼が返す、という話であろう。同種の話は『江談抄』や『今昔物語集』『古今著聞集』『十訓抄』などに見られる話であるが、『今昔物語集』巻第二十四第二十四「玄象といふ琵琶鬼のために取らるること」では、その他が十四日間、僧侶に修法（祈祷）をさせたところ、その効果があって、鬼が門の上から縄に付けて玄象を降ろしてきたとなっているのに対して、琵琶の名人の源博雅が玄象を探し出すというストーリーになっている。

村上天皇のとき、玄象という琵琶がにわかに見えなくなりました。宮中伝来の由緒ある宝であったので、天皇はおおいに嘆かれて、「誰が盗んだのだろうか。盗んだとしても自分でもっていることができないものだから、きっと天皇に異心を抱く者がいて、盗み出して壊してしまったのではないか」と疑われました。

さて、その頃、源博雅という殿上人がおられました。この方は管弦の道に精通しておられる方であって、この玄象が紛失したことを嘆いておりました。ある夜のことです。人びとが皆寝静まったあと、清涼殿に宿直していると、南の方角から、あの玄象を弾く音が聞こえてきました。とてもいぶかしく思えたので、「あるいは空耳ではないか」と思い、さらに耳を澄ませますと、まさしく玄象の音色です。博雅が聞き間違えるはずもありませんから、おおいに驚き怪しみ、人にも告げずに、直衣姿に沓だけをはき、小舎人童一人を連れて外に出ると、南の方に歩いて行かれました。「どうやら近くらしい」と思って歩いて行くと、朱雀門に至りました。しかし、音色はなおも南の方から聞こえてきます。そこで朱雀大路をさらに南に向かって歩いていくと、とうとう羅城門に至りました。門の下に立って聞くと、門の二階の望楼で玄象を弾いているのでした。博雅は不思議に思い、「これは人が弾いているのではなく、きっと鬼のたぐいが弾いているのだろう」と思ったとたん、弾き止みました。しばらくするとまた弾き出しました。博雅が上に向かって「誰が弾いておられるのか。玄象が数日前に消え失せて、天皇が捜し求めておいでになるが、今夜、清涼殿で南の方からこの音色がしたので、こうしてやってきました」と呼びかけました。するとぴたりと音が止み、天上から降りてくるものがありました。怖ろしさのあまり飛びすさり、じっと見ておりますと、玄象に縄をつけて降ろしてきたのでした。

そこで、博雅はこわごわとこれを取り、内裏に戻って、事の子細を帝にご報告し、玄象を天皇に戻されました。天皇はとても感激し、「さては鬼が盗み出していったのか」と仰せられました。このことを聞く者は皆、博雅を褒めたたえました。

この話は、深夜にかすかに聞こえる琵琶の弾音を聞き止め、その音色から玄象であると判じた源博雅の管弦の才能や、鬼をも怖れない博雅の剛胆さ、さらには名人でさえ弾きこなすことが難しいとされる玄象を巧みに弾く羅城門上の鬼の風流の才能、そしてその鬼と博雅という芸にたけた者同士の心の触れあいなどが巧みに描き込まれていて、『今昔物語集』のなかでも秀逸な説話であると、文学者や研究者たちから高く評価されているものである。

史実の博雅は琵琶の芸の継承者でもあったが、この話ではとくに琵琶の名人として描かれているわけではない。博雅は説話世界では、管弦の才のうちでもむしろ横笛に才能を発揮した人物として描かれた。

たとえば『江談抄』や『十訓抄』などにその姿を見出すことができる。これらに収められた話は、宮中に伝わる「葉二《はふたつ》」という笛にまつわる話で、博雅とその見事な笛の音色に誘い出された朱雀門の鬼が、月夜ごとに朱雀門の前で笛を吹き合い、その間に互いの笛を取り合え、鬼の笛を返す機会が無いままに、博雅が亡くなってしまった。それが「葉二」である、と語っている。この朱雀門の鬼もまた風流の心得がある鬼であったという話である。『今昔物語集』の博雅と羅城門の鬼の話にしても、『江談抄』や『十訓抄』の博雅と朱雀門の鬼の話にしても、強調されているのは、博雅の管弦の才能の素晴らしさであった。琵琶や笛が発揮する霊異・不思議という観点からみれば、玄象の場合は、風流を心得る鬼も欲しがるような名器であったこと、葉二の場合は、それがもともとは鬼の所有する笛であったといった程度のことが確認されるにすぎず、そこに霊異を見出すことはできない。

そうはいうものの、こうした玄象の紛失と出現の不思議をめぐる話が生まれてくる背景には、まことしやかに語られていた玄象の紛失（焼失）とその奇怪な出現をめぐる噂があったようである。『百錬抄』によれば、円融天皇の天元五年十一月十七日、内裏が焼亡したさいに、累代の御物が多数紛失しそのなかに玄象も混じっていたという説があったが、それから半月後、玄象は式御曹司の東垣から「物にきて抜け落ちる」という、奇瑞としか言いようがないかたちで発見・回収されたとある。こうした玄象自体がもたらした霊異が、上述のような玄象を盗み出す羅城門（朱雀門）の鬼をめぐる話の生成の触媒となったのであろう。

たしかに、この玄象は鎌倉時代から南北朝時代までは存在していた。しかし、その後、行方知れずとなる。しばしば稀代の名宝（幻想の名器・珍品までも）が収められていたと伝えられる「宇治の平等院の宝蔵」には、「玄象」も収められていたという伝承があった。この宝蔵は南北朝の動乱期に戦火によって焼失した。そのときに、玄象もこの世から姿を永遠に消してしまったのかもしれない。

しかし、その後も、玄象の名器ぶりは忘れられることなく語り伝えられて、いまに至っている。まぎれもなく、玄象という楽器は、他の楽器、他の琵琶と比べたとき、特別な楽器であり琵琶であった。

五　民間伝承のなかの琵琶

さて、これまで、琵琶は、貴族社会のなかでは、玄象のような名器伝説が生み出され語り継がれたことからも明らかなように、特別な楽器であったことが明らかになってきた。

それでは、琵琶は民間のなかに浸透し、民間でも神秘視されることがあったのだろうか。読者のなかにもきっとそうした疑問を抱いた方がおられるのではなかろうか。以前、わたしもまたそうした疑問を抱き、少し調べたことがある。調べていくうちに、琵琶をめぐる怪異の伝承がきわめて少ない、いやほとんどないに等しいことがわかってきた。

なぜだろうか。その答はきわめて単純明快である。琵琶は民衆自身で手にとって楽しむ楽器とはならず、このため民衆の生活とは縁遠い楽器に留まっていたからである。必然的に民間伝承のなかに登場する機会がなかったわけである。

とはいうものの、琵琶がまったく民衆とつながっていなかったわけではない。以下では、そのあたりのことを少し書いておこう。

琵琶と民衆をつないだのは、一般には「琵琶法師」と呼ばれる盲目の僧＝芸人であった。『平家物語』を琵琶の伴奏で語って平家の亡霊を呼び出してしまう、小泉八雲が描く「耳なし芳一」（『怪談』）の主人公芳一が、そのもっともよく知られた姿である。民間伝承に登場する琵琶は、この琵琶法師＝盲僧がらみのことがほとんどである。このことは、琵琶はかれらを媒介にすることなく民衆と接することはなかった、ということを物語っているのである。

「耳なし芳一」の話は民間伝承を素材にして、小泉八雲が彼なりの作品に仕立て上げたものであると考えられている。たとえば、徳島県板野郡の旧里浦村には、およそ次のような同様の話が伝承されていた（中島松三郎「耳切団市」『郷土研究』第二巻四号、一九一四年）。


昔、団市という盲目の琵琶法師がおりました。ある夜のことです。一人の官女らしき者が団市のもとにやってきて、「御殿で今宵催される宴にぜひ来ていただきたい」と頼んだので、さっそく団市は出かけていきました。それからというもの、団市は毎晩その御殿に招かれました。それが重なるうちに身体が衰弱するのを覚えましたが、団市はあまり気にとめないでいました。ある旅の僧がこの村を通りかかり、墓場で、一人の痩せ衰えた琵琶法師が一心不乱に琵琶を弾いている姿を見かけました。団市でした。旅の僧は団市からことの子細を聞き、亡霊に取り憑かれていることがわかり、目といわず鼻といわず身体中の至るところにまじないを施しましたが、耳にまじないをするのを忘れてしまいました。翌晩になって、また例の官女がやってきましたが、身体じゅうにまじないを施してあるので、団市を連れて行くことができず、耳だけをもって行ってしまいました。これを耳切り団市の話として今も土地の人は語り伝えています。

この話の伝承地が徳島県なので、団市は屋島の合戦で亡くなった平家の亡霊に憑かれて、『平家物語』を語らされたようである。

盲僧・座頭の芸能で思い起こされるのは、洪水や山崩れをめぐる怪異伝承である。たとえば、江戸時代に編纂された地誌『越後野志』巻九に、およそ次のような話が載っている。

昔、一人の座頭がとある峠の頂上で宿を取ることにしました。深山の寂しさに耐えきれず、一人琵琶を弾いて心を慰めていたところ、どこからともなく美しい女性が現れて琵琶の音に聞き入り、しきりに感嘆しました。そして、次のような言葉を残して立ち去りました。

「わたしはこの山に久しく棲む大蛇である。御坊は麓の里に下りても長居をしてはならない。というのも、わたしは時が来たので近々海に入る。その行きがけにこの峠下の谷を淵にするつもりである。今宵一曲を聞かせてもらった礼に、このことをお前に教えたが、けっして他言してはならない。他言すれば即座にお前の命を奪い取る」

これを聞いた座頭は、大急ぎで村里に下り、命が無くなるのを覚悟で、村人にその危険を教えました。村人は術を施して大蛇を退治しましたが、座頭は大蛇の言ったとおり亡くなりました。この座頭を祀ったのがこの村の大蔵権現であり、大蛇を祀ったのが峠の頂上にある大利大明神です。また、この神社には神宝として座頭が所持していた琵琶が収められているとも伝えられております。

わたしの好奇心をかき立てる、まことに不思議な雰囲気が漂う話である。この伝承は、越後国小泉庄（現村上市周辺）の大蔵神社にまつわるものであるが、各地に見出される「蛇抜け」伝説の一つであって、昔話では「大蛇と盲僧」として分類しうる話群を構成している。また、ところによっては、盲僧・座頭が奏でる楽器は琵琶ではなく、三味線になっている。

それにしても、この怪異はどこから来ているのだろうか。琵琶がそうした能力をもっているからだろうか。楽器に留意すれば、三味線に代わっている話もあるので、琵琶というよりもむしろ楽器一般がそうした怪異をときには引き起こすことがあるというべきかもしれない。それとも、盲僧だろうか。たしかに盲目であることは、異界を見る「もう一つの目」を獲得しているということを意味しているという考え方が広く見出される。もっとも、この種の話が盲僧に限ったわけではなく、樵や猟師であったり、修験などの盲僧以外の宗教者であることもある。しかしながら、この種の話で圧倒的に多いのは、盲僧である。したがって、この民間伝承では、その所持品である楽器それ自体が怪異を弾き出したのではなく、盲目であることによって導き出された怪異ということになる。

それでは、琵琶自体の怪異はないのだろうか。これもないわけではない。しかし、その伝承も琵琶法師がらみである。たとえば、ところによって「琵琶が淵」とか「琵琶沼」などといった呼称のある池がある。その淵や沼の底からときどき琵琶の音が聞こえるという怪異があるという。

もっとも、その由来を尋ねると、昔、琵琶法師が誤ってこの沼に落ちて亡くなったとか、その所持品に目がくらんだ村人が琵琶法師を殺害して死体を投げ入れたといった伝承があることが多い。

締めくくりとして、長野県の木曽福島町の興善寺にまつわる話を紹介しよう。これは家高荒治郎「檜樵談（一）」（『信濃』第一次第三巻五号）に見える話である。

昔、この寺の庫裏から続く方丈の入り口の杉戸の内側には、嫗が臼をひきその脇に翁が立っている、という構図の絵が描かれていました。ところが、夜になると、「婆さん、茶臼がひけますか」と翁の声がかかると、「おかげさまで月夜でひけました」と嫗の声が答えて、ゴロゴロと臼をまわす音が響いたという噂が立ちました。そこでその翁嫗の両の眼の玉をえぐったところ、それ以来その物音がやんだといいます。

また、書院の壁には、箏、琵琶、鼓などの楽器の絵が描かれていました。この楽器もそれぞれの音を立てて鳴り響くということがありました。気味が悪いので、墨で塗りつぶしたところおさまったといいます。書院から方丈への廊下はいわゆるウグイス張りで、歩くたびにキューキューと鳴りました。

これら由緒ある数々は、明治三十九年十月の火災で焼失してしまいました。

ここで語られている琵琶の怪異もやはり琵琶そのものの怪異というのではなく、楽器の怪異であり、しかも絵画の楽器の怪異である。それにしても、読んだだけでも背筋が寒くなってくるような薄気味悪い話である。

さて、こうした民間の琵琶をめぐる数少ない怪異伝承を眺めただけでも、いかに琵琶が民衆とは縁遠い楽器であったことかがわかるだろう。琵琶は琵琶法師や寺などを介してわずかに民衆と接していただけだったのである。したがって、琵琶をめぐる怪異伝承はフォークロアではなく、日本ではエリートロアとして伝えられてきたということになるのだろう。

（本稿を執筆するために、稲垣泰一「鬼と名楽器をめぐる伝承」『和歌と中世文学』を参照した。また、古典等からの引用文はわかりやすくするために、です・ます調で表記し、若干の補足や省略をした）

Ⅳ

絶縁の呪力

縁切榎の由来をめぐって

常光 徹

はじめに

江戸時代に妻が離婚の目的で駆け込んだ縁切寺は広く知られているが、ほかにも縁切りに関しては、庶民信仰や俗信として縁切橋や縁切地蔵などの伝承が各地に伝えられている。とりわけ、東京都板橋区本町の縁切榎は種々の縁切りに効果があると信じられ、早くから人びとの関心を集めてきた。縁切榎にまつわる民俗については長沢利明のすぐれた研究がある（長沢　一九九六）。ただ、この木がどのような経緯から絶縁の意味を帯びるようになったのかについてはいくつかの説がある。本稿では板橋の縁切榎の由来について一つの可能性をさぐってみたい。縁切榎における「縁切り」伝承発生の契機を、関連する現在の民俗をヒントに推測したとき、従来の説明とは別の解釈も可能ではないかと思われる。本論はそのささやかな試みである。

一　縁切榎の諸相

根岸鎮衛が天明から文化にかけて書き継いだ『耳袋』に、「板橋辺縁きり榎の事」と題してつぎのような話が載っている（長谷川　一九九一）。

本郷辺に名も聞しが壱人の医師あり。療治も流行して相応にくらしけるが、残忍なる生質にて有りし由。妻は貞実なるもの也しが、彼《かの》医師下女を愛して階（偕）老の契あれば《（ど）》あながちに妬《ねたみ》もせざりしが、日ましに下女は奢り強く、医師も彼下女を愛するまゝに家業おろそかに成て、今は病家への音信《おとずれ》も間遠《まどお》なれば、日に増して家風も衰へければ、妻は是《これ》を嘆き、幼年より世話をなして置《おき》し弟子に右の訳を語りければ、彼弟子も正直なるものにて兼て此事を嘆きければ倶《とも》に心を苦しめ、彼下女の宿之者へ、「内〳〵了簡も有べし」と申けれど、是もしか〴〵の取計《とりはからい》もなく打過ける故、色〳〵心を苦しめしが、彼弟子風与《ふと》町方へ出し時、「板橋の辺に縁切榎といへるあり。是を与ふれば如何程膠漆の中も忽ち胡越のおもひ生《しょうず》る」と聞て、医師の妻にかたりければ、「何卒《なにとぞ》其榎をとり来るべし」と、弟子に申付、彼弟子も偲びて板橋へ至り、兎角《とかく》して右榎の皮をはなし持帰りて粉になし、彼医師 并《ならびに》下女に進めんと相談して、明《あく》る朝飯の折から彼医師の好み食する美（羹《あつ》）物の内へ入れしを、板の間立働く久しく召仕ひし男是をみて大に不審し、「若《もし》や毒殺の手段ならん」と、或ひは疑ひ或は驚き、「如何せん」と思ひ侘《わび》しが、「手水《ちょうず》の水を入れん」とて庭へ廻り、密に主人の医師へ語りければ大に驚きて、さて膳にすはりて美物には手もふれざりしを、「兼《かね》て好む所如何なればいとひ給ふ」と、女房頻りに進むれば、弥《いよいよ》いなみ食せざれば、女房のいへるは、「斯《か》くすゝめ申《もうす》美物を忌み給ふは毒にても有《ある》やと疑ひ給ふらん。左《さ》ありては我身も立《たち》がたし」と尚《なお》進めけれど、今は言葉あらにせきける故、妻も弥服（腹）立、「然《し》からば毒ありとおもひ給ふならん。さあらば我等給《たべ》なん」と、右美物を食しけると也。縁切榎の不思議さは彼事より弥事破れて、彼妻は不縁しけると也。

夫である医師と下女を別れさせようと企てた妻の計略が自らの離縁を招いたという意外な結末に結びつく。当時、こうしたオチのついた話として流布するほど縁切榎の俗信は広く知られていたのであろう。明治なって三遊亭円朝が演じた「縁切榎」（別名「両手の花」）も、二人の女性のどちらかと縁を切らねばと悩む男が、反対に二人の女性から縁を切られるという内容で、板橋の縁切榎が舞台になっている（藤浦　一九七五）。

江戸庶民の縁切榎をめぐる様相については、十方庵敬順の筆がよくとらえている。文化一〇年～一一年（一八一三～一四）頃のありさまである（大島他　一九九五）。

同屋敷北側垣根の外に縁切榎といふあり。樹の太さ五抱《イツカカエ》もあらん、壱丈もあがりて大枝両股とワかれ、樹の高さ凡四五丈根茎の四方へはびこる事三四間に及べり。これを縁切えのきと名付し濫觴ハ、寛保年間かとよ磯の宮御下向ありて此街道を通御し給ひ御城内へいらセ給ひしに幾程なく逝去まし〳〵、その後又寛延宝暦の頃にや、波の宮御下向遊ばし此街道を通御なりしに是又幾程なく逝去し給ひしかバ是より誰いふとなく此樹を悪みて縁切えのきと異名せしより巷談に伝え世人又聞つたへて今ハ實名の様にハなれり。しかるに何者かはじめけん、此処へ来る茶店の孃《カカ》又ハ兒共等《コドモラ》をたのみ此榎の皮を枌取《ソギトリ》もらひて家に持帰り、水より煎じその者にしらさず飲しむれバ男女の縁を切夫婦の中自然に飽倦《アキウミ》て離別に及ぶ事神の如しといひはやし、心願かなふて後は絵馬を持来り榎へかくるもあれバ又幟たてる徒もありけり。いか様絵馬かけしを見れバ男女もの思える風情して双方へたち分るゝ姿を画きしは不仁《フジン》の志願も叶ふとみえたり。又大酒を好み癖ある上戸に此榎の皮を水より別《ベツ》煎《セン》にし酒へ和して飲しむれバ忽然と酒を嫌ひ性質の下戸になるといひ伝ふ。予試しみざれバ真偽をいひがたし。近年伏見の宮の姫君此街道を御下向西御丸へ着輿し給ふ砌此の縁切榎の名を厭ひ給ひ此榎の見えざる辺手前より別段に御路筋をひらき近藤登之助やしき内を通御ありて板橋の駅中へ出給ひしとなん。件の榎古来す斯忌ハしき名ハあらざるに不図中右より縁きり榎と呼初《ヨビソメ》て世の人に疎まるゝハ此樹の不幸とやいわん。殊更常に活皮(イキカワ)を剥れて生疵の絶ざるは不運とやいふべからめ。是によりて伏見の宮の姫君も世上の人口に随ひ給ひて此樹の辺を除しめ給ふとみえたり。既にに明和年間近衛公の姫君清水御殿へ入御し給ふに付東海道筋通御なりしに興津蒲原の間なる薩陀《サッタ》峠《トウゲ》といふハ此山に名たたるふ地蔵菩薩ましますゆへに古来斯名付来りしかど何とやら御入輿にハ忌ハしきを以て通御の當日ハ末廣峠と改名して呼けるも同日の論なるべし(『遊歴雑記』)。

古川古松軒の『四神地名録』(寛政六年・一七九四)の「下板橋駅」の記述にも「此地に近藤御うしの下屋敷有りて、大樹の榎街道のうへに覆ひかゝりて、枝葉繁茂す。いつの頃よりか此木を縁きり榎と称して、娌(嫁)入・聟入りの人は忌み嫌ひて、此木の下をば通行せずして」とみえる(長澤　一九七六)。『新編武蔵風土記稿』には、「縁切榎　岩の坂にあり、近藤信濃守抱屋敷に傍へり圍み二丈許樹下第六天の小祠あり、則其神木なりと云、世に男女の悪縁を離絶せんとするもの、この樹に祈て験あらずと云ふことなし、故に嫁娶の時は其名を忌て其樹下をよこきらす、よりて近き年楽宮御下向の時も、他路を御通行あらせられしなり」と記されている(蘆田編　一九五七)。街道に覆いかぶさるように枝葉を伸ばした大木が立っていたことがわかる。この木が何故「縁切榎」と呼ばれるようになったのか、その由来については諸説あるが、『耳袋』や『遊歴雑記』にみえるように、削ぎとった皮を煎じて相手に気づかれぬように飲ませると男女の縁が切れるとの俗信は広く支持されていたようだ。『柳樽』に「板橋の木皮の能は医書にもれ」(文政七年)とか「焼かぬはづ女房榎をのませる気」(文政八年)といった句がでているのを見てもわかるし、ほかにも縁切り榎を取り上げた川柳や雑俳は少なくない(石川　一九八九)。いつの世も男女関係の種は尽きないだけに、明治になっても木皮の需要は衰えをみせていない。ただ、榎にとっては生死にか

図1　縁切榎『江戸會誌』

かわる問題で、はやくに十方庵が「活皮《イキカワ》を剥れて生疵の絶ざるは不運」と同情を寄せているが、明治二二年（一八八九）九月発行の『江戸會誌』には「此木を昔より縁切榎と唱へて凡そ嫁娶するものハ忌嫌て樹下を経行せず故ありて男女の縁を断んとするもの祈れば必ず験あり或は樹皮を剥取て細末とし竊かに其人に服せしむれば最も験ありといふ故に其樹六七尺以下は悉く皮を剥去らる然るに数年前同駅に火災ありしとき此樹も火に遭て焦枯し今は枝葉もなく只本幹のみ兀然と立てり」と無残な姿を紹介している（江戸會事務所一八八九）。『東京府北豊島郡誌』（大正七年）によれば火災にあったのは明治一六年だという。しかし、無残な姿になっても焼け残った木を材料にしたたかな商法がみられたようだ。大正六年三月発行の『郷土研究』四巻一号では「現今も此地に榎教会と云ふものが立って居り、都人の迷信に付込み榎の枯木を粉にして売り、絶縁結縁共に効があると云うて居る」と報告している。

　榎に絵馬を掛けていたことは『四神地名録』に「木の枝の幾つともなく絵馬をつるして有り」の記述からわかるが、『遊歴雑記』によれば「男女もの思える風情して双方へたち分る丶姿」の絵馬だという。つまり、背中合わせの男女を描いたものである。『江戸會誌』には「縁切榎も火に遭て己に枯たれば数年を出ずして其幹も朽尽くるに至るべし因て會田潁水豊島郡記に見へたる図を模写して此に出す」と記して縁切榎の姿を載せている（図1）。

　岩井宏実は背中合わせの絵馬について「関東では足利市の門田稲荷、東京板橋の榎神社が名高い。この両者は、縁を切るといえばなんでも絶縁してくれるといわれ、夫婦の縁はもとより、情婦・情夫の手切れ、病気との絶縁、

図２　現在の縁切榎（東京都板橋区）

図３　初代の縁切榎の一部。新しい削り痕がみえる。』

盗人との絶縁、酒との縁切から兵役逃れというように、断絶を目的とすることならなんでも祈願する。したがって、図柄の種類も多く、男女が背合せに坐っている図、軍服姿の男と祈願者本人が背合せに立つ、兵役と縁切の図、大盃と背合せしている断酒の図など、実にバラエティーに富んでいる。榎神社には昔、縁切榎という榎の木があって、榎が縁の木になり、何かの説話が生まれて縁切の縁起ができたのであろうか、ここの絵馬はみな、榎を中心に左右に縁切したいものと祈願者本人の姿を描いている」と述べている（岩井　一九七四）。背中合わせの形や行為は今でも葬送習俗などで儀礼的に演じられる場合があるが、そこに共通しているのは、積極的な絶縁の意志を表明している点だといってよい。大酒飲みがこの榎の皮を煎じて飲むとたちまち下戸になるという話は面白い（『遊歴雑記』）。現在の縁切榎は三代目だが、岩井が指摘するように、男女の縁きりをはじめとして、悪縁を切るということから病気平癒や賭事・飲酒を断つ目的で訪れるものが少なくないという（図２・３）。大正三年（一九一四）生まれの男性がつぎのように語っている。

子供のころから縁切りさまってのはね、恐かったんだよね。縁が切れるんでね。主にまぁ一番、覚えているは、花柳界の人がずいぶん来たね。人力に乗ってね。その絵が郷土館にあるよ。昼間、人力車に乗ってね。このそばにお茶屋があってね。イズミ屋ってお茶屋があってね。そのときに、かもじを上げたりね。それから、鋏上げたりね。それは、今でも、かもじは今もうないけど、鋏だとかね、剃刀ね。小さなカッターみたいな剃刀、よく上がってますよ。縁を切ってもらいたいからね（板橋区史編さん調査会　一九九七）。

鋏や剃刀のような物を切る道具の機能にあやかって、縁を切りたいという願望を可視化している。もともと男女の縁が切れるという不吉な連想から生まれた俗信が、「切れる」「切る」という言葉の意味を増殖させながらつぎつぎに目新しい関心を誘っているからだ。

二　縁切り榎の由来

明治に入っても縁切榎は人びとの関心を集めたが、明治一六年（一八八三）の火災で枯死した。その後二代目の榎が植えられたが、祈願に訪れる人は絶えなかったという。しかし、事情があって二代目の榎は伐られ、一代目の古株が区の所有地である現在の場所に移される。そこに昭和四四年（一九六九）に三代目の榎が槻の木と一緒に植えられ、現在は榎大六奉賛会が管理している（板橋区史編さん調査会　一九九七）。

縁切り榎の俗信がいつ頃から言われるようになったものか定かではないが、先に示したように『四神地名録』には「いつの頃よりか此木を縁きり榎と称して、娌（嫁）入・聟入りの人は忌み嫌ひて、此木の下をば通行せずして、大ひにまはり道をせるといふ」とある。徳川家に降嫁の五十宮・楽宮の行列はここを避けて通り、和宮の折には榎を菰で包み、その下を通って板橋本陣には入った。[1] それにしても何故この木が縁切りの対象とされるようになったのだろうか。その由来についてはいくつか説があるようで『板橋区史』では、代表的な説について次のように説明をしている。

> 江戸時代には縁切榎は男女の縁切りを祈願する樹木として信仰されていたようだが、もともとここには榎と槻の木があり、榎の方がさきに枯れたが、残った槻の木のことを縁切榎と呼んでいたという。また、縁切榎のそばの岩の坂と榎・槻の木と合わせて「榎《えん》の木槻の木岩の坂」とし、それを「縁つきいやな坂」と語呂合わせをしたことが、嫁入り婿入りの行列がさけて通るという婚姻のタブーになったというのが、一般にいわれている縁切榎の由来である。もうひとつの由来として、身禄《みろく》伝説があげられる。身禄とは富士講中興の祖とされている食行《じきぎょう》身禄のことである。身禄は家業の油商を捨てて江戸を立つ。追いすがる妻子と別れ縁を切った所が板橋宿の榎の前であったので、縁切榎と呼ばれるようになったといわれる。そして、妻子と別れた榎の側の石橋を「涙橋」、その下を流れる中用水は「おん出し川」と称されるようになった（板橋区史編さん調査会　一九九七）。

石川一郎は『江戸文学俗信辞典』の「縁切り榎」の項目で「縁切り榎は、榎の名が縁を切るに通じるための名称と思われる。幕末明治にはこの榎の根は一つ、幹が二つに分れているので、その名があるとも言われた」と記している（石川　一九八九）。

『板橋区史』によれば、もともとここには榎と槻があって榎が枯れたあと残った槻を縁切り榎と呼んでいたという。残った木が槻なのにそれをなぜ榎と称したのか、いまひとつ腑に落ちないが、この疑問に関してははやくに柳田國男が関心を示している。「山島民譚集（二）で「板橋の縁切榎は、大道の傍に在る流行神《はやりがみ》で、万人の見る所なるにも拘らず、或は榎では無く槻の木だと言う説がある。如何に生体も無い古木でも、落ちて来る実なり葉なりを見たら、果たして榎であるか否か、決せられなかった筈が無い。奇妙な話である」と首をかしげている（柳田一九七〇）。この説は『武蔵演路』に拠るものらしい。また、大正一五年（一九二六）に発表した「争ひの樹と榎樹」では「又有名な板橋の縁切榎なども、実はいつの間にやら欅の大木であった。今では火災に遭うて枯株のみ残り、愈々本体が不明に帰したが、嫁入の此樹の前を通ることを忌んだ風習は古かった。寛延二年の二月に五十宮将軍家へ御降嫁の際にも、其由来を述べて御路筋変更を進言した者がある。最初此地には榎と槻と各々一本あって、「榎木槻木岩の阪」と唱えたのが、誤って「縁つきいやの阪」と偽ったと言って居る。但しその榎が早く枯れて、槻ばかり残ったという言うことには証拠も無く、欅を縁切榎と呼んで居た期間は久しかったのである」と述べている（柳田　一九六九）。引用文献をみると『豊島郡誌』（正しくは『東京府北豊島郡誌』）に載る『江戸會誌』の記事をもとに右の文章を書いている。『江戸會誌』には『享保撰要集』をもとに五十宮後降嫁の際に、「下板橋宿はづれ近藤登殿下屋敷之垣際に榎木槻木一處に生立、数年を経、殊之外大木に御座候處、何の頃より誰申共なく榎木槻木いわの坂を、ゑんつき、いやの坂と申習はし此處を縁女聟入等の者通り候へば必縁短く御座候由申来り」云々と注進した者がいたことが記されている（江戸會事務所　一八八九）。

柳田は縁切榎の素性について疑問を述べているが、その始まりについては境を守る神の信仰に起因していると考えているようにみえる。「山島民譚集（二）」で「板橋の縁切榎は中仙道の路傍であるから、もとは普通の一里塚などであったかも知れぬが、後には男女の間を隔絶する境の神と成り、現に和宮の御降嫁の折にも迂回して此木の下を避けられた。近頃では又悪い縁なら切ろうが良縁なら結ぼうと仰せある」と説いている（柳田　一九七〇）。ただ、この説明では何故男女の間を隔絶する境の神になったのかが不明である。柳田は「橋姫」の論考で、坂とか橋といった境を守る神がもとは男女の二柱であったと力説しているが（柳田　一九六八）この視点は一つの示唆を与えてくれる。江戸期の資料にみえるように、縁切り榎の場所には、もとは榎と槻が生えていたのであろう。長沢利明は「江戸時代のこの頃、ここにはもともと榎と槻の大木が立っており、榎の方はのちに枯れてしまったものの、残った槻の木の方をさしてあいかわらず縁切榎と呼びならわしてきたことは確かなことであり」と指摘している（長沢　一九九六）。

ここからは筆者の推測だが、榎と槻が一所に生えていた時代にそれが縁切りの意味を帯びていたのかどうか、疑ってみる余地がありそうに思う。というのは、現在の民俗事例に照らし合わせると、二本の木が根元で合着したのち二股に分かれたり、あるいは、寄り添うように成長したものとか、絡み合うような姿で立つ二本の木を男女に見立てて「相生の松」とか「夫婦杉」などと呼んでいる例がいくつもあるからだ。また、隣り合う二本の木の枝が繋がった形を連理の木として神聖視している例も少なくない。和歌や謡曲「高砂」などで名高い高砂神社（兵庫県高砂市）の松や尾上神社（兵庫県加古川市）の松は、代は替わっているが、黒松と赤松が根元でくっついて絡み合うように成長した相生の松である（常光　二〇〇三）。埼玉県神川村の石重寺の二株の老梅を夫婦梅《めのとうめ》と称して一茎二顆を結ぶという。埼玉県下のこの種の伝説を紹介した韮塚一三郎は『埼玉県伝説集成』で、相生松について「一本の木の根本から二股になっているのを相生松といっている。しかし相接して齢も等しい似合いの松をもて相生松といったようである。（中略）このような木が赤裸々な人間の姿態にあてはめられてみられ、占いに用いた感覚から、男女の交情の象徴として、縁結びの対象とされるようになる」と解説している（韮塚　一九七三）。とくに異種の木の組み合わせは男女の縁を強調する傾向が強いようだ。武藤鉄城はこうした形状の木について「ことに異木同士の連理は縁結びの神として拝まれている。由利郡赤平村に赤松と欅が抱き合い一本の木となったものがあるが、昔、相思の男女が契り死んだものと伝えている」と報告している（武藤　一九八四）。高知県では、一つの木へ異種の木が寄生しているものを縁木《えんぎ》と呼び、縁結びの木とされているという（桂井　一九四八）。

現在の縁切り榎は三代目だが、榎と欅（槻）が並んで植えられている。『板橋区史』には「縁切榎の由来」と題して、地元の人のこんな話を紹介している。

今の三代目は二本植わっているんだよね。向こうっ側が榎でこっち側が欅なんだよね。外っ側が榎で内っ側が欅なんだよ。榎のほうが今細い。欅のほうが太い。欅は後で植えた。それはね、二本ね、くっついちゃうんだよね、大きくなると。二代目は、榎だけだった。それで、三代目はエンツキになるように榎と欅を植えた。稲荷台の高木さんっていう区議会議員が植えた。

もともとは、ツキの木とね、欅の木がね、一緒にくっついちゃったわけなんだよ。ツキの木ってのは榎なんだよね。それで、ツキの木と欅と一緒になってエンツキ、エンツキって。それと、ここは岩の坂っていう。岩の坂はイヤナサカって。エンツキとイヤナサカで、それをもじってエンキリになったらしいだよね（本町　男　大正三年生）。（板橋区史編さん調査会　一九九七）。

槻は欅なので一部誤解がみられるが、それにしても欅と槻の二木を植えているのは示唆深い。それが何に拠ったのか定かではないが、「えんつきいやな坂」の悪いイメージはない。話者が「二本ね、くっついちゃうんだよね、大きくなると。二代目は、榎だけだった。それで、三代目はエンツキになるように榎と欅を植えた」と話しているのは、隣接する二本の木が合着して成長する形を縁結びの意と看做す意識が読み取れる。

榎・槻・岩の坂の語呂合わせから「えんつきいやの坂」といわれ絶縁の俗信が生まれたことは十分考えられる。『江戸會誌』では、えんつきが縁尽に通ずることから縁を切るという説が起こりついに縁切榎と呼ばれるようになったのであろうと推理している。ただ、ここでは別の可能性を考えてみたい。縁切榎の「縁切り」に注目すると、男と女の縁切りの発想が生まれる契機として、一所に生え出て相思の仲と看做されていた榎と槻との縁が切れるという事態の発生があったのではないだろうか。後にさまざまな縁切り目的の対象となるが、そもそもは二つの木に象徴された「男女の縁」に端を発しているという見方も可能であろう。縁切りの原因となる事情は一様ではないが、『新編武蔵風土記稿』巻之百三十九の舎人町諏訪社にこんな話が収録されている。

此社地に夫婦杉と唱へて二樹ありしが、三沼代用水掘割の時この二樹の間に溝を開きしより、土人婚嫁の時前を過るはきらひしとて、此道を遮ると云、此杉今は枯たり

二本の夫婦杉の間に溝を掘った、つまり、溝が夫婦を分けたことから嫁入り行列が避けるようになったという。夫婦に見立てた杉の間に生じた出来事から人の世の絶縁に連想を働かせている。縁切榎の場合、縁切りの縁はもっぱら人間の男女間の縁の問題として語られるが、そうした意識が芽生える前提には榎と槻との関係、つまり、榎が枯れたためにそれまで相思の男女になぞらえてきた二者の縁が絶えたという受け止め方をされたのではないだろうか。男女とされる二本の木のうち片方が姿を消すことが不縁の想像をよぶ例がある。愛知県西加茂郡小原村の永太郎・大草両部落の境にある一本マツは、もと夫婦マツだった。それを一本伐ったのちは、その下を通る嫁入行列は不縁になり、別れなければならぬようになった。それで回り道をするという（鈴木　一九八二）。「夫婦木は切るなら二本一緒に切るものだ」（信濃教育会北安曇部会　一九一八）という俗信も、男女の縁が切れて片方が残ることの不安をいったものであろう。

縁切り榎では、先に枯れたのが榎で残ったのが槻だとされている。柳田は槻をどうして榎というのかと訝って

いるが、このことは、榎と槻がある時期相接してあったことと、絶縁の原因が榎にあったことを暗示しているように思われる。榎が枯れたために「縁が切れた」、あるいはそれを榎の側から「縁を切った」と看做して「縁切り榎」の名称で呼ばれるようになったのではないだろうか。

注

1　徳川家への降嫁については長沢利明の論文「縁切榎――板橋区本町」に詳しい。此件に関する『遊歴雑記』の記述には誤解がみられる。

引用・参考文献

蘆田伊人編　一九五七『大日本地誌体系（一）新編武蔵風土記稿』一、雄山閣、二六二頁
葦田伊人編　一九五七『大日本地誌体系（七）新編武蔵風土記稿』七、雄山閣、二〇四頁
石川一郎　一九八九『江戸文学俗信辞典』東京堂出版、五一―二頁
板橋区史編さん調査会一九九七『板橋区史　資料編5　民俗』板橋区、一〇二九―三四頁
岩井宏実　一九七四『ものと人間の文化史12　絵馬』法政大学出版局、一八一―八二頁
江戸會事務所　一八八九『江戸會雑誌』一―二、博文館、五六―八頁
大島建彦他編　一九九五『遊歴雑記』一、三弥井書店、二五六―五七頁
桂井和雄　一九四八『土佐民俗記』竹内英省、一九六頁
北豊島郡農會　一九一八『東京府北豊島郡誌』一七一―七二頁
信濃教育会北安曇部会　一九一八『北安曇郡郷土誌稿第四輯』郷土研究社
鈴木棠三　一九八二『日本俗信辞典』角川書店、五五八頁
武田正　一九九三「縁切り榎伝説」宮田登他『日本〈神話・伝説〉総覧』新人物往来社

常光徹　二〇〇三「二股の霊性と怪異伝承」小松和彦編『日本妖怪学大全』小学館
長沢利明　一九九六「縁切榎――板橋区本町」『江戸東京の庶民信仰』三弥井書店
長澤規矩也編　一九七六『江戸地誌叢書巻四　四神地名録　四神社閣記』有峰書店、四六頁
韮塚一三郎　一九七三『埼玉県伝説集成（上巻・自然編）』北辰図書出版株式会社、一四八―五〇頁
長谷川強校注　一九九一『耳嚢（中）』岩波書店、一六七―六九頁
藤浦富太郎　一九七五『三遊亭円朝全集』四、角川書店
武藤鉄城著作集編集委員会編　一九八四『武藤鉄城著作集1　鳥・木の民俗』秋田文化出版社、二二九―三〇頁
柳田國男　一九六九『柳田國男集』一一、筑摩書房、一一五頁
柳田國男　一九七〇『定本柳田國男集』二七、筑摩書房、二二九・二三〇頁

妖怪・怪異に狙われやすい日本人の身体部位

安井眞奈美

一　新型インフルエンザの蔓延

二〇〇九年四月、メキシコで豚ウイルスによる新型インフルエンザが発生した。ウイルスは瞬く間に世界各地に蔓延し、やがて変異して人から人への感染も始めた。厚生労働省は入国者の検査を強化し、国内ではマスクの着用や入念な手洗いを奨励した。また公衆衛生の専門家は、むやみに自分の顔や目、口、鼻などを触らないように注意を呼びかけた。なぜなら、顔に付着したウイルスが、手を介して目や口、鼻などから入り、感染する恐れがあるからだ。

同様の知識は、戦後間もない時代の小学校教員用教科書にもみられ、「病気は身体の穴から入る。ではいったいどんな穴があいているのでしょう」と問いかけて、目、鼻、口、耳、性器、肛門、毛穴、さらには切傷や打ち傷、虫や犬、猫などに噛まれた傷口も「穴」とみなし、清潔に保つよう指導している。[1]

このような西洋医学に根ざしたウイルスと感染の知識は、現代の私たちに馴染みの深いものである。「身体の穴」、つまり身体の開口部は、真っ先に外界からの刺激を受ける境界だからである。しかし、近代西洋医学が普及する以前の社会では、人々は現代とは異なる病気観や身体観を持っており、必ずしも「身体の穴」ばかりから感染するわけではなかった。

たとえば、古代・中世において病気とは、悪霊や鬼が侵入したり、風に触れたりすることによって生じるとみなされてきた。黒田日出男によると、中世成立期の民衆にとって「毛穴」は、何よりも病気の侵入路として意識されていたという。[2]「毛穴」は、皮膚上の無数の開口部とも考えられる。だとすれば、それ以外の身体の開口部についてはどうだったのだろうか？　あるいは開口していない閉じた部位からも、悪霊や妖怪は身体に侵入すると考えられたのだろうか？

このような素朴な疑問をいだいた筆者は、妖怪に狙われる身体という視点から、日本人の身体観を明らかにできないかと考えるようになった。そして、国際日本文化研究センターの怪異・妖怪伝承データベースを利用し、膨大な数の妖怪や怪異にまつわる伝承を眺めていくことにしたのである。

二　怪異・妖怪と身体

現在、国際日本文化研究センターの怪異・妖怪伝承データベースには、近世から現代に至る怪異伝承の事例が三万五七〇一件[3]（平成一九年六月更新）所収されている。このデータベースを用いて身体の各部位の名称による検索を行ない、まずは妖怪・怪異と身体との関係をみてみることにした。[4]怪異伝承が成立した時代や地域による差を考慮する必要があるが、まずは数量的な傾向を明らかにしたいと考えた。

検索を行なった身体部位は表1に示す通りである。データベースの性格上、たとえば「手」というキーワードによって検索すると、「手助けする」「手柄をたてる」のように、身体部位としての「手」を表さない言葉を含んだ伝承も含まれてしまう。そこで、それらをすべて削除したものを「データ数」として計算し、こちらを分析の対象とした。

そのような作業を経て、「ヒット数」と「データ数」を整理したものが表一である。その結果、最もヒット数の多かった「手」のデータ数は半数以下となり、代わって「足」のデータ数が首位となった。また、「その他」として挙げた「髪」のデータ数も第六位に浮上した。

ところで、これら各身体部位に関するデータには異なる位相の伝承が含まれている。一つは「妖怪の身体性」とでも呼ぶべき伝承で、たとえば身体の一部が肥大化したり、欠損したりした妖怪――一つ目小僧や轆轤首、口裂け女など――について、その身体的特徴を説明した伝承である。もちろん妖怪は、人間の身体に関わるものば

表１　身体各部位のデータ数

	部位	ヒット数	データ数
1	足	945	854
2	手	1357	564
3	目	630	548
4	頭	842	531
5	首	480	394
6	髪	344	326
7	腹	376	312
8	背	357	289
9	尻	301	279
10	耳	181	149
11	鼻	157	118
12	指	207	113
13	腕	112	85
14	脇	65	65
15	口	82	64
16	胴	59	59
17	肩	57	57
18	胸	70	52
19	股	79	47
20	喉	63	46
21	額	60	40
22	膝	30	27
23	掌	37	27
24	眉	28	24
25	臍	22	21
26	頬	19	18
27	唇	14	13
28	乳	89	13
29	脛	10	10
30	踵	8	8
31	顎	5	5
32	腿	3	3
33	肘	3	3
34	盆の窪	2	2
35	こめかみ	1	1
36	爪先	1	1
37	うなじ	1	1

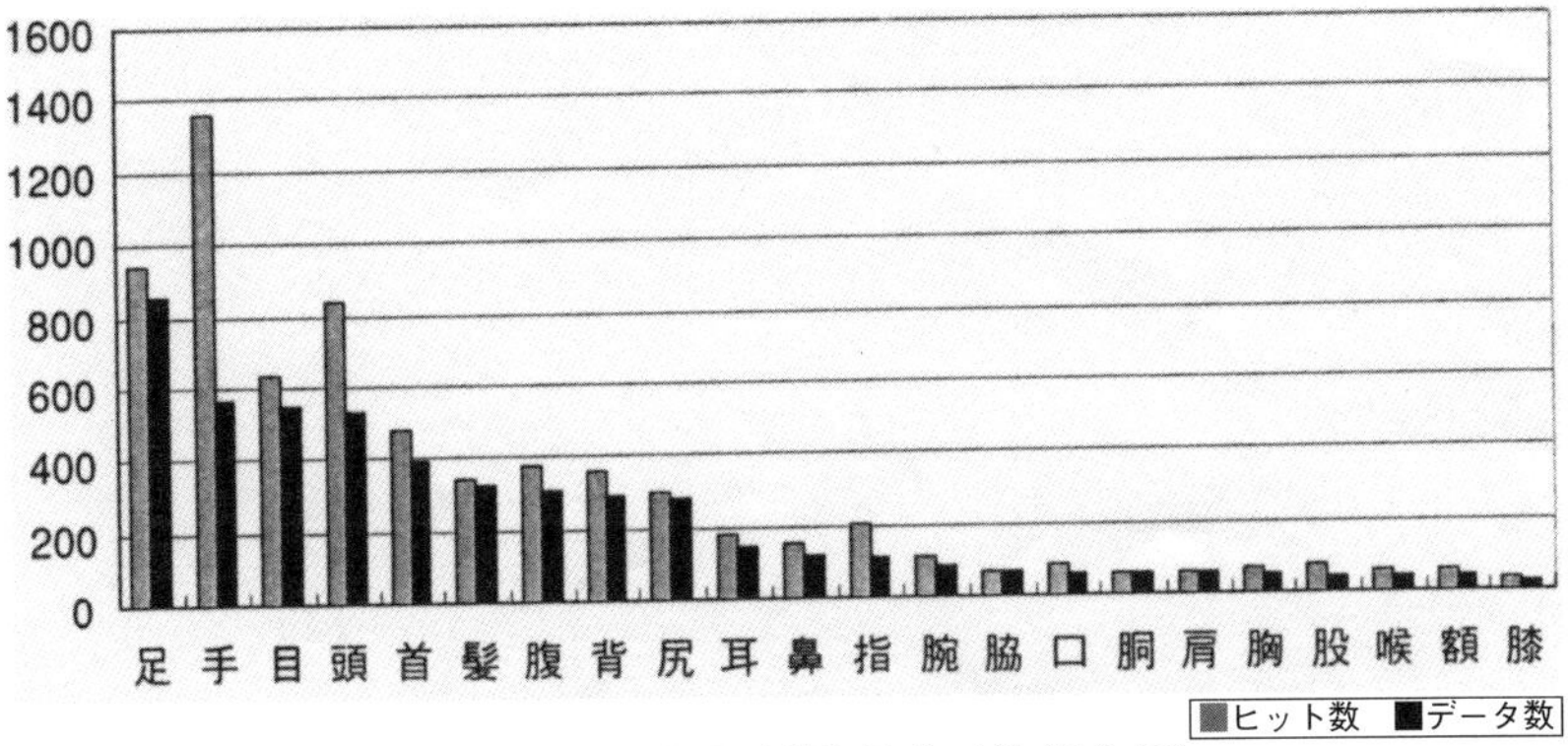

図1　身体の部位別怪異・妖怪伝承データ数（上位20）

かりではない。小松和彦によると、「古代から中世、近代への変化に応じて、自然系の妖怪から道具系の妖怪、そして人間系の妖怪への比重の移行という特徴がみられる」という。[5] また香川雅信は、江戸時代の妖怪が「過剰な肉体性」を帯びていたことを指摘している。[6] これら「人間系の妖怪」の「過剰な身体性」を産み出した人々の想像力は、当時の身体に対する考え方と密接に関係していたと言えるだろう。

　これに対してもう一つの方向性は、人間の身体の不調や病気の原因を妖怪や怪異のしわざとする病因論、災因論的な伝承である。たとえば「ふくらはぎの傷はカマイタチのしわざである」というように、説明体系としての怪異には枚挙に暇がない。しかも、これらの説明は全く恣意的なものではなく、多くの場合、ある特定の怪異と特定の身体部位が深く結び付いているのである。

　もっとも、これら異なる二つの伝承は互いに絡み合っているため、明確に分けることは難しい。そこでとりあえずは二つの傾向を区別せずに、まずはデータ数の多い上位二〇位の身体部位に注目することにした（図1）。事例数三〇〇を越える身体部位は、足、手、目、頭、首、髪、腹であり（表1）、これらは怪異・妖怪と関連の深い身体部位だと言える。また図2でアンダーラインを引いた身体部位は、妖怪の身体に関するデータを含んではいるものの、人間が妖怪に攻撃されたり、あるいはそれを察知して攻

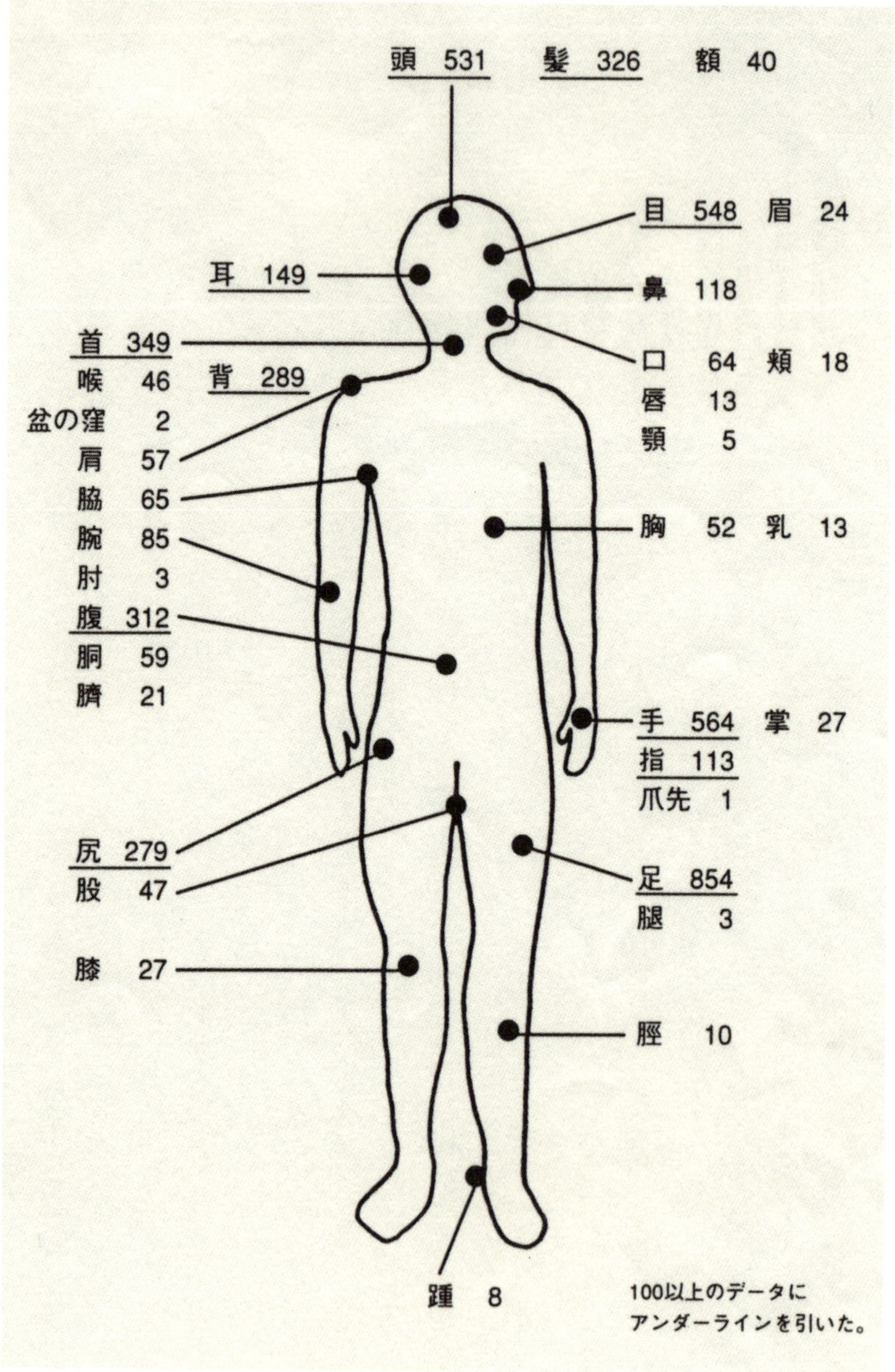
頭 531
髪 326
額 40
目 548
眉 24
耳 149
鼻 118
首 349
喉 46
盆の窪 2
背 289
口 64
頬 18
唇 13
顎 5
肩 57
脇 65
腕 85
肘 3
胸 52
乳 13
腹 312
胴 59
臍 21
手 564
掌 27
指 113
爪先 1
尻 279
股 47
足 854
腿 3
膝 27
脛 10
踵 8
100以上のデータに
アンダーラインを引いた。

図２　身体各部位のデータ数

撃をかわしたり、また妖怪との交渉を行なったりするのに秀でた身体部位を示していると考えられる。もちろん、ここではある特定の身体部位が、実際に妖怪や怪異を認知する能力に長けていたかどうかを問題にしたいわけではない。むしろ人々が、どのような身体部位に妖怪や怪異が攻撃をしかけてくると考えていたのかを明らかにしたいのである。そこにこそ、文化の中で培われてきた身体に対するイメージ、とりわけ異界を前提とした人々の身体観が浮かび上がってくると考えられるからだ。[7]

では早速、冒頭で示した身体の開口部に注目して、妖怪・怪異伝承を順番にみていくことにしよう。

三　目は潰され、耳は怪異を感じる

怪異・妖怪伝承データベースの検索結果から、まずは外界に対して開かれている身体部位をデータ数の多い順に挙げていくと、目、耳、鼻、口となり、性器と肛門のデータ数はわずかであった。このうち口と肛門は、消化管の入口と出口という機能に注目した文字通りの「穴」であり、実態があるわけではない。[8]さらに特徴を挙げるなら、口、性器、肛門は一つしかないが、目、耳、鼻（鼻孔）は左右対称に二つある。[9]これらの身体的特徴と妖怪・怪異伝承との関連は考察すべき事柄である。データ数の多い「目」について言えば、そこに「片方の目だけを潰す」「片目である」という、一方を潰す、という事例の多いことに気づく。

また、目に関する妖怪の代表は一つ目小僧であろう。柳田國男は、一つ目小僧を「大昔いつの代にか、神様の眷属にするつもりで、神様の祀りの日に人を殺す風習があった。おそらく最初は逃げてもすぐ捉まるように、その候補者の片目を潰し足を一本折っておいた。そうして非常にその人を優遇しかつ尊敬した」とし、神への生贄という一つ目小僧の起源説を展開する。[10]片目を潰し、あえて欠損状態を生み出す行為は、妖怪の誕生の背後にひそむ暴力と差別を暗示させる。飯島吉晴は、「「一つ目」表象も、単なる古い伝統的な伝承ではなく、社会システムを存立させている「隠れた構造」を示している」とし、この世の社会システムが、絶えず死（暴力）によって維持されつづけていることを指摘する。[11]

しかし、片目を潰された一つ目小僧の伝承を除けば、怪異・妖怪伝承データベースには、目から妖怪や邪悪なものが入ってくるという事例がほとんど見られないのである。

数多い事例は、眼病を治す呪法に関するものである。メイボやモノモライができた時、その方の顔を半分出して「治ったら全部見せます」と言って、篩、箕、ザル、擂子木などの道具を井戸の上で半分見せるという方法がある。飯島吉晴は、これらの呪法を「異界に呪具で働きかけ、この世と異界との交換を通して、病気を異界へ追い払ってしまおうとしたのである」と説明し、「異界との交換」を示唆する。[12]しかし、この場合の異界の入口は「井戸や便所」であって、目そのものが異界の入口となっているわけではない。

妖怪が、目から身体へ侵入したり、攻撃をしかけたりする事例は多くはない。それは、人間の目が、睨みをきかすことで相手を威嚇できる、能動的で攻撃的な身体部位であることと関係しているのかもしれない。人類学が明らかにしてきたように、凝視するだけで他人に危害を加える邪視もまた、目の力である。だからこそ、目を潰すというのは、その人物の力を奪い、神に捧げる生贄にするのにふさわしい行為であったと言える。

では、目の次にデータ数の多い耳についてはどうだろうか。耳に因んだ妖怪には、泣く子供の耳を取りに来る奄美の耳のない妖怪・ミンキラウヮークヮ[13]、ウヮークヮやミンドン[14]、琉球の耳きり坊主[15]などが挙げられ、股をくぐられると死ぬとも言われることが多い。これら耳のない妖怪は、奄美・琉球などに見られることから、妖怪の出没する地域性を考慮に入れる必要があるだろう。

また耳の怪異の伝承には、死の予兆に関するものが多数含まれている。たとえば耳の中でジンジンと耳鳴りがすると、同年代の人が死んだか、またはその予兆であるという。[16] さらに人に死期を伝える妖怪インマオ[17]は、長く垂れ下がった大きな耳をもつという。大きな耳は、特権的な情報を所有している物知りの象徴でもある。耳は、聴覚による情報だけではなく、この世とあの世の境界に関する情報をもいち早く察知する身体部位であった。

ところで、「耳をもぎ取る」という行為については、鼻とあわせて、中世の肉刑が挙げられる。最も有名な健治元年（一二七五）、紀伊国阿氐河庄上村百姓等言上状」には、「ミ、ヲキリ、ハナヲソグ」という耳鼻そぎ刑が記されている。勝俣鎮夫は、これらの刑はたんに受刑者に苦痛を与えるだけではなく、むしろ「刑は本来的には受刑者を一般の人びとと異なった不吉な容姿に変えてしまう刑、人間でありながら、姿形を人間でなくする、いわゆる「異形」にすることに大きな比重がかけられた刑」と分析している。[18] 耳鼻そぎの刑は、先述した目を潰すことに続き、身体の一部が欠損した「欠損型妖怪」の誕生およびその身体性を考えるうえで重要である。先述したとおり、その背後に、暴力と差異化、そこから生じる差別のまなざしが透けて見えるからだ。

ところで、鼻と耳への肉刑に対しては、近年、池田淳が「人格を代表する鼻と耳」という解釈を提示している。[19] 池田によると、たとえば同年齢の人が死亡すると自分にも死が訪れないように手や餅で耳を塞ぐ耳塞ぎの習俗などを挙げ、耳は「凶報を伝える心霊から自分を防御する役割を担う重要な身体器官と考えられていた」と指摘し、耳も鼻も人格を示す身体部位であったと解釈する。この説はたいへん魅力的ではあるが、しかし、妖怪・怪異伝承データベースの事例を読む限り、耳の特徴は、人格を示す身体器官というよりは、聴覚という耳の本来の機能から派生し、この世の情報だけでなく、人の死などあの世とこの世の境界に関わる出来事をいち早く感知する身体部位だと言える。これら耳の伝承は、あの世の出来事を感じるためにはとりわけ聴覚が重要であったという人々の認識のあり方を示しているのではないだろうか。現在のように、物事を把握するには圧倒的に視覚が優位を占めている状況とはずいぶんと異なっている。

しかし、耳という身体部位もまた、もぎとられて異形にされることはあれ、妖怪・悪霊の侵入路とは必ずしもみなされていなかったことが窺える。

四　魂が抜け、悪霊が侵入する鼻孔

鼻に関する〝からだ言葉〟には、「鼻もちならない」「鼻をつっこむ」など、出しゃばりや出過ぎを辛らつにとがめるものが多いという[20]。これらの言葉の背後には、人の出すぎた行為を、顔の中央に突き出た鼻に見立てる心意が働いているのだろう。

ところで、鼻に関する妖怪と言えば、真っ先に天狗が思いつく。実際に、妖怪・怪異伝承データベース全体の中でも天狗の伝承は数多く、代表的な妖怪の一つである。天狗の高い鼻は尋常ではない力の象徴であり、それゆえ鼻の低い天狗をわざわざ「川てんぐ」や「女てんぐ」などと区別することもあった[21]。

さらに、鼻のもう一つの特徴は鼻孔にある。次に示す事例は、犬神が鼻孔から出入りする様子を詳細に描き出している。

また、旅の宿屋で、大勢一緒に寝た時には犬神筋の人の鼻の穴から、豆粒ほどの小犬が出て、あちこちと寝た人々の上を走り遊ぶのであるが、夜半など小用に起きる人があると、小犬は急いでもとの穴へ逃げ帰るけれども、若し狼狽てると鼻の穴を間違えて他の人の鼻へ走り込み、其の人が取り憑かれることになる。それで、四国遍路などに行った時には、枕元に何か立て、小犬を来させないように枕屏風を持つなど云うて、おおかたの人がそれを持って旅をした[22]。

悪霊である犬神は、それを飼っている人の鼻孔から抜け出し、時には間違えて他人の鼻孔に入ることもあったという。しかもこの伝承にはそれを避けるため、旅人はたいてい枕屛風を持って旅した、というリアリティも加えられている。犬神の侵入路が、いびきをかいている人の開いた口や両方の耳の穴ではなく、何よりも鼻孔であったのは、つねに息の出入りがあり、また開いたままの無防備な身体部位であったからだと考えられる。

さらに鼻孔は、犬神などの悪霊だけではなく、人間の魂や生命が抜け出す出口でもあった。たとえば、人の魂は眠っている間にハチやハエに姿を変えて、鼻孔から出て行くという一連の伝承が、中国やシベリア、ヨーロッパ、南米など、世界中で広くみられる。[23]

南方熊楠は、自らも魂が抜け出て飛び回り、闇夜中の状況をくわしく視るという経験をもつこともあって、これらの伝承に早くから関心を抱いていた。[24] 一方、柳田國男は、魂が抜け出ていくことよりも、その間に見た夢を買って富を得ることに注目し、これらの伝承を「夢買長者」という昔話に分類している。[25] いずれにせよ鼻孔は、睡眠中に悪霊が侵入し生命の中枢へと向かう入口であるばかりでなく、魂や命が遊離していく身体部位であったと考えられる。

なお、息を吹く・息を吸うという行為に注目した常光徹は、「息を「吹く」のも「吸う」のも、ともに口をすぼめて空気の流れを一時的に加速させる能動的なしぐさだが、「吹く」に、邪悪なモノを払い除けたり、体内の霊気のようなものを外に移すはたらきが強調されているのに対して、「吸う」には、常に外部のものを手元に招き寄せるはたらきが認められる」と指摘している。[26]

口と同様に鼻孔も呼吸に関わっているが、鼻孔から吹きだされる息には、「鼻息が荒い」という表現は存在するにせよ、あまり霊気のようなものはみられない。鼻孔は、口に比べて受動的な身体部位といえるようだ。次の事例からは、能動的な口と受動的な鼻という対比が浮かび上がってくる。
江戸時代の儒医である伊勢国の橘南谿は、マカツコク（隋・唐代に中国東北地方に居住したツングース系種族の総称）の名医・見底勢が、老人の生命を、亡くなった若者の死体に入れた話を紹介している。この方法は、「老人の口と死人の鼻に管を渡して、老人の背中に薬を張り、死人の背中に灸す」というものであった。[27]老人の口から吐き出された命を、若者の鼻孔から入れるという方法は、能動的な口と受動的な鼻孔の対比から考えても、きわめて妥当であるといえる。

また、鼻孔から出される鼻水が、その人の命や魂そのものを表すこともあった。たとえば、「状持ちと幽霊」の伝承では、幽霊が、ある家の娘の鼻孔から鼻汁を搾り出し、囲炉裏の灰といっしょに紙に包んで娘の命をとった。それを見ていた状持ちは、幽霊から鼻汁を取り返し、死んだ娘の鼻孔に押し込んで、囲炉裏の灰を置いたところ、娘が目を覚ましたというのである。[28]鼻汁は生命そのものであり、それを本人の鼻孔へ戻すことによって、命を吹き返したのであった。

これら鼻に因んだ怪異譚から見えてくるのは、鼻孔という身体部位こそが悪霊の侵入路とみなされていたこと、また睡眠中に本人の生命や魂が抜け出し、鼻水そのものが命や魂とみなされることもあった、という点である。悪霊に狙われやすい「身体の穴」は、どうやら呼吸という生命の維持に関わる鼻孔であったようだ。

五　セクシャリティを帯びた口

口は、耳や鼻とは違って開閉自在である。口を一文字にする、つまり閉じることによって悪霊を防げるとみなされたのか、口から悪霊が侵入するという事例はほとんどみられない。口そのものよりも、たとえば「夜に口笛を吹いてはならない」といった口笛の禁忌や[29]、死人の霊を降ろして言葉を伝える口寄せの伝承など[30]、口から発せられる音や言葉に関する伝承が多い。どうやら口は、妖怪や悪霊の侵入路とはみなされていなかったようである。

さらに興味深いのは、口に関する妖怪・怪異伝承のデータのうち、約八割近くが口裂け女に関するものだという点であろう[31]。口裂け女とは、言うまでもなく、口の両端が耳の近くまで裂け、マスクでそれを隠している女の妖怪である。一九七八（昭和五三）年一二月に岐阜県で出現したのを皮切りに全国に広がり、各地で子どもたちを恐怖に陥れた。口裂け女は、たとえば後頭部の後ろに口がある二口女のように、身体に新たな器官が増殖したタイプの妖怪ではなく、既存の身体部位が強調され、肥大化したタイプの妖怪といえる。

ところで小松和彦は、「『口裂け女』とは女性器のお化けであり、それに追跡されるということによって肉体的・心理的の双方にわたって恐怖が倍加される[32]」と指摘している。さらに、口裂け女の裂けた口は、「ヴァギナ・デンタータ」、言わば「歯のある膣」として、男性にとっては去勢への恐怖という心理学的な概念にも関連している、という。またマイケル・フォスターは、口裂け女と、伝統的に伝えられてきた女であるイザナミ、山姥、雪女、ウブメ、お岩さん、喰わず女房などの「妖しい女」タイプの妖怪との重要な共通点として、女であるからこそ「妖怪」とみなされるという点を指摘する[33]。このように、妖怪・怪異譚からみる口という身体部位は、攻撃される対象よりも、口裂け女に象徴されるように、強調されることによって、攻撃性と女性性を増していく身体部位とみなすことができる。

六　蛇が侵入し、河童が手をつっこむ

では、女性性、男性性そのものを示す性器はどうであろうか。『古事記』には、アマテラスが天の岩屋戸にこも

ったため、アメノウズメが女陰をあらわに踊り、神々の笑いを誘う場面がある。このほか、男根や女陰をかたどった物を祀る安産や豊穣祈願、、女性器に丹塗り矢が刺さって懐妊する三輪山伝説、また風を性器に受けて懐妊する女護ヶ島伝説など、性器に関する伝承や習俗は数多くみられるにもかかわらず[34]、怪異・妖怪伝承データベースには、そのようなデータが極端に少ない。念のため、性器に対するいくつかの民俗語彙によって再度、検索を試みたが、結果は同様であった。また、もしかしたらヴァギナ・デンタータのように歯の生えた膣の妖怪が日本の民俗社会にも存在したのではないかと検索してみたが、類似の妖怪もみられなかった[35]。この点については、怪異・妖怪データベースの基となる伝承を集めた民俗学者や郷土史家たちが、性的なものを避けようとした柳田國男の影響を受けて、性に関する事例をあえて報告しなかったからなのかもしれない。むしろ、性に関する事例は、安産祈願などの信仰の中に数多く含まれている。

怪異・妖怪データベースの性器に関する数少ない事例のなかで代表的なものは、昼寝をしていた女の性器に蛇が入って抜けなくなり、病院でも治すことができず女は死んでしまった、というものである[36]。興味深いのは、実際に女性器に侵入したのが妖怪ではなく、どこにでも生息している蛇だと語られている点である。この怪異譚では、蛇を男性器の象徴ととらえ、村の女性たちに戸外で昼寝をしないように戒めているとも読める。しかしここでは、女性器に蛇が入って死に至ったという事例が示す、怪異の侵入口としての女性器という可能性を示しておくにとどめたい。

ところで、激しい攻撃にさらされてきたのは、性器よりもむしろ肛門であった。肛門に関するデータも件数こそ少ないが、その大部分は「河童が肛門に手を入れて尻子玉を抜く」というものである。このほか、逆に、肛門から侵入する悪霊もいた。

クダ狐は風が吹くと飛んで来て、ニワトリなどがあばれ出すと、ぶらぶら病の病人の肛門から入って憑くといわれている。[37]（神奈川県横浜市）

このように肛門は、排泄物を出すだけではなく、妖怪の侵入路にもなりえたのである。

これまで考察してきた内容をまとめてみると、開口部となっている身体部位の中で、とくに悪霊や妖怪が侵入すると考えられていたのは鼻孔であったと言える。鼻孔はつねに開いており、また息の出入りがあるため、狙われやすい「穴」であった。しかし、その他の開口部となっている身体部位――目、耳、口――などは、怪異・妖怪伝承データベースの事例から見る限り、予想したほどに妖怪や悪霊の侵入路とはなっていないのである。どうやら、悪霊の身体への侵入路は、外界に対して開いている身体部位といった単純なことではないようだ。そこには、人間の身体と異界との関わりについての人々の豊かな想像力が働いていたのだろう。

七　悪霊は、閉じた身体部位からも侵入する

では妖怪や悪霊は、外界に対して開かれている身体部位以外の、いったいどの部分から侵入したのだろうか。その可能性の一つとして、筆者はかつて背中についての考察を試みた。[38]

直立二足歩行する人間の両眼は、顔面に並んでついているため、自らの背中は死角になりやすい。それにもかかわらず、背中はつねに他人の視線に曝されている受動的な身体部位である。つまり、背後で何が起きているかすぐに確認できない無防備な身体部位であるからこそ、背中は怪異に遭遇しやすかったのではないかと想定した。そして、まさにそれを示すかのように、背負っている荷物に悪霊が憑いたり、背中から魂が抜けたり、背中に生

まれ変わりの文字が浮かび上がってきたり、背中に関するさまざまな怪異譚が伝承されてきたのである。

また筆者は、背中に関する怪異伝承の違いを生み出す、背負うと抱くという身体技法の違いにも注目した[39]。たとえば、産褥で亡くなった女性の妖怪である産女は、赤ん坊を抱いているがゆえに髪を梳くこともできず、通行人にしばしの間、子どもを抱いてほしいと請う。しかし日常では、赤ん坊や荷物は抱く代わりに、背負いさえすれば両手を自由に使って、他の作業を並行して行うことができる。このような、赤ん坊や荷物を「背負う」という日本人に馴染みの深い身体技法は、背中に関する豊富な怪異譚を生み出す要因の一つになってきたといえる。

その後、さらにデータを丹念に読み進めていくうちに、背中のほかにも、妖怪・怪異の侵入路として、指（親指）、爪の間、指と指の間、脇の下、股の下などの身体部位が浮かび上がってきた。

次の事例は、指の先を隠すというしぐさも伴った、典型的な事例の一つである。

子供の頃（明治三六、七年）「丈おっしゃんの家にはくだ狐がいる。くだ狐は小さい狐で、指の爪の間からでも体の中に喰い入って、肉をみんな喰ってしまうぞ」と聴いて、夕方など其の家の傍を通る時は、四本の指の爪は握って隠し、母指は仕方がないから両脇に押し付けて、逃げるように通り過ぎたものだった。[40]（長野県埴科郡）

指および指先を隠すしぐさを分析した常光徹は、「災厄を防ぐためにわざわざ親指を隠すというのは、見方を変えれば、身体のうちでもとりわけ親指は邪悪なモノにつけ込まれやすい箇所であることを暗示している」と指摘している[41]。同様に、指と指との間もまた、狙われやすい箇所であった。たとえば、「妖魔・キジムナー」の伝承では、「鮫殿という男が妖魔と友達になり漁をしたが、やがて妖魔を恐れて、住処の桑樹を焼いて追い払った。数年後、友人に木を焼いたことをもらすと、友人は妖魔に変じ、小刀で指の間を刺して男を殺した[42]」という。このように、「小刀で指の間を刺して男を殺す」とわざわざ身体部位を特定しているのは、指の間を急所の一つだとみなしていたからなのだろう。同様に、爪と指の間も、悪霊が侵入するとみなされた身体部位の一つであった。

次に、脇の下は狢や狐がこもる場所であった。佐渡郡畑野町では「狢が人の脇の下にこもると、その人が馬鹿になる」[43]と言われ、長崎県壱岐では「やこおというのは、鼬のような姿をしたもので、人の脇の下に潜る。すると、其の人はやこおづきになる。こいつは、塩辛類が嫌いだから、やこお憑きも、塩辛を喰わなくなる」[44]という。

脇の下は、腫れ物や出来物などができやすい部分でもあった。たとえば、長崎県福江市で、農業を営むある主婦が、脇の下にできた腫れ物の激痛で夜も眠れなくなり、市内の病院で切開手術したが再発し、三度手術をした。隣人の勧めでホウニンと呼ばれる霊媒者を訪ねると、「屋敷内に腫れ物の数だけ霊がおり、先祖ではないが祀ってもらいたがっている」と言われた。その場所には、かつて平家の末孫が居住し、墓地があったという。[45]この事例では、霊が脇の下の腫れ物になって取り憑き、祀ってほしいと知らせたことになる。妖怪・怪異伝承からみる限り、脇の下は、腫れ物などの異物ができやすく、妖怪に狙われやすい身体部位であったと考えられる。

また脇の下は、鱗や毛、斑紋などが発症しやすい身体部位でもあった。このうち鱗は、大蛇や蛇を殺した者の子孫に現れる、という伝承が多い。たとえば、ある女が蛇の味噌漬けを食べて大蛇となってしまった。大蛇が、村を湖にすると目論んだため、村の名主がそれを退治した。すると、親方の家では代々、生まれた子にはみな脇の下に蛇の鱗がついていたという。[46]このように民俗社会の怪異伝承においては、脇の下に浮かび上がる鱗は、多くの場合、蛇の祟りと結びつけて語られている。ところで堤邦彦によると、江戸の怪談芝居にあっては、「蛇鱗は化ける女、祟る女、妬む女の魔性をあらわすシンボリックな景物として機能し、女と蛇の連関性を庶民文化の深部に定着させてい」ったという。[47]このように蛇鱗は、自らの身体であれ、他人の身体であれ、強い恨みや祟りを示す刻印であったと言える。とりわけ民俗社会の伝承においては、鱗が顔や腕などの目立つ場所ではなく、脇の下に現れたとされる点が興味深い。脇の下は、妖怪の祟りが刻印されたり、妖怪が攻撃をしかけたりする身体部位として認識されていたと考えられるからだ。

次に股であるが、股の下を耳のない豚の妖怪に潜られると死ぬという伝承が、鹿児島や西南諸島などに数多くみられる。たとえば「ジロムン」や「ムィ　ティチ　ゴロ（一つ目、すなわち、片目の豚のようなもの）」などに股下をくぐられると、災難にあったり、人が死んだりすると恐れられ、そのため、足をXに交叉して歩いていたのだという。[48]

常光徹によると、股の下から覗く「股のぞき」は、上下と前後があべこべの関係を同時に体現した形であり、境界的な性格を帯びているがゆえに、異界や怪異現象を覗き見るしぐさとされてきたという。[49] そこから類推すると、股の下は怪異の世界に通じる入口であると考えられ、だからこそ、怪異や妖怪に狙われた場所であったといえる。

股の下のほかに、これまでみてきた脇の下、指の付け根などは、二股の形になっており、普段は人に見せたり、開いたりすることがない。それゆえ、開くことによって隙間ができると、とりわけその隙間が狙われたと考えられる。

次に肩は、悪霊が身体に侵入する入口というのではなく、悪霊に乗り移られるとみなされた身体部位であった。たとえば、タカニュウドウという妖怪[50]は、狸が肩に止まったものであるが、狸は、「人を化かす時は肩に乗って目かくしをするので、化かされたと思ったら肩に手をやるとよい」[51]というように、人の肩に乗るとみなされていた。

さらに、肩の特徴として、脇の下と同様に、瘤や腫れ物など、異物の出来やすい身体部位だという点が挙げられる。『和漢三才図会』巻第十「人倫の用」の「瘤」の項目によると、瘤にはニコブ（荷瘤）とサガリコブ（下瘤）があり、前者はいつも肩に荷物を担ぐ箇所にでき、後者は顴《ほおぼね》や耳の辺にできて垂れ下がり女性の乳のようになると説明されている。[52]とりわけ後者の場合は、『宇治拾遺物語』の「鬼に瘤とらるる事」をもとにした「瘤取り爺さん」の瘤が想起される。

肩に出来た瘤は、ただの腫れ物ではなかった。たとえば、ある人の左肩の瘤は時々痒くなったが、それは「うぶかたわたりといふ人のしれる人は、左かたにちひさきこぶありて、時々かゆかり。ひとひおのづからさけて、あをきかはづ一つをどりいでたり」[53]というように、瘤に蛙が入っていたためであった。このほか、「北国にはバイといひ、伊勢路には早打肩といふ、或は早肩癖ともいふ、ゆへ無きに俄に気色あしく成り肩にさし込来りて頓死する事あり」[54]とあり、肩の異常は死をもたらすこともあった。

ところで香西豊子は、江戸初期の本草書や医書、小説などさまざまなテクストに現れた「人面瘡」――人の顔に似た、体表部分の外傷および疾患――を分析し、近世的身体の豊穣さを鮮やかに描き出している。[55]香西は、「近世の身体というのは、「怪妖」を語る多様な実践の舞台であったというべきか。ともかくそれは、「医学」や「文学」、「妖怪研究」といった枠をさらりと超え、ときにそれ固有の次元で戯れていた」という重要な指摘を行なっている。[56]筆者は、既存の枠を〝さらりと超えてゆく〟近世の身体の片鱗が妖怪・怪異伝承に見られるのではないかと考え、もうしばらくの間、怪異譚からみる身体にこだわってみたいと思う。

八　日常を生き抜く身体、怪異を感じる身体

これまで見てきたように、妖怪が身体のどの部位から侵入したかという膨大な伝承群が示しているのは、身体の異変を、身近なところに潜んでいる妖怪・怪異のしわざとして納得し、それをうまくかわしたり、対抗したりしようとした人々の、身体の異変とのさまざまな戦い方、対処の仕方であったと言える。そして妖怪や悪霊は、

目や口、鼻などの身体の開口部の中では鼻孔から侵入することが多く、それ以外の部位はあまり妖怪や悪霊の侵入路とはなっていないことがわかった。さらに、閉じた身体部位の中でも、背中のほか指の先、指と指の間、股の下、脇の下など、二股になっている部位の、隙間の出来た部位が狙われやすいことも明らかとなった。常光徹は、二股に分かれた木が帯びる霊性に注目し、二つの幹が一つになる〈股〉の部分に超越的な力が現象する、と指摘している。[57] そのような特徴もさることながら、普段は人にみせることのない閉じた場所がいったん開かれて二股となり、そこに空間ができたとき、その空間に対して妖怪、悪霊は容赦なく攻撃をしかけたと考えられる。つまり、妖怪・怪異伝承から浮かび上がってくる身体の境界は、現代の私たちが抱いているような、皮膚によって囲まれた身体ではなく、二股になった身体部位のまわりにできる空間（隙間）をも含めたものだったと考えられる。これは、異界との交渉の仕方だけでなく、他者との身体の距離、私的な空間・領域を再考するうえでも重要な手がかりを与えてくれる。

続いて、怪異を感じやすい身体部位があったかどうかという点、つまり身体の認知の問題を考えてみたい。養老孟司によると、身体の表面――つまり外界と身体の境界に関して、われわれは脳に地図を持っており、脳はそこで起こったことを明確に把握しているという。[58] 確かに、胃が痛むのか、小腸が痛むのか、身体の内部についてははっきりしないが、頬や指などの身体の表面に関する痛みについては、その場所をただちに言い当てることができる。

さらに佐々木正人は、脳のもつ身体に関する感覚の地図が決して均質ではないことを指摘している。[59] 佐々木が注目するのは、背中に文字を書いてもらい、それをあてるという遊びである。たとえ書かれた文字そのものが読みにくかったとしても、背に書かれた文字を読もうとする誰もが、自身の背中をまるで、目の前にある壁のように「見る」ことができるという。しかし、なかには、文字がまるで眼のまえに置かれた透明なガラス板の向こう側から書かれたように、左右反転した鏡映文字として読まれる身体部位もあるという。そのような文字の鏡映読みが生じた部位――つまり眼とその周辺、手のひら、舌、そして足は、他の大部分のからだの表面に比して明らかに鋭敏な触知機能をもつという。佐々木は、触知能力に優れ、そしてよく動く場であるということは、これらの部位が他のからだの部分よりも、外の世界、対象の世界にひらかれた領域であることを示しているという。

この触知能力に優れた身体の地図を、仮に「外の世界に開かれた日常の身体」の地図とすれば、怪異・妖怪伝承データベースから得られた身体図（図2）は、妖怪や怪異と交渉する際に鋭敏に感知する身体部位の濃淡を示した「異界を想定した身体」の地図と言える。そして両者のズレは、妖怪・怪異を感じ、異界に対して開かれた身体部位をよりはっきりと明示させることになる。たとえば、背中のような触知に鈍感な部分が、逆に怪異を感じやすい、といった具合である。これは、「異界を想定した身体」の地図が、実際の身体感覚よりも、文化の中で培われてきた身体に関するイメージに、より強く影響されているからだとも考えられる。

また、このような妖怪・怪異伝承の示す「異界を想定した身体」の地図を、今度は、たとえば鍼灸のツボの身体図や中国の気功法における気の流れ、ヨーガのポーズで神経を集中させる身体部位などと重ね合わせてみると、意外と、それぞれの身体観に共通点が多いことがわかるかもしれない。また「手を焼く」や「鼻の下を伸ばす」など、身体に関する慣用表現や比喩表現が数多くみられる身体の地図と重ね合わせれば[60]、人間の各身体部位に関する関心の度合いの濃淡や、日常の身体と異界を感じる身体との対比がよりいっそう明確になるだろう。妖怪や怪異を感じる身体部位は、実際の身体機能や感覚、最初に外界と接触する部分といった要素とは異なるレヴェルでの、異界を産み出す想像力と密接につながっていると考えられるからだ。

ところで、身体と怪異・妖怪に関連した伝承のなかで、件数の多かった足、手、目、頭、首などが怪異・妖怪と身体との関係を示す重要な部位であるとすれば、たとえば西洋医学で身体の中心に序列化される心臓や脳などには、ほとんど関心が向けられていなかったことになる。頭部を重視するという発想は、道教医学の特徴の一つでもあったが[61]、このような、身体の序列化という点についても、今後考えていく必要があるだろう。さらに、怪異・妖怪伝承では、実際は頭部を切り落とす行為であっても、それらはすべて「首を切る」と表現されるように、本稿で示した身体の開口部と同様、身体のつなぎ目である関節などの部分にも注意する必要があるだろう。

最後に筆者は、妖怪と身体の膨大な伝承の海原に、片足の親指だけをそっと浸して長い間様子を伺っていたが、気がつけば、いつのまにか片足を突っ込んでしまっている。当分は、この海原からぬけられそうにないので、腹をくくって、個別の身体部位の考察を続けていきたいと考えている。

〈謝辞〉本研究にあたって、怪異・妖怪データベースを用い、必要なデータを整理してくださった国際日本文化研究センターの山田奨治先生に心より御礼申し上げます。また、データの選別作業を手伝ってくれた京都大学大学院生（文学研究科）の小鹿原敏夫さん、佛教大学大学院生（文学研究科）の柿本雅美さん、天理大学卒業生の内田尚吾さん、吉永史彦さんにも感謝いたします。

注

1　谷村春子「性教育の実際」定方亀代・谷村春子・大平エツ著『純潔教育』明治図書出版社、一九四九年、一四五頁。現代の感染症については、井上栄の『感染症――広がり方と防ぎ方』（二〇〇六年、中公新書）が参考になる。

2　黒田日出男「中世民衆の皮膚感覚と恐怖」『境界の中世　象徴の中世』東京大学出版会、一九八六年、二五一―二五三頁。

3　国際日本文化研究センターのホームページによると、「平成一八年五月更新の二三一、七三八件に比べ、一・五倍に増加」とある。筆者が本研究のためにデータを整理したのは、二〇〇六年から二〇〇七年にかけてであるため、更新後のデータは含んではいない点を最初にお断りしておきたい。

4　データベース概要によると、「データを採取した書誌としては、竹田旦編の『民俗学関係雑誌文献総覧』（国書刊行会、一九七八年）（以下『総覧』）に記載された民俗学雑誌を網羅することに加えて、『日本随筆大成』第一期～第三期（吉川弘文館、一九七五～七八年）（以下『大成』）、民俗編のある都道府県史、柳田國男『妖怪名彙』」などである（国際日本文化研究センター　怪異・妖怪伝承データベース「データベース概要」より http://www.nichibun.ac.jp/YoukaiDB/gaiyou.html）。

5　小松和彦『妖怪文化入門』せりか書房、二〇〇六年、一八八頁。また小松は、「擬人化」という物語・絵画の技法は、妖怪を考えるときにきわめて重要であると指摘している（小松和彦『百鬼夜行絵巻の謎』集英社新書ヴィジュアル版、二〇〇八年、一九三―一九四頁）。

6　香川雅信『江戸の妖怪革命』河出書房新社、二〇〇五年、二九八頁。

7　このような身体観は、地域と時代によって異なってくる。妖怪・怪異伝承データベースには、近世から現代までの伝承が含まれているため、時代ごとの分析は今後の課題となる。本稿では、まずデータベースを用いて、数量的な傾向を捉えることを第一の目的とした。

8　養老孟司『からだを読む』筑摩書房、二〇〇二年、一三頁。

9　上唇の中央の縦の溝を「人中」というのは、これより上の穴、つまり目、耳、鼻はすべて左右が対になっており、これより下の穴、つまり口、尿道口、膣、肛門はすべて一つしかないからだという（養老孟司、前掲書、三一頁）。このような身体の中央に対する興味深い中国の考え方と、妖怪・怪異伝承からみえる身体観との比較は重要である。大形徹『魂のありか――中国古代の霊魂観』（角川書店、二〇〇〇年）が参考になる。

10　柳田国男「一目小僧その他」『柳田国男全集』七、筑摩書房、一九九八年、四二六頁。

11　飯島吉晴『一つ目小僧と瓢箪――性と犠牲のフォークロア』新曜社、二〇〇一年、四三頁。

12　飯島吉晴、前掲書、八七頁。

13　田畑英勝「奄美の妖怪について」『琉大史学』六、一九七四年、三四頁。

14　田畑英勝、前掲書、三六頁。

15　金城朝永「琉球の童謡」『沖縄文化』四三号、一九七五年、一六頁。

16　岩井宏實・浦西勉・野堀正雄・茂木栄「第四章　第三節　葬送　一　死と霊」岩井宏實編『大和の伝承文化』（『奈良県史』一二、民俗・上）、一九八六年、三二一頁。
17　登山修「奄美大島瀬戸内町の民間信仰」『南島研究』二二、一九八一年、三四頁。
18　勝俣鎮夫「ミ、ヲキリ、ハナヲソグ」網野善彦・石井進・笠松宏至・勝股鎮夫『中世の罪と罰』、東京大学出版会、一九八三年、三六頁。
19　池田敦「鼻と耳――前近代慣習法にみる身体器官の役割」菅谷文則編『王権と武器と信仰』同成社、二〇〇八年。
20　秦恒平『からだ言葉の本　付〝からだ言葉〟拾彙』筑摩書房、一九八四年、九四頁。
21　望月禮子「河童・天狗など」『女性と経験』一巻二号、一九五六年、四一頁。
22　文中の旧仮名遣いは改めた。太田明「阿州犬神考（三）」『郷土研究上方』通巻六五号、一九三六年、五四―五五頁。
23　稲田浩二他編『日本昔話事典』（縮刷版）弘文堂、一九九四年（一九九七）。関敬吾『日本昔話集成』角川書店、一九五〇年。柳田国男『日本昔話名彙』日本放送出版会、一九七一年。
24　南方熊楠「睡眠中に霊魂抜け出づとの迷信」『南方熊楠全集』第二巻、平凡社、一九七一年（一九一一）。
25　柳田国男『日本昔話名彙』日本放送出版会、一九七一年。
26　息と霊魂の関連および先行研究については、常光徹「息を『吹く』しぐさと『吸う』しぐさ」（『しぐさの民俗学――呪術的世界と心性』ミネルヴァ書房、二〇〇六年（二〇〇三））に詳しい。
27　橘南谿「黄華堂医話」（森銑三、北川博邦編『続日本随筆大成』一〇巻、吉川弘文館、一九八〇年、二三八頁）。
28　松山光秀「「状持ちと幽霊」について」『徳之島郷土研究会報』一八号、一九九二年、一一六―一二〇頁。
29　栗山一夫「夜笛考」『播磨』三―六、一九三九年、二―三頁。
30　朝倉愛子「高萩聞書」『民俗手帖』一号、山梨民俗の会、一九五五年、一四頁。
31　データ数七七件のうち、七五％を締める五八件が口裂け女に関するものであった。
32　小松和彦「『口裂け女』の意味論」『鬼の玉手箱――民俗社会の交感』青玄社、一九八六年。
33　マイケル・フォスター「「私、きれい？」――女性週刊誌に見られる「口裂け女」」小松和彦編『日本妖怪学大全』小学館、二〇〇三年。
34　浅沼良次『女護が島考』未来社、一九八一年。

35 ただし、『耳袋』には、「右女の陰中に鬼牙ありて、或いは傷を蒙り又は男根を食い切りし」といった例（「金精神の事」）も紹介されている。（鈴木棠三『耳袋』一、東洋文庫二〇七、平凡社、一九七二年）。香川雅信氏の御教示による。

36 中市謙三「柏の葉風」『旅と伝説』一〇六号、一九三六年、五―六頁。

37 大谷忠雄「狐憑きと先達」『あしなか』一八〇号、一九八二年、一四―一五頁。

38 拙稿「狙われた背中――妖怪・怪異譚からみた日本人の身体観」小松和彦還暦記念論集刊行会編『日本文化の人類学／異文化の民俗学』法蔵館、二〇〇八年。

39 拙稿「おんぶと抱っこの変容――身体技法に関する人類学的研究にむけて」『天理大学報』二一七号、二〇〇八年。

40 野中太気彦「くだ狐の話」『郷土』一―四号、一九三二年、一一二―一一四頁。

41 常光徹『親指と霊柩車――まじないの民俗』二〇〇〇年、七七頁。

42 豊見城高校郷土史研究クラブ「妖怪の世界――樹の精（キジムナー）の物語」『豊高郷土史』二号、一九六九年。

43 國學院大學民俗文学研究会「新潟県佐渡郡畑野町昔話集」『伝承文芸』二十号、二〇〇一年、九〇頁。

44 折口信夫　一九三〇「壹岐民間伝承採訪記（六）」『民俗学』二巻、四号、五九頁。

45 佐々木宏幹「「カゼ」と「インネン」」『人類科学』三七号、一九八五年、一四二頁。

46 横山登美子「北蒲原郡、笹岡村の伝説その他」『女性と経験』三巻二号、一九五九年、二二頁。

47 堤邦彦『女人蛇体――偏愛の江戸怪談史』角川書店、二〇〇六年、一五五頁。

48 田畑英勝「奄美物語その一」『季刊民話』八号、一九七六年、一九頁。

49 常光徹『しぐさの民俗学――呪術的世界と心性』ミネルヴァ書房、二〇〇六年、九五頁。

50 武田明「大川郡多和の妖怪」『香川の民俗』一一号、一九六九年、一―二頁。

51 香川県仲多度郡琴南町の事例（水野一典「琴南町獅子聞書」『香川の民俗』四七号、一九八六年、五―六頁）。

52 寺島良安著、島田勇雄・竹島敦夫・樋口元巳訳註『和漢三才図会』二（東洋文庫四五一）平凡社、一九八五年、二七一―二七二頁。

53 岡村良通「寓意草」『続日本随筆大成』八巻、吉川弘文館、一九八〇年。

54 橘南谿「黄華堂医話」『続日本随筆大成』一〇巻、吉川弘文館、一九八〇年。

55 香西豊子「奇疾と怪妖――人面瘡譚の展開にみる近世的身体の位相」小松和彦還暦記念論集刊行会編『日本文化の人

類学／異文化の民俗学』法蔵館、二〇〇八年。

56　香西豊子、前掲書、六七八頁。

57　常光徹「二股の霊性と怪異伝承」小松和彦編『日本妖怪学大全』小学館、二〇〇三年、四四二頁。

58　養老孟司『からだを読む』筑摩書房、二〇〇二年、一一三頁。

59　佐々木正人『からだ　認識の原点』東京大学出版会、二〇〇八年（一九八七）、四三―五八頁。

60　秦恒平『からだ言葉の本　付〝からだ言葉〟拾彙』筑摩書房、一九八四年。筆者は「〝からだ言葉〟拾彙」（三頁）にある身体図を参照し、図1を作成した。からだ言葉については、斎藤孝が「失われゆく「からだ言葉」と身体感覚」（『身体感覚を取り戻す――腰・ハラ文化の再生』日本放送協会出版会、二〇〇〇年）、また籾山洋介は「想像上の存在」としての「人間」という視点から日本語の再検討を行なっている（『日本語は人間をどう見ているか』研究社、二〇〇六年）。

61　加納喜光『風水と身体――中国古代のエコロジー』大修館書店、二〇〇一年、一二四頁。

怪異・妖怪呼称の名彙分解とその計量

山田奨治

一　豊穣な怪異・妖怪呼称

国際日本文化研究センター（日文研）から公開している怪異・妖怪伝承データベース（妖怪DB）には、おびただしい種類の怪異・妖怪呼称が入っている。たとえば、「キツネ」ひとつをとっても、ただの「キツネ」だけでなく、「キツネツキ」「キツネビ」「クダギツネ」「キツネノヨメイリ」「キツネモチ」「シロギツネ」「クダキツネ」「オトラギツネ」「キツネッピ」……というように、音や表記のゆらぎに起因するものも含めて、さまざまな種類の「キツネ」がみられる。

怪異・妖怪呼称のバリエーションがとにかく多いことは、妖怪DBの元になる事例カードを作成していた段階から、すでに認識されていた。事例カード総数が二〇、〇〇〇件を越えた時点でみても、作成したカード枚数に対する新出の怪異・妖怪呼称の割合にさほど変化はみられなかった。図1に示したように、事例カード数に対する呼称の種類は、一向に頭を打つ気配がない。

こうした怪異・妖怪呼称のバリエーションの多さは、いったい何に起因しているのだろうか。ひとつには、日

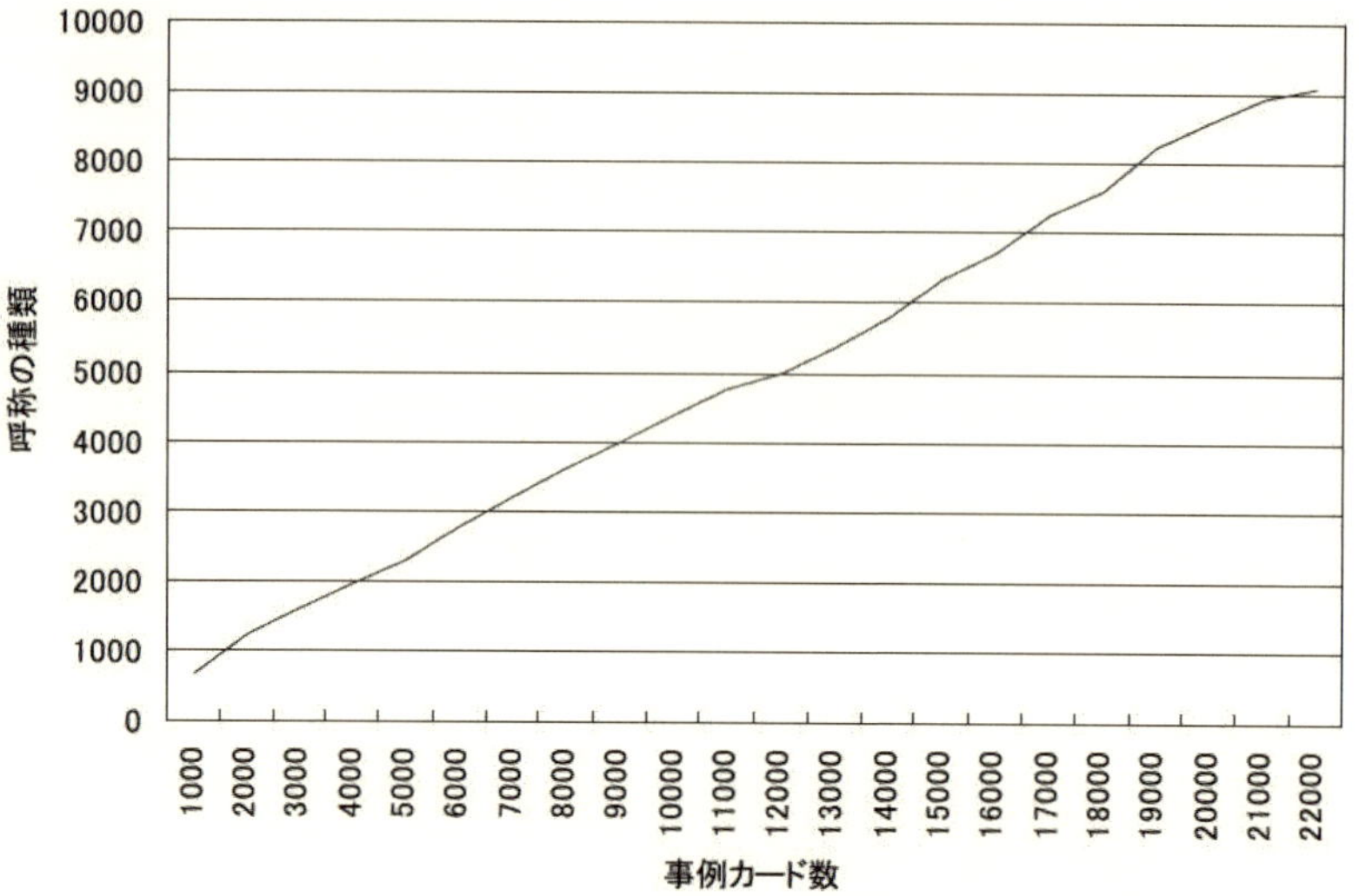

図１　妖怪ＤＢでの事例カード数の伸びに対する怪異・妖怪呼称の種類数

本には数多くの種類の怪異・妖怪たちが実際に（?）棲み付いていることが考えられる。これが最大の原因であると思われるが、そのほかに怪異・妖怪呼称のバリエーションを増やしている撹乱要因がふたつ考えられる。

　呼称のバリエーションを増やしている撹乱要因の第一は、多彩な方言やなまり、表記のゆらぎによって、おなじ内容の怪異・妖怪に字面上、異なった呼称が与えられてしまっていることである。方言やなまりの例としては「キツネ」と「ケツネ」のようなもの、表記のゆらぎの例としては「キツネビ」と「キツネノヒ」のようなものがある。これらについては、何らかの基準を設けて標準呼称を設定し整理する必要がある。たとえば、標準呼称「キツネ」に対する変化形として「ケツネ」や、標準呼称「キツネツキ」に対する変化形として「キツネヅギ」「コヒョウ」という形での整理である。これはたいへん困難な作業ではあるが、そうすることによって、怪異・妖怪呼称のバリエーションを、より概念的な差異のみを反映させたものに収斂させることができよう。

　撹乱要因の第二は、事例カード作成作業者が、作業進行の必要性から呼称を「作って」いるケースである。怪異・妖怪に遭遇したという事例には、あれは妖怪何某だったとはっきりと述べられている場合はむしろ稀で、名前のない何やら得体の知れないものとの遭遇である事例がほとんどである。むしろ、名付け得ないものこそが怪異・妖怪の本質でもある。

しかし名無しのままでは、その事例を特定できない。そこでたとえば、「お宮のお旅の松木に落雷があった。見ていた老婆は、雷は猫のようなもので手に毛がはえていて、松の木をよじ登って迎えにきた雲に乗って走り去ったと話した」という事例に「ネコノヨウナモノ」という呼称を、作業者が付けている。

作業者がこういった形で付けた呼称もまた、整理しておく必要がある。前記の事例では、呼称は「ネコノヨウナモノ」ではなく「ネコ」にしてしまうべきだろう。「キツネヤタヌキ」と付いた呼称は、「キツネ」と「タヌキ」に分解するべきだし、「カッパホカ（河童他）」とう呼称は「カッパ」と整理するべきである。

これらの撹乱要因の影響を極力除くための整理を、すべての呼称について手作業で進めた。

二　呼称の整理と名彙要素への分解、インデックス化

呼称の整理は、つぎのような手順で進めた。まず、妖怪ＤＢに収録されているすべての呼称を一覧し、前記の撹乱要因に起因すると思われる呼称をグループ化した。そのうえでグループの標準呼称をひとつ選び、残りをその変化形とした。呼称整理に使用したデータは、二〇〇五年五月に公開した妖怪ＤＢ第１・６・０版（二〇、七一九件）のものである。

たとえば、「キツネ」にかんする標準呼称と変化形は、つぎのように整理した。

標準呼称	変化形	
キツネ	ケツネ	
キツネツキ	キツネヅギ	コヒョウ
キツネノヨメトリ	キツネノヨメドリ	
キツネビ	キツネッビ	キツネッピ

こうした標準呼称を数えることで、怪異・妖怪のバリエーションをより正確に把握することができよう。総数八、八六〇種類の呼称のなかから、標準呼称として抽出したものは八、一一三種類である。

つぎに、呼称の意味を事例カードに遡って勘案しながら、半ば強引に漢字を割り当て、さらにそれを名彙要素に分解した。その目的の第一は怪異・妖怪呼称のより柔軟なインデックスを作ること、第二は日本の怪異・妖怪にまつわる概念の体系を計量することにある。名彙要素として抽出する語彙は、できる限り統制することとした。たとえば、「カミサマ（神様）」は「カミ（神）」に、「バ（婆）」「ババア（婆）」などは「バア（婆）」に集約した。また、「モノ（物）」や「サマ（様）」といったあまりにも頻出する語は、名彙要素として拾わなかった。

名彙要素への分解の結果は、つぎのようなものになった。名彙要素の数は五、五五二種類である。

標準呼称	名彙要素
アイサイノコエ（愛妻の声）	ツマ（妻）、アイサイ（愛妻）、コエ（声）
アエオイナカムイ（アエオイナカムイ）	アエオイナ（アエオイナ）、カムイ（カムイ）
アオイカエル（青い蛙）	アオ（青）、カエル（蛙）

アオイカミ（青い紙）
アオイケノヌシ（青池の主）
アオイコロモノモノ（青い衣のモノ）
アオイタマ（青い玉）
アオイテ（青い手）
アオイヒ（青い火）
アオイヒカリ（青い光）
アオイヒノタマ（青い火の玉）
アオオニ（青鬼）
アオキ（あお木）
アオキノミズ（青木の水）
アオギリ（梧桐）
アオサギ（鵁鶄）
アオジロイテ（蒼白い手）
アオジロイヒ（青白い火）
アオジロイモノ（青白いもの）
アオダイジャ（青大蛇）
アオダイショウ（青大将）
アオダイショウノタタリ（青大将の祟り）

アオ（青）、カミ（紙）
アオ（青）、イケ（池）、アオイケ（青池）、ヌシ（主）
アオ（青）、コロモ（衣）、アオイコロモ（青い衣）
アオ（青）、タマ（玉）
アオ（青）、テ（手）
アオ（青）、ヒ（火）
アオ（青）、ヒカリ（光）
アオ（青）、ヒ（火）、タマ（玉）、ヒノタマ（火の玉）
アオ（青）、オニ（鬼）
アオ（あお）、キ（木）
アオ（青）、キ（木）、アオキ（青木）、ミズ（水）
キリ（桐）
サギ（鶄）
アオ（蒼）、シロ（白）、アオジロイ（蒼白い）、テ（手）
アオ（青）、シロ（白）、アオジロイ（青白い）、ヒ（火）
アオ（青）、シロ（白）、アオジロイ（青白い）
アオ（青）、ヘビ（蛇）、ダイジャ（大蛇）
アオ（青）、タイショウ（大将）
アオ（青）、タイショウ（大将）、アオダイショウ（青大将）、

アオダケ（青竹）
アオダマ（青魂）
アオナ（青菜）
アオニュウドウ（青入道）
アオバブエ（青葉笛）
アオビ（青火）
アオビカリ（青光）
アオボウズ（青坊主）
アオマント（青マント）
アオヤギノモクタ（青柳の杢太）
アオロジ（青ろじ）
アカアザ（赤痣）
アカイ（赤猪）
アカイウシノコ（赤い牛の仔）
アカイカオノモノ（赤い顔のモノ）
アカイカミ（赤い紙）
アカイクチノオンナ（赤い口の女）

タタリ（祟り）
アオ（青）、タケ（竹）
アオ（アオ）、タマ（魂）
アオ（青）、ナ（菜）
アオ（青）、ニュウドウ（入道）
アオ（青）、アオバ（青葉）、フエ（笛）
アオ（青）、ヒ（火）
アオ（青）、ヒカリ（光）
アオ（青）、ボウズ（坊主）
アオ（青）、マント（マント）
アオ（青）、アオヤギ（青柳）、モクタ（杢太）
アオ（青）
アカ（赤）、アザ（痣）
アカ（赤）、イノシシ（猪）
アカ（赤）、ウシ（牛）、コ（仔）
アカ（赤）、カオ（顔）
アカ（赤）、カミ（紙）
アカ（赤）、クチ（口）、オンナ（女）

こうして抽出された名彙要素は、怪異・妖怪呼称へのインデックスとして利用できる。名彙要素を基に、インデックスを作成した例をこの報告の附録に付けた。

三　怪異・妖怪の民俗を計量する

それぞれの名彙要素が出現する呼称を数え、出現頻度の高い順に並べるとつぎのようになる。

頻出する名彙要素	
カミ（神）	四五五
イシ（石）	一九一
ヤマ（山）	一八二
キツネ（狐）	一七七
ヒ（火）	一六四
オンナ（女）	一五九
ヒト（人）	一五七
レイ（霊）	一五二
オオキイ（大きい）	一四三
シロ（白）	一二三
キ（木）	一二三

ヘビ（蛇）　一二〇
オニ（鬼）　一一九
コ（子）　一一三
シ（死）　九四
バア（婆）　九三
テング（天狗）　八三
ミズ（水）　七九
タヌキ（狸）　六九
ツカ（塚）　六七

呼称レベルでみるよりも、このように名彙要素レベルでみたほうが、日本の怪異・妖怪伝承の民俗にかかわる事物を、よりきめ細かく捉えることができよう。出現頻度がもっとも高い名彙要素が「カミ（神）」なのは、ある程度予想できたことである。しかし出現頻度が二番目に頻度が高い名彙要素が「イシ（石）」だったのは意外な発見であった。

怪異・妖怪というと山、木、森、水といった生態環境との関係で、日本人の自然観を表すものとして評価しようとする流れがある。その一方で、石のような生態環境とは一見関係のなさそうな無機物にも、日本人は怪異・妖怪をよく見出していたことは、もっと注目されてもよいのではないだろうか。

つぎに、個別の名彙要素は、ほかのどの名彙要素と強く結び付いているのかを検討する。それは、呼称のなかでの名彙要素の共起関係を調べればわかる。共起関係を調べるとは、ひとつの呼称のなかにどの名彙要素が含まれているかをみることである。たとえば、「山の神」ならば「山」と「神」が共起している。
出現頻度が高い名彙要素である「カミ（神）」「イシ（石）」「ヤマ（山）」について、それぞれと共起する名彙要素を調べてみた。

「神」と共起する名彙要素

ヤマ（山）	三四
ミズ（水）	一三
キ（木）	一三
ヒ（火）	八
オンナ（女）	八
スイジン（水神）	六
イシ（石）	六
ミョウジン（明神）	六
ウマ（馬）	六
カワ（川）	五

「石」と共起する名彙要素

カミ（神）	六
テング（天狗）	五

ハカ（墓）　五
タタリ（祟り）　四
ヘビ（蛇）　四
ジゾウ（地蔵）　三
ウバ（姥）　三
ウシ（牛）　三
チイサイ（小さい）　三
ナゲル（投げる）　三

「山」と共起する名彙要素
カミ（神）　三四
テング（天狗）　六
キ（木）　六
ネコ（猫）　五
ウバ（姥）　四
ジイ（爺）　四
オンナ（女）　四

「カミ（神）」と共起する名彙要素としては、「ヤマ（山）」が圧倒的に多かった。ここからも、「山の神」が日本

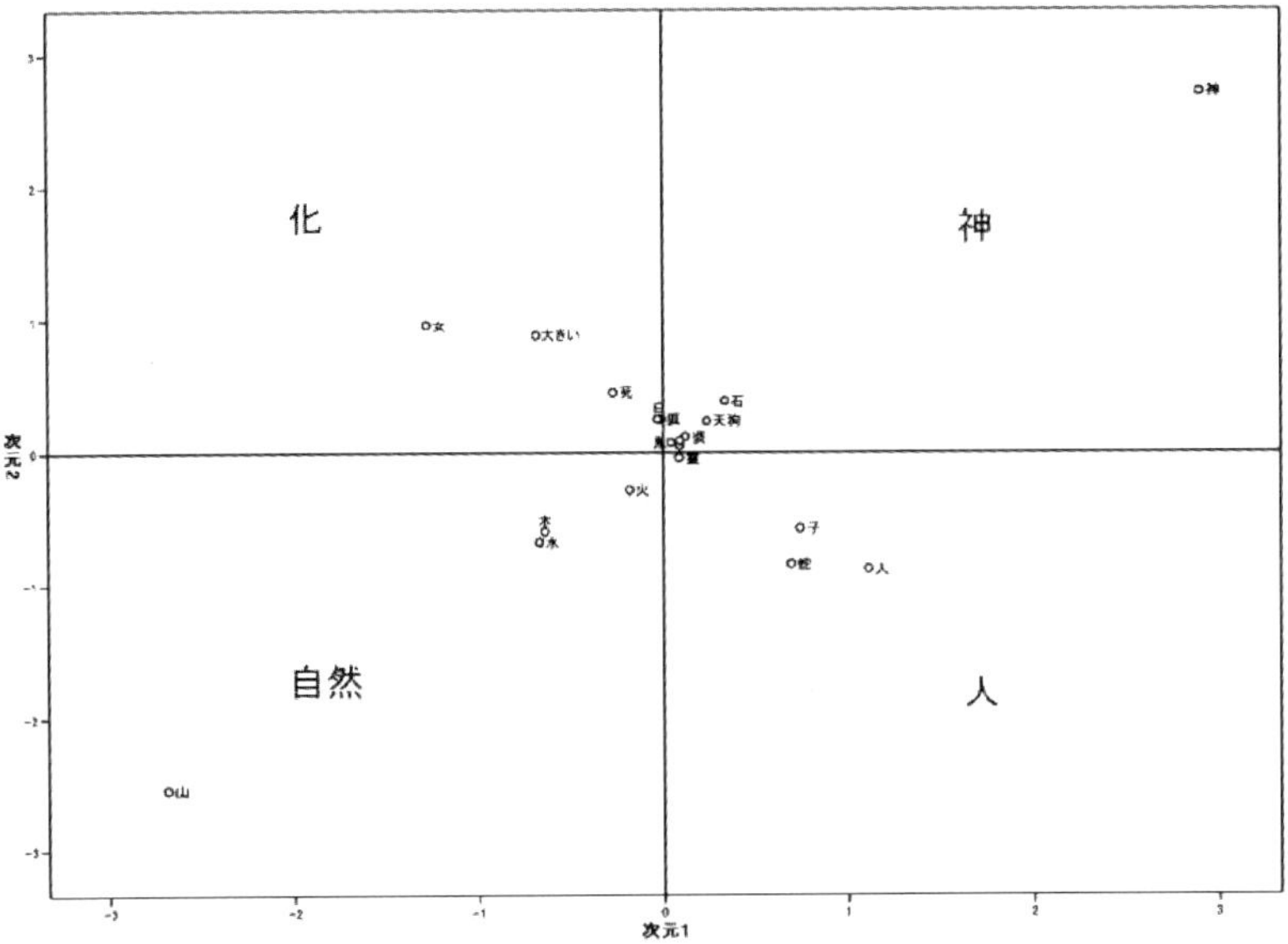

図２　怪異・妖怪名彙の類縁関係とその解釈（多次元尺度法）

の怪異・妖怪観の根本に位置することがみえてくる。

一方「イシ（石）」と共起するのは「カミ（神）」「テング（天狗）」「ハカ（墓）」などである。石と墓は「墓石」、石と神は「石の神」と理解できる。石と天狗が共起する例は、天狗遊石、天狗礫石などである。しかし「イシ（石）」と共起する名彙には、結び付きが突出して多いものはみられないため、石は多様な名彙との関係性で評価すべきものと思われる。

つぎに、個別の名彙の共起関係に止まらず、出現頻度の高い名彙の相互の共起関係から日本の怪異・妖怪現象についての見取り図を示すことを試みる。ここでは出現頻度の上位二〇名彙について、その共起データに対して多変量解析法の一種である多次元尺度法（ALSCAL）を適用して、それらの名彙の類縁関係を二次元平面にプロットした。分析には統計解析ソフトのSPSS 12.0J for Windowsを用いた。その結果が図2である。

問題は、図2をどのように解釈するかである。まず「神」が右上の離れた場所にあることから、この図の右上の領域を特徴付けるのは「神」だといえよう。右下の領域には

「人」「子」といった語がみられるので、これを「人」の領域とする。左下の領域には「山」「水」「木」「火」が来ているので「自然」の領域といえる。左上には「女」「大きい」「死」「白」「狐」がある。この領域の解釈は難しいのだが、仮にここでは「化」の領域としておく。このように、日本の怪異・妖怪現象は、「神」「人」「自然」「化」の四つの要素におおよそわけることができるともいえるが、この解釈は恣意的なものであることに留意しなければならない。また、分析データをより精緻なものにした場合や対象名彙数を二〇語から増減させた場合、これとはまた違った解釈も成り立ちうる可能性がある。現時点では、こういった手法により怪異・妖怪データを計量し、現象を整理する方法があり、それを適用できることを示すに留めたい。

四　おわりに

以上のように、本報告では怪異・妖怪呼称の名彙分解からインデックスの作成、さらにはその計量分析の道筋を示した。今後は、怪異・妖怪ＤＢのすべての名彙を対象に広げること、名彙要素の抽出法をさらに均質化し、さらに校正を重ねて名彙をできる限り統制していくことが必要である。しかしそのためには、まだまだ多くの地道な作業が残されている。

本報告で示した計量結果は、あくまで現段階での仮の結果であるが、今後データがより精緻なものになるに従って、より説得力のある分析が可能になるものと見込まれる。こうした取り組みが、やがて「計量民俗学」あるいは「計量妖怪学」といえるものに発展していくのだろう。

付録　抽出名彙から作成した怪異・妖怪呼称へのインデックス

●アイオイ（相生）
スミヨシアイオイノマツ（住吉相生の松）
●アイサイ（愛妻）
アイサイノコエ（愛妻の声）
●アイヤミ（アイヤミ）
アイヤミ（アイヤミ）
●アエオイナ（アエオイナ）
アエオイナカムイ（アエオイナカムイ）
●アオイケ（青池）
アオイケノヌシ（青池の主）
●アオイコロモ（青い衣）
アオイコロモノモノ（青い衣のモノ）
●アオイドレス（青いドレス）
アオイドレスヲキテヒオモッタオンナノヒト（青いドレスを着て火を持った女の人）
●アオイ（葵）
アオイ（葵）
●アオキ（青木）
アオキノミズ（青木の水）

●アオジロイ（蒼白い）
アオジロイテ（蒼白い手）
オオダライノヨウナアオジロイヒカリ（大盥のような蒼白い光）
●アオジロイ（青白い）
アオジロイヒ（青白い火）
アオジロイモノ（青白いもの）
●アオダイショウ（青大将）
アオダイショウ（青大将）
アオノルス（青のるす）
アオダイショウノタタリ（青大将の祟り）
オオキナアオダイショウ（大きな青大将）
●アオバ（青葉）
アオバブエ（青葉笛）
●アオボウズ（青坊主）
アオボウズ（青坊主）
イタチノアオボウズ（イタチノ青坊主）
●アオヤギ（青柳）
アオヤギノモクタ（青柳の杢太）
●アオ（あお）

アオキ（あお木）

●アオ（蒼）

アオジロイテ（蒼白い手）

オオダライノヨウナアオジロイヒカリ（大盥のような蒼白い光）

●アオ（青）

アオ（青）

アオイカエル（青い蛙）

アオイカミ（青い紙）

アオイケノヌシ（青池の主）

アオイコロモノモノ（青い衣のモノ）

アオイタア（青い玉）

アオイテ（青い手）

アオイドレスヲキテヒオモッタオンナノヒト（青いドレスを着て火を持った女の人）

アオイヒ（青い火）

アオイヒカリ（青い光）

アオイヒノタマ（青い火の玉）

アオオニ（青鬼）

アオキノミズ（青木の水）

アオジロイヒ（青白い火）

アオジロイモノ（青白いもの）
アオダイジャ（青大蛇）
アオダイショウ（青大将）
アオノルス（青のるす）
アオダイショウノタタリ（青大将の祟り）
アオイダケ（青竹）
アオダマ（青魂）
アオドリニナッタボクフ（青鳥になった牧夫）
アオナ（青菜）
アオニュウドウ（青入道）
アオバブエ（青葉笛）
アオビ（青火）
アオビカリ（青光）
アオボウズ（青坊主）

執筆者紹介

小松和彦（こまつ　かずひこ）
1947年生まれ。東京都立大学大学院社会科学研究科博士課程修了。国際日本文化研究センター教授、総合研究大学院大学教授。専攻、文化人類学・民俗学。主な著書『憑霊信仰論』（講談社学術文庫）、『異人論』（ちくま学芸文庫）、『神なき時代の民俗学』『妖怪文化入門』（せりか書房）、『百鬼夜行絵巻の謎』（集英社新書ヴィジュアル版）など。

横山泰子（よこやま　やすこ）
1965年東京生まれ。法政大学工学部教授。著書に『江戸東京の怪談文化の成立と変遷―19世紀を中心に』（風間書房）、『四谷怪談は面白い』（平凡社）、『綺堂は語る、半七は走る』（教育出版）、『江戸歌舞伎の怪談と化け物』（講談社）などがある。

佐々木高弘（ささき　たかひろ）
1959年兵庫県生まれ。京都学園大学人間文化学部歴史民俗学専攻教授。専攻は歴史・文化地理学。著書に『民話の地理学』（古今書院、2003年）、『怪異の風景学―妖怪文化の民俗地理』（古今書院、2009年）など。

鈴木貞美（すずき　さだみ）
1947年山口市生まれ。国際日本文化研究センター教授、総合研究大学院大学文化科学研究科教授。日本文芸・文化史の再編成に取り組む。主著に『日本の「文学」概念』（1998）、『梶井基次郎の世界』（2001）、『生命観の探究』（2007）、『「日本文学」の成立』（2009、すべて作品社）。

アダム・カバット（Adam Kabat）
1954年生まれ。武蔵大学人文学部教授。専攻は近世文学。主な著書に『江戸化物草紙』『大江戸化物細見』（以上、校注・編、小学館）、『妖怪草紙―くずし字入門』（柏書房）、『江戸滑稽化物尽くし』（講談社選書メチエ）、『ももんがあ対見越入道―江戸の化物たち』（講談社）がある。

今井秀和（いまい　ひでかず）
1979年生まれ。大東文化大学日本文学科非常勤講師。専攻は近世文学。論文「現代妖怪図像学―水木しげる版「油すまし」を中心に」（『怪』18号、角川書店）、「『甲子夜話』怪異・奇聞一覧（附索引）」（『日本文学研究誌』5輯、大東文化大学）など。近世から近現代にかけての妖怪文化や俗説を研究している。

長野栄俊（ながの　えいしゅん）
1971年石川県生まれ。福井県教育庁司書。論文「予言獣アマビコ考」（『若越郷土研究』49-2）のほか、福井県の地域史に関する論考・史料紹介などがある。現在は、近世地域史料による「怪異情報論」の可能性を探っている。また、並行して近世越前の奇談集の翻刻にも取り組んでいる。

徳田和夫（とくだ　かずお）
1948年生まれ。学習院女子大学教授。お伽草子絵巻および説話・芸能等の日本中世文学、民俗学、民間説話学、比較文化論。著編著に『お伽草子研究』（三弥井書店）、『寺社縁起の文化学』（森話社）、『お伽草子百花繚乱』（笠間書院）、『絵語りと物語り』（平凡社）、『室町物語』（岩波書店）、他。

堤　邦彦（つつみ　くにひこ）
1953年東京生まれ。京都精華大学人文学部教授。日本近世の仏教唱導と説話・伝承の関わりを通して怪異の精神史を研究。著書に『近世仏教説話の研究』（翰林書房）、『江戸の怪異譚』（ぺりかん社）、『女人蛇体』（角川書店）、『近世民間異聞怪談集成』（編著、国書刊行会）、『現代語で読む江戸怪談傑作選』（祥伝社）等。

常光　徹（つねみつ　とおる）
1948年生まれ。国立歴史民俗博物館教授。主な著書に、『学校の怪談―口承文芸の研究㈵』『伝説と俗信の世界―口承文芸の研究㈼』(角川ソフィア文庫)、『うわさと俗信』(高知新聞社)、『しぐさの民俗学―呪術的世界と心性』(ミネルヴァ書房)など。

安井眞奈美（やすい　まなみ）
天理大学文学部准教授。民俗学、文化人類学専攻。日本とパラオ共和国をフィールドにして、生殖や身体に関する近現代の文化変容を研究中。主な著作に『産む・育てる・伝える―昔のお産・異文化のお産に学ぶ』（2009年、風響社、編著）、『日本文化の人類学／異文化の民俗学』（2008年、法蔵館、共著）、『日本妖怪学大全』（2003年、小学館、共著）など。

山田奨治（やまだ　しょうじ）
1963年大阪府生まれ。国際日本文化研究センター准教授。専攻は情報学。著書『〈海賊版〉の思想　18世紀英国の永久コピーライト闘争』（みすず書房）、『禅という名の日本丸』『情報のみかた』（弘文堂）、『日本文化の模倣と創造　オリジナリティとは何か』（角川書店）ほか。

〈妖怪文化叢書〉妖怪文化研究の最前線

2009年10月15日　第1刷発行

編　者　小松和彦
発行者　船橋純一郎
発行所　株式会社せりか書房
　　　　東京都千代田区猿楽町1-3-11　大津ビル1F
　　　　電話 03-3291-4676　振替 00150-6-143601
　　　　http://www.serica.co.jp/
印　刷　信毎書籍印刷株式会社
装　幀　工藤強勝

©2009 Printed in Japan
ISBN978-4-7967-0291-1